信息系统协会中国分会（CNAIS）

信息系统学报
CHINA JOURNAL OF INFORMATION SYSTEMS

第22辑

清华大学经济管理学院 编

科学出版社
北 京

内 容 简 介

《信息系统学报》是我国信息系统科学研究领域的唯一专门学术出版物，被信息系统协会中国分会指定为会刊。《信息系统学报》倡导学术研究的科学精神和规范方法，鼓励对信息系统与信息管理领域中的理论和应用问题进行原创性探讨和研究，旨在发表信息系统研究领域中应用科学严谨的方法论、具有思想性与创新性的研究成果，并在国际学术界产生影响。其稿件内容包括相关的理论、方法、应用经验等方面，涵盖信息系统各个研究领域，注重结合我国国情的探讨，从而对我国和世界信息系统的研究与应用做出贡献。

《信息系统学报》主要面向信息系统领域的研究人员，已经成为我国信息系统领域学术研究探索与发展的重要主流平台，为相关研究工作创造了一个友好而宽阔的交流空间，推动着我国信息系统研究、应用以及学科建设不断前进。

图书在版编目（CIP）数据

信息系统学报. 第 22 辑 / 清华大学经济管理学院编. —北京：科学出版社，2020.6
　ISBN 978-7-03-063134-3

Ⅰ.①信… Ⅱ.①清… Ⅲ.①信息系统-丛刊 Ⅳ.①G202-55

中国版本图书馆 CIP 数据核字（2019）第 249265 号

责任编辑：马　跃 / 责任校对：王丹妮
责任印制：张　伟 / 封面设计：无极书装

科 学 出 版 社 出版
北京东黄城根北街 16 号
邮政编码：100717
http://www.sciencep.com

北京虎彩文化传播有限公司印刷

科学出版社发行　各地新华书店经销

*

2020 年 6 月第　一　版　　开本：889×1194　1/16
2020 年 6 月第一次印刷　　印张：10 1/2
字数：238 000

定价：96.00 元
（如有印装质量问题，我社负责调换）

《信息系统学报》编委会

主 编 单 位　清华大学（经济管理学院）

副主编单位　北京大学（光华管理学院）　　　复旦大学（管理学院）
　　　　　　哈尔滨工业大学（管理学院）　　西安交通大学（管理学院）
　　　　　　中国人民大学（商学院）

参 编 单 位　北京大学（光华管理学院）　　　北京航空航天大学（经济管理学院）
　　　　　　北京理工大学（管理与经济学院）　大连理工大学（管理与经济学部）
　　　　　　电子科技大学（管理学院）　　　东南大学（经济管理学院）
　　　　　　复旦大学（管理学院）　　　　　哈尔滨工业大学（管理学院）
　　　　　　合肥工业大学（管理学院）　　　华中科技大学（管理学院）
　　　　　　南开大学（商学院）　　　　　　清华大学（经济管理学院）
　　　　　　上海交通大学（安泰经济与管理学院）　天津大学（管理与经济学部）
　　　　　　同济大学（经济与管理学院）　　武汉大学（信息管理学院）
　　　　　　西安交通大学（管理学院）　　　中国科技大学（管理学院）
　　　　　　中国人民大学（商学院、信息学院）　中南大学（商学院）
　　　　　　中山大学（管理学院）

通 信 地 址

北京市清华大学经济管理学院《信息系统学报》，邮政编码：100084。

联系电话：86-10-62789850，传真：86-10-62771647，电子邮件：CJIS@sem.tsinghua.edu.cn，网址：http://cjis.sem.tsinghua.edu.cn。

《信息系统学报》审稿专家

卢　涛（大连理工大学）　　　　　　　卢向华（复旦大学）
鲁耀斌（华中科技大学）　　　　　　　罗念龙（清华大学）
马费成（武汉大学）　　　　　　　　　马宝君（北京邮电大学）
马卫民（同济大学）　　　　　　　　　毛基业（中国人民大学）
梅姝娥（东南大学）　　　　　　　　　闵庆飞（大连理工大学）
牛东来（首都经济贸易大学）　　　　　潘　煜（北京邮电大学）
戚桂杰（山东大学）　　　　　　　　　齐佳音（北京邮电大学）
邱凌云（北京大学）　　　　　　　　　裘江南（大连理工大学）
任　菲（北京大学）　　　　　　　　　任　明（中国人民大学）
任　南（江苏科技大学）　　　　　　　单晓红（北京工业大学）
邵培基（电子科技大学）　　　　　　　史　楠（上海对外经贸大学）
沈　波（江西财经大学）　　　　　　　宋明秋（大连理工大学）
宋培建（南京大学）　　　　　　　　　宋婷婷（上海交通大学）
孙建军（南京大学）　　　　　　　　　苏　芳（暨南大学）
唐晓波（武汉大学）　　　　　　　　　王　刚（合肥工业大学）
王　昊（清华大学）　　　　　　　　　王　君（北京航空航天大学）
王刊良（中国人民大学）　　　　　　　王　珊（中国人民大学）
卫　强（清华大学）　　　　　　　　　闻　中（清华大学）
吴　亮（贵州师范大学）　　　　　　　吴俊杰（北京航空航天大学）
夏　昊（哈尔滨工业大学）　　　　　　肖静华（中山大学）
肖勇波（清华大学）　　　　　　　　　谢　康（中山大学）
徐　心（清华大学）　　　　　　　　　徐云杰（复旦大学）
许　伟（中国人民大学）　　　　　　　严建援（南开大学）
严　威（中国传媒大学）　　　　　　　闫　强（北京邮电大学）
闫相斌（哈尔滨工业大学）　　　　　　颜志军（北京理工大学）
杨　波（中国人民大学）　　　　　　　杨善林（合肥工业大学）
杨　雪（南京大学）　　　　　　　　　杨彦武（中科院自动化所）
姚　忠（北京航空航天大学）　　　　　叶　强（哈尔滨工业大学）
易　成（清华大学）　　　　　　　　　殷国鹏（对外贸易大学）
余　力（中国人民大学）　　　　　　　于笑丰（南京大学）
余　艳（中国人民大学）　　　　　　　袁　华（电子科技大学）
曾庆丰（上海财经大学）　　　　　　　张　诚（复旦大学）
张金隆（华中科技大学）　　　　　　　张　瑾（中国人民大学）
张　楠（清华大学）　　　　　　　　　张朋柱（上海交通大学）
张文平（中国人民大学）　　　　　　　张　新（山东财经大学）
张紫琼（哈尔滨工业大学）　　　　　　赵　昆（云南财经大学）
赵捧未（西安电子科技大学）　　　　　赵　英（四川大学）
仲伟俊（东南大学）　　　　　　　　　周军杰（汕头大学）
周　涛（杭州电子科技大学）　　　　　周中允（同济大学）

朱庆华（南京大学）　　　　　　　　左美云（中国人民大学）

左文明（华南理工大学）

Chau Patrick Y. K.（University of Hong Kong）

Zhao Leon（City University of Hong Kong）

信息系统学报

第 22 辑

目　　录

China Journal of Information Systems

Vol.22, 2019

CONTENTS

主 编 的 话

本期是总《信息系统学报》第22辑，共收录8篇研究论文和1篇领域综述。

此次所发表的8篇研究论文呈现了高度多样化的研究视角和方法。在跨境B2C电子商务背景下，颜慧等的论文构建了"文化价值观—信任—购买动机"模型，以远东族群和独立族群为例，探究文化价值观对顾客信任倾向的影响及其对顾客初始信任和购买动机之间关系的调节作用；在电商企业视角下，王星等的论文利用大量真实拍卖数据，采用统计分析和面板数据回归结合的定量研究方法，建立了消费者长期和短期重复购买率的随机效应回归模型，研究降价式拍卖场景下消费者重复购买的影响因素问题；针对股民交流网络，高娇娇和张仁杰的论文以"股吧"论坛的"股市实战"版块为研究对象，利用论坛发帖及回帖数据分析在线股票社区用户参与行为的特征；在消费者视角下，于贞朋等的论文基于社会交换理论，探讨了在物质奖励情境下，不同网络口碑发布平台对消费者好评意愿的影响；刘嘉毅等的论文以"雪乡宰客事件"的新浪微博评论文本为数据源，运用ROST内容挖掘系统和NLPIR平台进行内容分析，研究旅游网络舆情诱发机制及其影响效应；同样是在消费者视角下，李伟等的论文基于信息加工理论、社会临场感理论、精细加工可能性模型和S-O-R模型，通过情景实验，建立了结构方程模型，研究基于不同视觉对象结构的拟人化广告形象生动性对消费者产品态度影响的内在机制；在初创企业视角下，赖长青等的论文研究互联网资本和知识资本的共存对产品国际化产生的影响；同样是在初创企业视角下，刘婕和余艳的论文在回顾以往创业要素模型的基础上提炼出适合于中国高科技创业企业的融资因素模型，通过对200家企业的实证分析，构造出融资体系模型。

本辑学报所刊发的1篇领域综述（宋红娟等）聚焦于互联网营销领域，着重分析普适性行为价格理论及有关互联网时代行为价格的实证研究，并以ISI Web of Science数据库为数据源，采用传统文献综述和文献计量分析相结合的方法对行为价格的研究进行概念化并构建研究主题网络。

我们希望本期刊登的这些文章能够在促进科学探讨、启发创新思维、分享学术新知方面发挥应有的作用，同时也希望《信息系统学报》得到大家的更多关注并刊登更多高水平的文章。谨向关心和支持《信息系统学报》的国内外学者同仁及各界人士致以深深的谢意。感谢参与稿件评审的各位专家的辛勤工作，感谢各位作者对学报的支持及出版过程中的配合，同时感谢科学出版社在编辑和出版过程中的勤恳努力！

主　编：陈国青

副主编：黄丽华　李　东　李一军　毛基业　王刊良

2019年4月于北京

跨境 B2C 电子商务背景下文化价值观对顾客初始信任和购买动机的影响研究*

颜 慧，杜 荣，张卫莉

（西安电子科技大学 经济与管理学院，西安 710126）

摘 要 在跨境 B2C 电子商务背景下，不同国家的顾客在文化价值观上的差异会使其对同一平台产生不同的信任，从而影响购买动机。结合 Hofstede 文化维度理论和文化族群理论，本文构建了"文化价值观—信任—购买动机"模型，以远东族群和独立族群为例，探究文化价值观对顾客信任倾向的影响及其对顾客初始信任和购买动机之间关系的调节作用。结果表明：集体主义、刚性、权力距离对信任倾向有负向作用，而不确定性规避对其有正向作用；不确定性规避正向调节初始信任对购买动机的影响效果，而其他维度的调节效果并不完全显著。以上作用结果在两种族群中有显著差异。

关键词 跨境 B2C 电子商务，文化价值观，初始信任，信任倾向，购买动机

中图分类号 F752.1

1 引言

在"一带一路"建设实践越来越深入的背景下，中国跨境 B2C（business to customer，商对客）电子商务发展十分迅速。据商务部发布的《中国电子商务报告（2017）》[1]，2014~2017 年，中国跨境电商出口额年均增长率在 50%以上，且 2017 年的出口额为 336.5 亿元，同比增长了 41.3%。然而，这种发展不仅体现在增速上，也体现在全球贸易国家和地区不断扩大的过程中。据《中国电子商务报告（2016）》[2]，中国跨境电商的贸易伙伴已覆盖了全球 220 个国家和地区，同时包含了发达国家和发展中国家。当前，中国许多跨境电子商务平台也在努力开拓"一带一路"周边国家市场。以全球速卖通和兰亭集势为例，速卖通主要面向俄罗斯、巴西和印度等新兴国家市场，而兰亭集势的客户群遍及全球 200 多个国家和地区，欧洲和北美市场是兰亭集势的主攻方向[3]。

然而，跨境 B2C 电子商务平台的顾客来自不同国家和地区，具有多样性的文化背景。各国特定的历史文化背景和社会价值观深刻地影响着人们的消费需求和行为。相同电子商务平台下，顾客的文化价值观差异，会使其对平台产生不同程度的信任，从而形成差异化的消费行为[4]。所以，对跨境 B2C 电子商务平台而言，当利用互联网将产品直接推广至不同国家和地区的顾客时，如何了解、利用文化价值观来吸引顾客、增强顾客信任和购买倾向，是一个需要考虑的问题。

Gefen 和 Heart[5]认为在不同的文化中会形成不同的信任。研究者 Lim 等[6]的研究还表明，不同文

---

* 基金项目：国家自然科学基金项目（71771184）、陕西高校人文社会科学青年英才支持计划（ER42015060002）。

通信作者：颜慧，西安电子科技大学经济与管理学院硕士研究生。E-mail：selene1205@qq.com。

化背景下人们对于建立信任有着固有的本质差异，并且影响网络购物中的相对有效性策略。虽然传统营销学者（如 Aaker 和 Maheswaran[7]）和互联网发展实践者（如 Nielsen[8]）已在其研究中提及文化价值观对顾客行为的重要性，然而在一些典型的网络购物行为的研究中，文化价值观并没有考虑在内。此外，虽然有关在线信任的研究已经十分广泛，但是在跨文化背景下，有关在线信任在不同文化中的表现的研究并不多。因此，探究文化价值观对于顾客初始信任和购买动机的影响，不仅对跨境 B2C 电子商务平台有现实意义，也可以对该领域的研究进行适当的补充。

本文将结合 Hofstede 文化维度理论和文化族群理论，构建跨境 B2C 电子商务"文化价值观—信任—购买动机"模型，并探究文化价值观对信任倾向的作用及对初始信任和购买动机之间关系的调节作用，以此帮助跨境 B2C 电子商务平台以文化价值观的视角来了解各国和地区顾客的信任倾向和购买行为，从而帮助平台更好地发展。和以往研究不同的是，本文是以当下实际网络购物形式——跨境 B2C 电子商务为背景，并且从文化价值的角度出发，将网购中的信任购买行为和文化价值观联系起来，以此构建新的模型，得出可以供平台参考的结论。在接下来的相关理论基础部分，本文将针对顾客信任倾向与初始信任、顾客初始信任与购买动机、顾客文化价值观、文化族群理论这四方面进行进一步阐述。

2　相关理论基础

2.1　顾客信任倾向与初始信任

电子商务交易中，顾客与平台之间通常只能通过虚拟网络进行了解和互动，这就使得网上信任比传统信任更复杂，风险更大[9]。由于文化背景及生活习惯不同，个体对他人值得信任的期望也有所差异，即信任倾向的差异[10]。信任倾向是关于个人角度的特征，表示其信任他人的意愿程度。

然而，信任的发展过程是动态的、阶段性的[11]，初始信任是第一阶段，发生在信任双方第一次接触对方时。初始信任对整个信任行为的影响十分显著[12]。在本文中我们将初始信任定义为：顾客在接触跨境 B2C 电子商务平台的初期对平台的信任。

在信任倾向与初始信任的研究当中，Li 等[13]发现：信任倾向是一种受文化影响的内在信任价值取向，能够调节公众的信任态度和行为选择。汤志伟等[10]发现，信任倾向对初始信任的产生具有促进作用。所以，根据以往研究，我们可以发现，信任倾向越高的人，越容易对事物形成较强的初始信任。

2.2　顾客初始信任与购买动机

在初始信任的形成原因和影响因素的研究领域中，McKnight 等的研究是具有代表性的。其从概念模型[14]、细节模型[15]、TBM 模型[12]三种层面上对初始信任进行了探究。此外，Koufaris 和 Hampton-Sosa[16]认为，潜在顾客信任倾向决定了顾客对卖家的初始信任。

此外，初始信任与购买动机的关系也受到了研究者的关注。研究者普遍认为：初始信任能够正向影响购买动机。Grabner-Kräuter 和 Kaluseha[17]在 TBM 模型的基础上，将购买动机纳入研究范围，并且认为初始信任对购买动机有正向促进作用。鲁耀斌和周涛[18]探讨了初始信任的影响因素及初始信任和购买动机的关系，他们认为商家声誉、顾客信任倾向、网站有用性、网站安全这四个关键要素对顾客初始信任有显著的影响，并且证明了顾客初始信任显著正向影响顾客网上购物的动机。

2.3　顾客文化价值观

关于文化价值观本身的研究已经非常成熟，并且形成了多种文化维度理论，其中较为成熟且运用广泛的是 Hofstede 文化维度理论，其最初的四个维度包括权力距离（power distance）、不确定性规避（uncertainty avoidance）、刚性[19]（masculinity）、集体主义[20]（collectivism）。随后 Hofstede 在 2001 年引入了第五个维度：长期导向[21]（long-term orientation），又在 2010 年提出第六个维度：放纵[22]（indulgence）。后两个维度的提出都是为了扩大理论的普适性，其中，长期导向是 Hofstede 针对亚洲样本提出的。由于本文所研究的国家族群不仅仅限于亚洲样本，故长期导向这一维度在某些非亚洲族群中的体现可能不明显，此维度上的数据结果也可能缺乏说服力，且最后一个维度被提出的时间较短，尚未有充足的理论和样本支撑来进行交叉研究，故本文选择前四个维度进行讨论。

如今，文化价值观在跨境领域方面的研究大部分都聚焦于传统国际贸易。例如，Lankhuizen 和 de Groot[23]发现文化价值观与国际贸易之间存在非线性关系。Felbermaryr 和 Toubal[24]的研究表明顾客文化价值观对中国的外贸活动具有负向影响。顾客文化价值观与跨境电子商务相结合的研究则相对较少，顾客文化价值观与顾客初始信任、购买动机方面的研究也依然比较单薄。例如，Sia 等[4]实验研究了顾客文化价值观中的集体主义对三种网络策略和信任的作用，而顾客文化价值观的其他维度没有纳入其中；赵娜等[25]通过拓宽理论上的视角和方法，以四种文化维度来研究跨文化中的信任，但研究方法较偏理论推演，缺少样本和数据方面的支持。

所以，本文基于跨境 B2C 电子商务的新背景，用实证研究的方法来探究文化价值观中四个维度在信任倾向、初始信任和购买动机等方面的作用。

2.4　文化族群理论

文化族群是指在文化上具有相近性的国家和地区集聚而成的群体。许多国家和地区曾经共同经历过某些历史，在长期的演化中形成了相近的文化价值观，彼此之间的共同点较多[26]。目前具有代表性的文化族群理论是由 Simcha 和 Oded[27]提出的，他们将 46 个国家和地区划分为 9 种族群，如表 1 所示。文化族群理论认为，从属于同一个文化族群的国家和地区，其人民在文化价值观上具有很大的相似性，群内某个国家和地区的某些文化习性特征，在群内的其他国家和地区中都有所体现。所以，本文以文化族群作为文化价值观差异的载体，将国家和地区纳入族群讨论，可以形成集成的、具有代表性的结论，以方便跨境 B2C 电子商务平台进行参考。

表 1　文化族群列表

族群	族群内的代表国家和地区
阿拉伯族群	巴林 阿布扎比酋长国 阿拉伯联合酋长国 科威特 阿曼 沙特阿拉伯
近东族群	土耳其 伊朗 希腊
北欧族群	芬兰 挪威 丹麦 瑞典
日耳曼族群	奥地利 德国 瑞士
盎格鲁族群	美国 加拿大 澳大利亚 新西兰 英国 爱尔兰
拉丁欧洲族群	法国 比利时 意大利 葡萄牙 西班牙
拉丁美洲族群	阿根廷 委内瑞拉 智利 秘鲁 墨西哥 哥伦比亚
远东族群	马来西亚 新加坡 中国香港 中国台湾 泰国 越南 菲律宾
独立族群	巴西 印度 俄罗斯 日本 韩国 以色列

由于本文是以中国跨境 B2C 电子商务平台为主体，并以"一带一路"发展为背景，主要的研究

对象是和中国进行频繁贸易往来的国家和地区。所以，在调查了一些跨境 B2C 电子商务平台的顾客地域分布之后，我们发现客户群体集中分布在马来西亚、泰国、越南、菲律宾、巴西、印度、俄罗斯等国家。根据文化族群理论，这些国家划属远东族群和独立族群这两大族群。故本文将结合发展实际，以远东族群和独立族群为例，探究两种族群中的文化价值观对于初始信任和购买动机的影响。

3　研究假设与模型

为了研究在跨境 B2C 电子商务平台中，顾客在文化价值观的影响下对于平台的信任、购买动机等内容，我们在此对影响研究结果的平台方因素进行假定：研究中的跨境电子商务平台具有良好的服务支持、技术支持、安全支持、产品支持等特征，即在平台方是一个理想状态下时研究文化价值观的独立影响。

3.1　研究假设

当具有相似文化特征的国家和地区组成文化族群时，族群内文化价值观差异细微，族群间差异明显，不同的文化价值观对顾客初始信任和购买倾向的影响也不同，且顾客信任倾向是个人层面的特征，在文化的影响下，信任倾向也会存在差异。所以，根据 Hofstede 文化维度理论和文化族群理论，本文提出了以下假设。

3.1.1　集体主义

集体主义通常指人们关心、信任群体成员的程度。已有研究表明，中国等集体主义较强的国家和美国等集体主义较弱的国家相比，顾客信任倾向偏低[28]。集体主义程度较高的人往往倾向相信群体内的个体，而对群体外的人则很少有信任的倾向。在跨境 B2C 电子商务背景下，跨境即意味着交易双方分别来自不同的文化族群，集体主义程度越高的顾客，面对来自其他国家和地区的跨境电子商务平台时，强烈的集体意识会使得排外意识增强，故倾向于信任此平台的程度会越低（H1a）。

此外，集体主义还是网购交易率的一个主要影响因素[6]。Sia 等[4]的研究显示，在集体主义较强的顾客中，信任对购买动机的影响程度较低。集体主义人群和个人主义人群相比，集体主义人群以集体内的态度为先，其动机和行为易被所在的集体影响，而个人主义人群则相对而言不太会被集体影响，其动机和行为大多受自己主观控制。所以，当偏向个人主义的顾客对平台建立起初始信任时，随后的购买动机绝大部分会受自身初始信任的影响，而集体主义顾客在形成购买动机时，易受其他因素，如集体环境影响（H1b）。所以我们假设：

H1a：集体主义程度越高的顾客，对跨境电子商务平台的信任倾向越低。

H1b：高程度的集体主义会减弱顾客初始信任对购买动机的影响效果。

3.1.2　权力距离

权力距离体现到个体层次上，是指对上下级之间权力分配不平等可以接受的程度。厉敏等[29]认为权力距离对商务活动中的信任有显著影响。赵娜等[25]认为权力距离较大的人以不信任的方式来计算得失。权力距离较大的人偏向于遵循、认可权力和地位，对阶层较低的人和阶层较高的人的信任态度会有明显差异，故普适的信任倾向较低；而权力距离较小的人崇尚平等，对各个领域的人都一视同仁，较容易形成普遍的信任倾向（H2a）。

同时，在购买动机的形成过程中，由于较大的权力距离的人群尊重权威，心中有强烈的阶级划分，这类人群通常是谨慎的、深思熟虑的。所以由单纯的初始信任所形成的购买动机在权力距离较大的人群当中不会非常明显（H_{2b}）。故假设：

H_{2a}：权力距离越大的顾客，对跨境电子商务平台的信任倾向越低。

H_{2b}：较大的权力距离会减弱顾客初始信任对购买动机的影响效果。

3.1.3　不确定性规避

网络购物会给顾客带来交易的不确定性，不确定性规避是指顾客感受到的不确定性和模糊情景的威胁程度。Chong 等[30]的研究发现，不确定性规避程度高的顾客比不确定性规避程度低的顾客有更高的信任感。并且，不确定性规避程度高的顾客在移动商务采纳意向中表现出更高的技术信任[31]。所以对于不确定性规避程度高的顾客来说，他们偏向于明确性的保证和规定，对确定的结果会赋予更高的价值。所以当这些顾客初次访问具备明确服务保证的购物平台时，他们容易因为明确性的指标（良好的声誉标志、安全的支付保障等）而形成较强的信任倾向（H_{3a}）。

然而，在购买动机方面，Yoon[32]发现不确定性规避程度越高，信任对使用网络购物倾向的影响越小。因为对于高风险规避、崇尚确定性的人群来说，一旦形成了初始信任，他们就会倾向于维护、保持这一信任，避免摇摆性、模糊性的信任。此情境下，初始信任不会被轻易改变，其对购买动机的影响更强（H_{3b}）。故假设：

H_{3a}：不确定性规避程度越高的顾客，对条款较为明确的跨境电商平台有较高信任倾向。

H_{3b}：高程度的不确定性规避会增强顾客初始信任对购买动机的影响效果。

3.1.4　刚柔性

刚柔性[19]是指"男性"价值观在社会中占统治地位的程度。刚柔性是刚性和柔性的结合，为了能够清晰地研究这个构念，以下我们用刚性来表示这一维度，刚性程度越低则代表柔性程度越高。刚性价值观强调自信，提倡竞争，这类人群对职业发展、社会地位、金钱和其他物质有着较高的标准。柔性价值观强调人际关系的重要性，柔性顾客对他人及对于工作生活品质的关注程度高[33]。Schumann 等[34]发现，在柔性气质文化中，顾客对商家更具有仁慈信任，即更容易信任他人。刚性顾客不同于柔性顾客，属于结果导向，通常会理性评估对方能力之后，做出信任决策，顾客信任倾向较低[25]（H_{4a}）。

并且，对于刚性程度强的顾客来说，如果要形成购买动机，仅仅依靠初始信任是不够的。理性导向的刚性人群更加谨慎且不依靠感性认知来决策，他们更加依靠充足了解下所形成的充足信任来做出信任决策。在此情况下，即使在开始形成了顾客初始信任，其对购买动机的促进作用依然会很弱（H_{4b}）。故假设：

H_{4a}：刚性程度越强的顾客，对跨境电子商务平台的信任倾向越低。

H_{4b}：高程度的刚性会减弱顾客初始信任对购买动机的影响效果。

3.2　研究模型

根据上述假设，建立了"文化价值观—信任—购买动机"模型，如图 1 所示。在此模型中，我们假设顾客文化价值观的四个维度直接影响顾客信任倾向，且调节顾客初始信任倾向和购买动机之间的作用关系。以下我们通过具体的研究设计和结果来印证此模型。

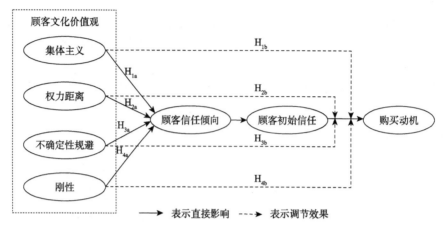

图1　文化价值观对顾客信任和购买动机的影响模型

4　研究设计与研究结果

4.1　研究设计

本文采用问卷调查的方式来收集数据，结合具体的研究内容和研究模型，设计的问卷包含以下 7 个构念：集体主义（CO）、权力距离（PD）、不确定性规避（UA）、刚性（MA）、顾客信任倾向（TI）、顾客初始信任（IT）、购买动机（PM）。每个构念有 3~4 个测量指标，每个指标采用五点李克特量表来测度其值。

集体主义、权力距离、不确定性规避和刚性这 4 个构念的测量题项，皆来自 Hofstede 等[22]的文化价值观量表，每个构念含有 4 个题项；顾客信任倾向构念的测量题项有 3 个，来自 Walczuch 和 Lundgren[11]的研究；顾客初始信任构念的测量题项来自 Koufaris 和 Hampton-Sosa[16]的研究，包含 3 个测量题项；购买动机的测量题项有 3 个，来自 Gefen 等[35]的研究。具体的测量题项内容参见附录 1。

设计问卷时，为了保证问卷内容的易懂性及研究过程的合理性，我们将每一个问题都纳入与其对应的情境下，让受调查者根据情境来填写问卷。一共分为三种情境："在不考虑当前工作的情况下（如果你有的话），请你设想一个理想的工作。在选择理想工作时，请选择下列各项对你的重要程度""在你的私人生活中，请选择下列问题陈述你的赞同程度""想象你正在浏览一个新的中国电子商务平台网站（或者可以参考 www.aliexpress.com 速卖通网站），该网站有很好的声誉、安全的系统及易用性这些特征，请选择下列问题陈述你的赞同程度"。此外，为了保证研究结果的准确性，我们打乱了测量题项的排序，并对部分测量题项采用反向陈述的方式以确保结果的客观性。此次问卷的调查对象是外国顾客，所以问卷采用英文形式。

相关研究中的参考数据显示，41.9%是曾在网上购物的用户，其年龄为 18~24 周岁，38%的用户接受过本科教育，31.7%的用户是学生[18]。可以看出，青年人群是不可忽视的主力部分，并且随着电商产业的发展和普及，如今逐渐培养起网购习惯的他们，也是未来跨境电子商务市场上主要的消费力量。所以，在设定问卷发放对象时，我们选择以外国青年人为目标群体。

问卷一共收回 233 份，我们对其中完整、内容可识别的问卷进行了甄别，剔除了部分无效问卷，得到有效问卷 212 份。由于本文是基于远东族群和独立族群来分析的，我们又将问卷按照国家进行筛选，最后得到185 份研究数据：独立族群87 份数据，其中包括印度、韩国、巴西、俄罗斯国家顾客；远东族群 98 份数据，其中包括马来西亚、越南、泰国、菲律宾国家顾客。样本的基本情况如下：性别方面，男性有 86 人，占 46.5%，女性有 99 人，占 53.5%；年龄方面，0.5%为 15~20 周岁，57.8%为 20~25 周岁，34.6%为 25~30 周岁，其余的都为 30 周岁以上，基本符合研究设定；受教育程度方面，样本顾客都是本科及本科以上学历；网上购物经历方面，89.7%的人有网上购物的经历，这皆反映出本次调查对象的情况符合本文的预设要求。

4.2 数据分析与结果

由于顾客初始信任构念的测量题项是构成型的，其他 6 个构念是反映型的，所以本文是构成型构念和反映型构念并存的情况，且本文样本数量较小，故本文适用 PLS-SEM 来研究[36]。另外，本文需要比较族群间的差异，采用偏最小二乘法来验证模型的有效性和所提假设是有效且合适的[37]。所以我们采用 PLS-SEM 来进行数据分析，使用分析工具软件为 SmartPLS 3.0。

4.2.1 信度和效度

模型的有效性检验是通过信度、效度分析来实现的。本文使用 Cronbach's α 系数和组合信度来检验每个构念的内部一致性。一般情况下，Cronbach's α 系数值高于 0.7 即表明量表内部一致性良好，具有较高的信度[38]。从表 2 当中可以看出，所有构念的 Cronbach's α 系数值均大于 0.7，且组合信度值也较高，皆大于 0.8，这说明模型具有较高的信度。

表 2　信效度分析结果

构念	题项	组合信度		Cronbach's α 系数		AVE	
		远东族群	独立族群	远东族群	独立族群	远东族群	独立族群
集体主义	4	0.904	0.914	0.859	0.875	0.703	0.727
权力距离	4	0.915	0.963	0.878	0.949	0.730	0.867
不确定性规避	4	0.913	0.954	0.873	0.936	0.723	0.838
刚性	4	0.924	0.848	0.891	0.764	0.753	0.583
顾客信任倾向	3	0.960	0.971	0.937	0.954	0.889	0.917
顾客初始信任	3	0.952	0.972	0.925	0.957	0.869	0.920
购买动机	3	0.940	0.960	0.905	0.938	0.840	0.889

效度方面，我们从聚合效度和区分效度两个层面来具体分析。本文用平均提取方差 AVE 来测量聚合效度。一般情况下，AVE 的值大于 0.5 即反映聚合效度高[38]。表 2 数据显示，在两个族群中，AVE 的值皆满足要求，说明整体的聚合效度良好。此外，我们用 Fornell-Larcker criterion 方法来测量区分效度，即构念 AVE 值的平方根大于各个潜变量之间的相关系数[39]。从表 3 数据可知，对角线 AVE 值的平方根和相关系数之间的关系满足要求，说明模型内部的区分效度良好。

表 3　潜变量间的相关性系数和 AVE 平方根

构念缩写	CO		PD		UA		MA		TI		IT		PM	
	远东族群	独立族群	远东族群	独立族群	远东族群	独立族群	远东族群	独立族群	远东族群	独立族群	远东族群	独立族群	远东族群	独立族群
CO	0.838	0.852												
PD	−0.096	0.195	0.854	0.931										
UA	0.044	0.091	−0.181	0.125	0.850	0.916								
MA	0.277	0.014	0.109	0.048	0.226	−0.066	0.868	0.764						
TI	−0.627	−0.382	−0.390	−0.501	0.468	0.583	−0.330	−0.501	0.943	0.957				
IT	−0.614	−0.374	−0.428	−0.500	0.457	0.601	−0.323	−0.479	0.933	0.947	0.932	0.959		
PM	−0.646	−0.373	−0.345	−0.459	0.442	0.605	−0.324	−0.496	0.920	0.950	0.930	0.941	0.917	0.943

4.2.2　结构模型检验

在检验了模型的有效性之后，本文将用 PLS 路径分析对假设进行验证，并且在模型中构建交互作用来验证集体主义、权力距离、不确定性规避和刚性对于初始信任和购买动机之间关系的调节作用。总体路径分析结果如图 2 所示，远东族群和独立族群路径系数对比结果如表 4 所示。

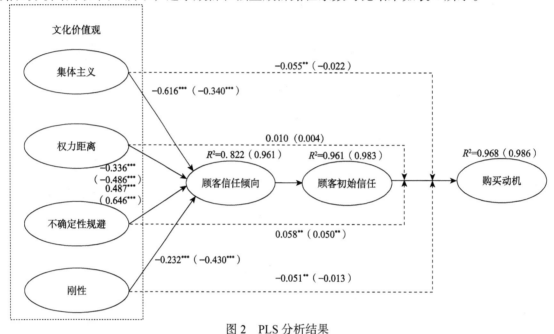

图 2　PLS 分析结果
***表示 $p<0.01$，**表示 $p<0.05$
括号内外分别为远东族群和独立族群的结果

表 4　远东族群和独立族群路径系数对比结果

路径方向	路径系数		t 值		标准差		假设结果
	远东族群	独立族群	远东族群	独立族群	远东族群	独立族群	
CO→TI	−0.616***	−0.340***	9.443	9.520	0.065	0.036	H_{1a} 成立
PD→TI	−0.336***	−0.486***	6.861	14.102	0.049	0.034	H_{2a} 成立
UA→TI	0.487***	0.646***	8.527	12.432	0.057	0.052	H_{3a} 成立
MA→TI	−0.232***	−0.430***	5.980	9.523	0.039	0.045	H_{4a} 成立

***表示 $p<0.01$

从图 2 和表 4 可以看出，文化价值观对信任倾向的影响方向在两种族群下的结果是一致的：集体主义、权力距离和刚性与信任倾向之间的路径系数都是负值，且在 $p<0.01$ 下显著，即这三个潜变量对信任倾向是负向影响，假设 H_{1a}、H_{2a}、H_{4a} 得到了验证。而不确定性规避与信任倾向之间的路径系数为正值，结果在 $p<0.01$ 下显著，说明不确定性规避程度越高，信任倾向越高，即存在正向作用，假设 H_{3a} 得到了验证。

4.2.3　调节作用分析

在 PLS 路径建模中，我们用交互项建立调节变量。CO×IT 表示由集体主义与信任倾向构成的交互作用变量，用 PD×IT 表示由权力距离与信任倾向构成的交互作用变量，用 UA×IT 表示由不确定性规避与信任倾向构成的交互作用变量，用 MA×IT 表示由刚性与信任倾向构成的交互作用变量。表 5 为调节作用路径分析结果。

表 5　调节作用路径分析结果

构念交互项	调节路径系数		t 值		标准差		假设结果
	远东族群	独立族群	远东族群	独立族群	远东族群	独立族群	
CO×IT	−0.055[**]	−0.022	2.208	1.515	0.031	0.021	H$_{1b}$ 部分成立
PD×IT	0.010	0.004	0.605	0.310	0.028	0.038	H$_{2b}$ 不成立
UA×IT	0.058[**]	0.050[**]	2.170	2.478	0.028	0.040	H$_{3b}$ 成立
MA×IT	−0.051[**]	−0.013	2.421	1.012	0.019	0.024	H$_{4b}$ 部分成立

[**]表示 $p<0.05$
注：因变量为购买动机（PM）

由表 5 可知，变量的调节方向在两个族群中是一致的：集体主义、刚性的调节系数是负值，说明集体主义和刚性的程度越强，初始信任对购买动机的影响效果越弱；权力距离、不确定性规避的调节系数为正值，表明权力距离、不确定性规避的程度越强，初始信任对购买动机的影响效果越强。

但从调节作用的显著效果来说，表 5 中 t 值显示，只有不确定性规避的调节作用在两个族群中都是显著的，即 H$_{3b}$ 成立。集体主义、刚性的调节作用只在远东族群中是显著的，所以 H$_{1b}$、H$_{4b}$ 部分成立。而权力距离的调节作用在两个族群中都不显著，故 H$_{2b}$ 不成立。

4.2.4　族群分组对比分析

虽然上述作用的影响方向在两种族群中是一致的，但是影响程度却存在差异。为了具体地对比远东族群和独立族群的差异，我们将数据按照族群划分为两组，用 PLS 做了分组对比分析。由于本文样本量较小并且组间方差不一致，故在此我们采用 Welch-Satterthwait 测试[40]，结果如表 6 所示。

表 6　分组对比分析结果

测量维度	潜变量对信任倾向的作用				潜变量的调节作用			
	CO→TI	PD→TI	UA→TI	MA→TI	CO×IT	PD×IT	UA×IT	MA×IT
路径系数—远东	−0.616[***]	−0.336[***]	0.487[***]	−0.232[***]	−0.055[**]	0.010	0.058[**]	−0.051[**]
路径系数—独立	−0.340[***]	−0.486[***]	0.646[***]	−0.430[***]	−0.022	0.004	0.050[**]	−0.013
路径系数差异	0.365	0.135	0.289	0.288	0.134	0.004	0.020	0.001
t 值	4.246	1.393	2.357	2.956	2.494	0.104	0.392	0.006
差异显著性	显著	不显著	显著	显著	显著	不显著	不显著	不显著

[***]表示 $p<0.01$，[**]表示 $p<0.05$

可以看出，除了权力距离（$t=1.393$）之外，其他 3 个潜变量对于信任倾向的影响程度，在两种族群中的差异皆是显著的（t：4.246、2.357、2.956）。但是，就调节作用而言，只有集体主义的调节作用在两个族群中是有显著差异的（$t=2.494$），而其他 3 个变量的调节作用在两个样本中差异不显著（t：0.104、0.392、0.006）。

5　结论和讨论

5.1　研究结论分析

5.1.1　文化价值观对信任倾向的影响

根据本文的研究，我们总结文化价值观四个维度对信任倾向的影响：集体主义、权力距离和刚性对信任倾向有负向作用，不确定性规避对信任倾向具有正向作用。该结论部分支持了先前研究的结论[25, 28, 30, 34]，但与先前结果不同的是，本文是基于跨境 B2C 电子商务背景前提，以文化族群来分类讨论的。所以我们还发现，以上作用在两种族群中的影响方向是一致的，但影响程度却是有差异的，即文化族群的差异，不会影响文化价值观对信任倾向的作用方向，却影响其作用的大小。

这种结果可能是四个维度的特性决定的，不同的文化族群，虽然每个文化维度上的水平存在一定差异，但是各个维度对信任倾向的作用方向不会随着维度水平的高低而发生改变。此外，虽然作用方向具有一致性，但两种族群仍然在每个文化维度上有着不可忽视的差异，所以文化价值观对信任倾向的作用程度也有所不同。所以，在远东族群中，集体主义的负向作用要比在独立族群中更强一些，而不确定性规避和刚性对于信任倾向的正向作用在独立族群中更加显著。

5.1.2　文化价值观的调节作用

总体而言，在文化价值观中，只有不确定性规避的调节作用在两个族群中皆显著，其正向调节初始信任与购买动机之间的关系。而集体主义、刚性的负向调节作用只在远东族群中是显著的，权力距离调节作用方向与假设相悖，且在两个族群中都不显著。

此分析结果可能的原因：远东族群在集体主义和刚性这两个维度上，特性较独立族群而言是相对分散的。众所周知，马来西亚、泰国等国家的常驻居民十分多元化，其文化相较于日本、韩国等国家是具有多样性的，所以，集体主义和刚性在远东族群中的表现也比较参差不齐，其调节作用相应也会更加明显。而权力距离的调节方向和假设相反，可能的原因：当权力距离比较小的时候，人们对不同群体皆容易产生认同和信任，信任范围较广。轻易就能建立起的初始信任，对购买动机的直接影响不强。当权力距离比较大的时候，会有两种状态：人们尊崇权力高的那一方，对其产生信任；或者只信任和自己处于相同社会等级的群体，而不信任社会等级高的一方。在这种情况下，信任范围较窄，初始信任一旦建立，其对购买动机的影响效果也就相对较强。

在调节作用差异性方面，两种族群只在集体主义调节作用中存在明显差异，而其他潜变量的调节作用差异并不明显。

5.2　管理启示

对于跨境 B2C 电子商务平台而言，充分了解顾客文化价值观有助于更加充分地了解顾客的消费行为，从而在制定决策的时候，能够考虑到文化价值观的影响，帮助建立良好的顾客初始信任，从而增强顾客的购买动机，达到盈利的目的。

独立族群相较于远东族群而言，文化价值观对于信任倾向的作用很强，普遍信任倾向较低。而信任倾向又是影响初始信任的一个主要因素，所以，在面对独立族群国家的顾客时，为了增强顾客初始信任，要从其他一些影响初始信任的影响因素（如网站有用性、网站安全性、网站声誉等）方面入手，提高这些因素的水平，从而部分抵消较低信任倾向带来的负向作用。

而在增强顾客购买动机层面，远东族群的文化调节作用比独立族群明显，这就意味着跨境平台的管理者在面对远东族群国家的顾客时，通过增强顾客初始信任来达到增强购买动机是不够的，需要引入其他措施，如价格竞争、质量保证、优先快速配送等手段来吸引顾客，从而增强购买动机。

5.3　理论贡献和未来研究展望

本文以跨境 B2C 电子商务为背景，将文化价值观差异考虑在内，构建并验证了"文化价值观—信任—购买动机"模型，丰富了跨境电子商务领域有关文化价值观的研究内容。我们以文化族群而非单个国家为研究对象，得到了不同于以往的研究发现，且结果具有普适性和实践性，可以运用到跨境电子商务平台的运营策略当中。另外，我们集中讨论了四个文化维度对顾客信任倾向的影响，验证支持了以往的研究结果，并且探究了文化价值观对初始信任和购买动机的调节作用，补充并丰富了文化因素在信任和购买动机领域的研究。

由于数据量和国别限制，本文只考虑了远东族群和独立族群，其他族群情况还有待进一步研究。此外，本文是以跨境 B2C 电子商务为研究背景，而关于 B2B 和 C2C（customer to customer，即个人与个人之间的电子商务）等其他跨境电子商务模式下，文化价值观对顾客初始信任和购买动机的影响，还有待后续研究。

参 考 文 献

[1] 商务部电子商务和信息化司. 中国电子商务报告（2017）[EB/OL]. http://dzsws.mofcom.gov.cn/article/ztxx/ndbg/201805/20180502750562.shtml, 2018-05-31.
[2] 商务部电子商务和信息化司. 中国电子商务报告（2016）[EB/OL]. http://dzsws.mofcom.gov.cn/article/ztxx/ndbg/201706/20170602591881.shtml, 2017-06-14.
[3] 张红英. 中国 B2C 跨境电子商务的发展问题研究——以兰亭集势和全球速卖通为例[D]. 山东大学硕士学位论文, 2014.
[4] Sia C L, Lim K H, Leung K, et al. Web strategies to promote internet shopping: is cultural-customization needed? [J]. MIS Quarterly, 2009, 33（3）: 491-512.
[5] Gefen D, Heart T. On the need to include national culture as a central issue in e-commerce trust beliefs[J]. Journal of Global Information Management, 2006, 14（4）: 1-30.
[6] Lim K H, Leung K, Sia C L, et al. Is e-commerce boundary-less? Effects of individualism-collectivism and uncertainty avoidance on internet shopping[J]. Journal of International Business Studies, 2004, 35（6）: 545-559.
[7] Aaker J L, Maheswaran D. The effect of cultural orientation on persuasion[J]. Journal of Consumer Research, 1997, 24（3）: 315-328.
[8] Nielsen A C. One-tenth of the world's population shopping online: including 325 million in last month[J]. Retrieved May, 2005, 22: 2007.
[9] Gefen D, Karahanna E, Straub D W. Trust and tam in online shopping: an integrated model[J]. MIS Quarterly, 2003, 27（1）: 51-90.
[10] 汤志伟, 钟宗炬, 侯艳君, 等. 社会资本对微政务公众初始信任的影响机理研究[J]. 软科学, 2018, 32（3）: 106-110.
[11] Walczuch R, Lundgren H. Psychological antecedents of institution-based consumer trust in e-retailing[J]. Information & Management, 2004, 42（1）: 159-177.
[12] McKnight D H, Choudhury V, Kacmar C. The impact of initial consumer trust on intentions to transact with a web site: a trust building model[J]. The Journal of Strategic Information Systems, 2002, 11（3~4）: 297-323.
[13] Li X, Hess T J, Valacich J S. Why do we trust new technology? A study of initial trust formation with organizational information systems[J]. The Journal of Strategic Information Systems, 2008, 17（1）: 39-71.
[14] McKnight D H, Chervany N L. What trust means in e-commerce customer relationships: an interdisciplinary conceptual typology[J]. International Journal of Electronic Commerce, 2001, 6（2）: 35-59.
[15] McKnight D H, Choudhury V, Kacmar C. Developing and validating trust measures for e-commerce: an integrative typology[J]. Information System Research, 2002, 13（3）: 334-359.
[16] Koufaris M, Hampton-Sosa W. The development of initial trust in an online company by new customers[J]. Information & Management, 2004, 41（3）: 377-397.
[17] Grabner-Kräuter S, Kaluseha E A. Empirical research in on-line trust: a review and critical assessment[J]. International Journal of Human-Computer Studies, 2003, 58（6）: 783-812.
[18] 鲁耀斌, 周涛. B2C 环境下影响消费者网上初始信任因素的实证分析[J]. 南开管理评论, 2005, 8（6）: 96-101.
[19] 魏四新, 郭立宏. 文化因素对地方政府绩效管理的影响研究——基于霍夫斯塔德的跨文化视角[J]. 中国软科学, 2010, （3）82-87.

[20] Hofstede G. Culture's Consequences：International Differences in Work-Related Values[M]. Beverly Hills：Sage Publications, Inc., 1980.

[21] Hofstede G H. Culture's Consequences：Comparing Values, Behaviors, Institutions and Organizations Across Nations[M]. 2nd ed. Beverly Hills：Sage Publications, 2001.

[22] Hofstede G, Hofstede G J, Minkov M. Cultures and Organizations：Software of the Mind[M]. New York：McGraw-Hill, 2010.

[23] Lankhuizen M B M, de Groot H L F. Cultural distance and international trade：a non-linear relationship[J]. Letters in Spatial and Resource Sciences, 2016, 9（1）：19-25.

[24] Felbermaryr G J, Toubal F. Cultural proximity and trade[J]. European Economic Review, 2010, 54（2）：279-293.

[25] 赵娜, 周明洁, 陈爽, 等. 信任的跨文化差异研究：视角与方法[J]. 心理科学, 2014, 37（4）：1002-1007.

[26] 蒋辰春. 国家文化距离对中国进出口贸易影响的实证研究[D]. 中南大学硕士学位论文, 2011.

[27] Simcha R, Oded S. Clustering countries on attitudinal dimensions：a review and synthesis[J]. The Academy of Management Review, 1985, 10（3）：435-454.

[28] Lgarashi T, Kashima Y, Kashima E S, et al. Culture, trust, and social networks[J]. Asian Journal of Social Psychology, 2008, 11（1）：88-101.

[29] 厉敏, 杜荣, Brugha C M. 商务背景下基于知识共享的跨文化信任影响因素实证研究[J]. 情报杂志, 2010, 29（8）：55-59.

[30] Chong B, Yang Z, Wong M. Asymmetrical impact of trustworthiness attributes on trust, perceived value and purchase intention：a conceptual framework for cross-cultural study on consumer perception of online auction[C]//Craven J, Brophy P. International Conference on Electronic Commerce. New York：ACM Press, 2003：213-219.

[31] 彭连刚. 文化特征对移动商务采纳与交易信任关系的作用[J]. 企业经济, 2010,（8）：171-174.

[32] Yoon C. The effects of national culture values on consumer acceptance of e-commerce：online shoppers in China [J]. Information and Management, 2009, 46（5）：294-301.

[33] 卢森斯 F. 组织行为学[M]. 王垒, 等译. 北京：人民邮电出版社, 2008.

[34] Schumann J H, Wangenheim F V, Stringfellow A, et al. Drivers of trust in relational service exchange：understanding the importance of cross-cultural differences[J]. Journal of Service Research, 2010, 13（4）：453-468.

[35] Gefen D, Karahanna E, Straub D W. Inexperience and experience with online stores：the importance of tam and trust[J]. IEEE Transactions on Engineering Management, 2003, 50（3）：307-321.

[36] Chin W W, Marcolin B L, Newsted P R. A partial least squares latent variable modeling approach for measuring interaction effects：results from a Monte Carlo simulation study and an electronic-mail emotion/adoption study [J]. Information Systems Research, 2003, 14（2）：189-217.

[37] Qureshi I, Compeau D. Assessing between-group differences in information systems research：a comparison of covariance- and component-based SEM[J]. MIS Quarterly, 2009, 33（1）：197-214.

[38] Fornell C, Larcker D F. Evaluating structural equation models with unobservable variables and measurement error [J]. Joural of Marketing Research, 1981, 18（1）：39-50.

[39] Hair J F, Ringle C M, Sarstedt M. PLS-SEM：indeed a silver bullet[J]. Journal of Marketing Theory and Practice, 2011, 19（2）：139-152.

[40] Sarstedt M, Henseler J, Ringle C M. Multi-group analysis in partial least squares（PLS）path modeling：alternative methods and empirical results[J]. Advances in International Marketing, 2011, 22（1）：195-218.

附件 1

问卷构念题项
（采用 5 点式计分：1 表示强烈不同意—5 表示强烈同意）

构念	测量题项	参考文献
集体主义 （CO）	1. Having sufficient time for your personal or home life is very important.* 2. The security of employment means a lot to me. 3. I'd like to do work that is interesting.* 4. My job should be respected by your family and friends.	Hofstede 等[22]

续表

构念	测量题项	参考文献
权力距离 （PD）	1. Having a boss（direct superior）you can respect is very important. 2. It is important to be consulted by your boss in decisions involving your work.* 3. In my experience，subordinates are always afraid to contradict their boss（or students their teacher）. 4. An organization structure in which certain subordinates have two bosses should be avoided at all cost.	Hofstede 等[22]
不确定性规避 （UA）	1. I always feel nervous or tense. 2. All in all，I prefer to use "very good" to describe the state of health these days.* 3. One can be a good manager without having a precise answer to every question that a subordinate may raise about his or her work.* 4. A company's or organization's rules should not be broken - not even when the employee thinks breaking the rule would be in the organization's best interest.	
刚性 （MA）	1. It is necessary to get recognition for good performance. 2. Having pleasant people to work with is very important.* 3. Living in a desirable area is of great importance.* 4. It is important to have chances for promotion.	
顾客信任倾向 （TI）	1. I think most people are trustworthy. 2. I always believe in someone else unless he / she deceived me. 3. I believe that human nature is good.	Walczuch 和 Lundgren[11]
顾客初始信任 （IT）	1. I believe that the platform website keeps its promises and commitments. 2. I feel that the platform website is trustworthy. 3. I think the platform（or seller）will use my information properly.	Koufaris 和 Hampton-Sosa[16]
购买动机 （PM）	1. If I need something that sold on the platform website someday，it is likely that I will go to the platform website and buy from there. 2. I am willing to buy something from this platform. 3. I would like to provide my credit card information to the platform website.	Gefen 等[35]

*表示该题项采用反向陈述方式

The Influence of Cultural Values on Customer Initial Trust and Purchase Motivation under Cross-border B2C E-commerce

YAN Hui，DU Rong，ZHANG Weili

（School of Economics and Management，Xi'an University of Electronic Science and Technology，Xi'an 710126，China）

Abstract   In cross-border B2C e-commerce, the differences in cultural values among customers will make them have different trusts on the same platform, thus affecting the purchase motivation. This study combines Hofstede's cultural dimension theory and cultural cluster theory to construct "Cultural Values-Trust-Purchasing Motivation" model and explores the influence of cultural values on the relationship between customer trust intention and purchase motivation under the Far Eastern and Independent groups. The results show that collectivism, masculinity and power distance have negative effects on trust intention, while the uncertainty avoidance has positive effect. Uncertainty avoidance positively adjusts the effect of initial trust on purchase motivation, while the adjustment effect of other dimensions is not completely significant. The above effects are significantly different between the two groups.

Keywords   Cross-border B2C e-commerce，Cultural values，Initial trust，Trust intention，Purchase motivation

作者简介

颜慧（1993—），女，西安电子科技大学经济与管理学院硕士研究生在读，研究方向为跨境电子商务。E-mail：yanhui@stu.xidian.edu.cn。

杜荣（1968—），女，西安电子科技大学经济与管理学院副院长，教授、博士、博士生导师。研究方向为知识管理、跨文化管理与 IT 服务管理。主要研究成果：获陕西省高等学校科学技术一等奖、陕西省高等学校哲学社会科学优秀成果一等奖等科研获奖 10 余项。发表期刊论文 90 多篇，其中国际期刊论文 20 多篇，SCI/SSCI 检索论文 13 篇。1 篇论文获信息系统领域顶级期刊 *Journal of*

Strategic Information Systems（JSIS）2013 年度最佳论文奖和国际信息系统协会（International Association of Information Systems）2014 年度最佳论文奖。E-mail：durong@mail.xidian.edu.cn。

张卫莉（1976—），女，西安电子科技大学经济与管理学院副教授，博士。研究方向为人力资源管理、跨文化管理。发表期刊论文 10 多篇。E-mail：zhangwl000369@sina.com。

降价式拍卖中消费者重复购买的影响因素研究[*]

王 星，杨 波，马 茜

（中国人民大学 信息学院，北京 100872）

摘 要 如何促进消费者重复购买，是每个电商企业都很关注的问题。本文利用贡天下特产网"7 天拍"和"15 分钟拍"的大量真实拍卖数据，采用统计分析和面板数据回归结合的定量研究方法，研究降价式拍卖场景下消费者重复购买的影响因素。结果表明：拍卖形式、消费者绩效、竞拍结构三方面因素对消费者重复购买有显著影响，以此建立了消费者长期和短期重复购买率的随机效应回归模型。本文研究结论对现有拍卖研究和消费者重复购买行为研究具有理论补充和实践意义。

关键词 降价式拍卖，重复购买，面板数据，随机效应模型

中图分类号 TP391

1 引言

随着电子商务网站的快速发展，市场中客户的竞争变得越来越激烈。为了在众多电子商务企业之中体现自身的特色，吸引更多的消费者关注及购买产品，很多企业经常会采用各式各样新颖的销售方式来吸引消费者，如团购、满减、限时秒杀等。这些"营销竞争"最终目的无非是两个：一方面是吸引新的消费者，另一方面是将这些消费者沉淀和保留下来，成为企业 30 天内持续购买的忠诚用户。事实上，高的消费者留存度是一种非常大的竞争优势。因此研究消费者重复购买意愿的影响因素成为一个很重要的课题。

贡天下特产网，就是一家利用降价式拍卖形式售卖农副产品的 B2C 电子商务企业，主要经营世界各地的特产商品。为了进一步扩大消费者群体，贡天下特产网把降价式拍卖的模式引入农副产品的拍卖中，在 2014 年底，贡天下特产网在其微信公众号的商城上推出了新的销售方式——"7 天拍"，它的拍卖形式和拍卖规则见图 1。具体来讲，对于在该模式下销售的产品，由高到低设定 7 档不同的价格，最高阶梯为产品原价，最低阶梯为 1 元。活动开始之后价格从最高一档起，每隔一天下降一个阶梯，直到商品全部售完或者 7 天结束为止。

---

* 基金项目：中国人民大学科学研究基金（中央高校基本科研业务费专项资金资助）项目成果，项目号：18XN0002。

通信作者：杨波，中国人民大学信息学院副教授。E-mail：yangbo_ruc@126.com。

图1 "7天拍"规则

后来,贡天下特产网又推出另一种类似的促销方式——"15分钟拍",但产品的降价时间阶梯设置为15分钟,相比"7天拍"更有时间紧迫感,其余规则与"7天拍"完全类似。

因此,本文是在降价式拍卖这种特定销售模式的场景下,利用贡天下特产网大量真实的拍卖数据,采用统计分析和面板数据回归结合的定量研究方法,探索消费者重复购买行为的影响因素,从而帮助电子商务企业制定更加合理的销售策略,促进消费者的持续购买行为。

2 文献综述

2.1 降价式拍卖

降价式拍卖,又叫荷兰式拍卖[1]。目前的文献中,拍卖理论中对叫价式拍卖的研究比较多,而降价式拍卖的研究相对比较少。其中降价式拍卖的研究主要也是集中于数学和实验的方法。

Katok和Roth指出,交易量大、价值低,类似于日用品的商品一般采取"降价式拍卖"方式[2]。Guerci等用数学分析方法分析了在连续的降价式拍卖中如何叫价会使得买家获得最大利益[3]。Shneyerov则研究了最优时间控制,即缓慢的降价式拍卖更有助于商家获得利益,商家比消费者更有耐心,换句话说持续时间较长的拍卖更容易促进消费者进行购买决策[4]。

国内的一些学者也在近几年内做过一些关于降价式拍卖的研究。降价式拍卖具有一次出价即成交的拍卖机制,从而保证了其成交的效率,因此比其他拍卖方式更能够节省卖家和买家的时间[5]。刘晨晖在农村土地承包经营权转让问题上运用贝叶斯法则建立了降价式拍卖的定价模型,深入分析了应价价位应如何设置[6]。安培和乔亚洁研究了降价式拍卖过程中的一系列数学问题,通过建立完整的数学模型分析了最优保留价的设置、期望收益等问题[7]。

但是,已有的与降价式拍卖相关的研究,大多是在拍卖理论的基础之上进行的,很少研究降价式拍卖作为一种销售模式对电子商务网站的消费者所带来的影响,在如何影响电子商务网站消费者重复购买方面的相关研究更是非常空缺。

2.2 消费者重复购买

消费者重复购买相关的理论研究更多的是基于消费者行为理论所发展的。众多研究学者认为，消费者保留能力是一个企业获取成功的关键因素[8]。Reichheld 指出，企业 30 天内的忠诚用户对价格具有更低的敏感性，最重要的是，维持 30 天内的顾客比获取一位新的顾客需要更少的时间和成本。根据之前学者的研究，吸引一位新顾客所耗用的成本，大概相当于保持一位现有顾客的 4~6 倍[9]。

Cardozo 于 1965 年首次将顾客满意引入营销学，指出顾客满意会增加顾客重复购买行为，而且会促使顾客购买公司的其他产品[10]。在此之后，顾客满意度问题受到了极大的重视。Churchill 等在 1982 年的文章中指出：顾客满意度是通过对预期回报的期望与实际投入进行比较所产生的一种心理状态[11]。Jones 等则提出，消费者的重复购买意向受消费者满意度和转换障碍的综合影响，把转换障碍纳入重复购买意向研究的体系中[12]。

目前学术界普遍公认的关于消费者满意度的基础理论是由 Oliver 提出的期望确认理论，该理论认为，消费者满意度是消费者对购前期望和购后绩效进行比较后产生的心理反应，而满意度又成为下次再度购买或使用的参考[13]。

Khalifa 和 Lam 的研究中，将消费者再购买意图的影响因素归结为总体满意这样一个变量。总体满意是产品满意、销售过程满意及售后服务满意的函数[14]。陈明亮通过路径分析发现，顾客感知价值通过顾客满意度产生间接正向影响。顾客满意度是顾客对实物质量、服务质量、品牌形象和性能价格比感知的集中体现[15]。Zhou 等通过实证证实满意度和信任共同影响消费者在网上的重复购买意愿[16]。同时，在 Ellis 和 Kurniawan 的研究中，发现相对于保证消费者满意度的网站来说，确保消费者享受电子商务网站与购买过程的乐趣将更加重要，因此购物过程中的娱乐性对于消费者再购买意向的影响较消费者满意度要更强[17]。

Chiu 等提出公平理论，分配不公平、程序不公平、信息不公平、人际不公平等均会影响网络购物中消费者重复购买意愿[18]。Jae IKShin 等则通过 4 个实验证明网站质量（购物便利程度、网站设计、信息有用性、交易安全性、支付系统质量、顾客交流质量）对消费者满意度和消费者信任有积极的影响，并且通过消费者信任和满意度来间接地作用于重复购买意愿[19]。郑万松等从社会资本理论、技术接受和使用的统一理论出发，提出了感知娱乐性、感知有用性、满意、努力期望、信任等是影响消费者重复购买的关键变量[20]。另外，消费者重复选择还受时间负担（time pressure）的影响[21]。

通过对重复购买研究的梳理发现，网站设计、商家特点、消费者公平感知、感知价值、消费者满意度、时间间隔等都是影响消费者重复购买意愿的直接或者间接因素[22~26]。但是，之前的学者大多是从消费者行为角度或者市场营销的角度，利用问卷调查的方式来建立定性模型的，而选择一个特定的销售场景，在真实的数据下利用定量方法研究消费者重复购买的影响因素进行分析和研究仍存在空缺。

3 研究方法

3.1 数据收集及预处理

本文基于贡天下特产网微信公众平台采用降价式拍卖的真实拍卖数据，包括每次拍卖的商品名称、商品信息、商品起拍价格、商品起拍数量、是否包邮、降价后的价格阶梯、用户中拍记录（包括购买商品的用户 ID、购买价格、购买数量及购买时间）等。

本文总共获取了"7 天拍"形式下自 2014 年 11 月 22 日至 2016 年 8 月 23 日共 21 个月的拍卖数据，以及"15 分钟拍"形式下从 2015 年 1 月 17 日至 2016 年 8 月 29 日共 19 个月的拍卖数据，具体的数据收集情况见表 1。

表 1　数据收集情况统计

拍卖方式	时间范围	拍卖次数/次	参与用户数/人	拍卖的交易记录数
7 天拍	2014.11.22—2016.8.23	584	11 851	40 908
15 分钟拍	2015.1.17—2016.8.29	1 234	17 826	131 550

由于在原始数据中存在一些异常拍卖和异常用户，他们对于数据分析整体可能会产生比较大的偏差影响，所以我们将起拍价格高于 200 元、仅部分会员用户可参加的特殊拍卖、参与拍卖总次数大于 200 次的特殊用户等一些明显异于正常拍卖和用户的数据删除，只保留基本特性趋于一致的拍卖数据。

"7 天拍"和"15 分钟拍"的商品品类分布上无系统性差异，并可划归为 6 种类型：五谷杂粮（如东北五常大米、全麦面粉等）、水果生鲜（如脐橙、菠萝、金煌芒等）、副食干货（如山西陈醋、酱帽子等）、茶酒饮料（如各类茶、酒、饮料等）、零食类特产（如永祥和闻喜煮饼、兆辉馍、云腿酥等）和营养类特产（如阿胶糕、宁夏枸杞、陈皮等）。

3.2　数据分析方法：统计方法和面板数据回归

对于所收集的贡天下特产网 "7 天拍"和"15 分钟拍"所产生的拍卖数据，首先利用基本的统计分析方法，分别研究"7 天拍"和"15 分钟拍"两种形式下相关因素对于消费者重复购买率的影响，进一步采用面板数据回归模型建立具体的定量模型。

面板数据回归模型结合了截面数据和时间序列数据两个维度，能更加多方位地反映数据的信息。我们在本文的研究中之所以选择面板数据回归模型来研究消费者重复购买的影响因素问题，主要是基于以下几点原因：

（1）可以更好地控制个体异质性。这主要是因为贡天下特产网降价式拍卖中参与拍卖的产品类型丰富多样，但不同拍卖产品的个体特征会对消费者的购买行为产生一定的影响。

（2）可以有效地控制各变量随时间因素的变化。因为我们所采用的拍卖数据跨度近一年半，所以随时间的变化所带来的一些不可观测的因素也可能会对消费者的购买行为产生影响。

（3）面板数据回归模型还可以更好地避免多重共线性问题，也可以提供更多的信息、更大的自由度及更高的效率。

面板数据的基本模型如下：

$$y_{it} = x'_{it}\boldsymbol{\beta} + u_{it} \tag{1}$$
$$u_{it} = a_i + \varepsilon_{it} \tag{2}$$

其中，$i=1, 2, \cdots, N$, $t=1, 2, \cdots, T$; x_{it} 为 $K \times 1$ 列向量；K 为解释变量的个数；$\boldsymbol{\beta}$ 为 $K \times 1$ 系数列向量；a_i 为常数，指那些不随时间改变的因素；ε_{it} 为模型误差项；u 为常量。

4　模型建立

根据文献综述的研究总结和实际拍卖数据的分析，我们建立了此次研究的基本模型，如图 2 所示。

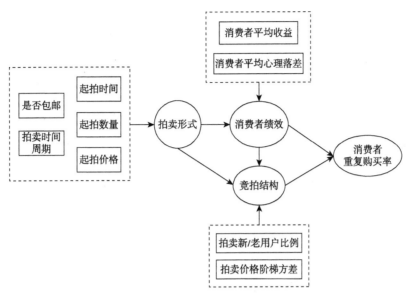

图 2　消费者重复购买率影响因素的基本模型

其中因变量为每次拍卖的消费者重复购买率，该变量代表的是此次拍卖的参与用户在一定的时间周期内产生再购买的平均比例，时间周期我们分别选定了 30 天和 7 天作为长期重复购买周期和短期重复购买周期的代表。自变量包括拍卖形式、消费者绩效和拍卖产生的竞拍结构三个主要方面。从拍卖维度来看，拍卖形式中不同因素的设定会直接影响消费者的购买决策，具体体现在拍卖时间周期、起拍时间、起拍数量、是否包邮、起拍价格这 5 个变量上。从用户维度来看，参与拍卖的消费者所获得的绩效也会直接影响消费者重复购买率，这种绩效分为正向和负向两部分，正向体现为消费者所获得的收益，即拍卖中的竞拍价格与起拍价格的差。负向则体现为消费者所产生的心理落差，即消费者竞拍的价格阶梯与最低拍卖价格所在阶梯的差。此外，从参与拍卖的消费者群体维度来看，拍卖产生的竞拍结构如拍卖新/老用户比例、拍卖价格阶梯方差等也可能会对消费者的购买决策产生交叉影响。各自变量的含义及在回归方程中的对应关系见表 2。

表 2　回归模型的自变量定义

自变量	影响因素	变量名称	备注
X_1	起拍价格	p_1	拍卖第一阶梯的价格
X_2	是否包邮	postage	包邮：1，不包邮：0
X_3	起拍数量	start_count	拍卖的起始数量
X_4	消费者平均收益	ave_profit	$AveProfit = average\left(P_1 - P_{Pricetag_i}\right)$
X_5	消费者平均心理落差	ave_psychoGap	$PsychoGapTag_i = Pricetag_i - Pricetag_{max}$
X_6	拍卖价格阶梯方差	pricetag_var	$VarPricetag = var\left(Pricetag_i\right)$
X_7	新用户比例	new_rate	$NewUser_{rate} = \dfrac{buytimes = 1 的用户数}{所有参与此次拍卖的用户数}$
X_8	黏性用户比例	sticky_rate	$StickyUser_{rate} = \dfrac{buytimes \geqslant 5 的用户数}{所有参与此次拍卖的用户数}$

5　实验过程及结论

5.1　影响因素的统计分析

5.1.1　拍卖时间周期对重复购买率的影响

在降价式拍卖中，对比"7天拍"和"15分钟拍"两种拍卖形式下，整个数据的时间范围内每天开始拍卖的消费者平均重复购买率如图3所示。可以看出，"15分钟拍"的整体用户30天重复购买率达到了0.605，要比"7天拍"的0.39高很多。也就是说，"15分钟拍"更有利于促进消费者的持续购买，对于保留老客户、增加其重复购买次数来讲，"15分钟拍"比"7天拍"更有效。

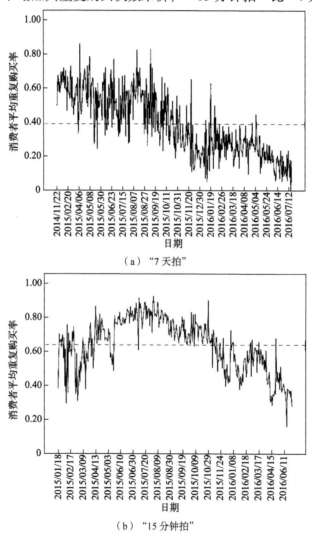

（a）"7天拍"

（b）"15分钟拍"

图3　两种拍卖形式的平均30天重复购买率

5.1.2　起拍时间对重复购买率的影响

在"15分钟拍"当中，贡天下特产网推出了不同时间段的拍卖形式，我们统计了不同起拍时间下各次拍卖的平均消费者重复购买率，如图4所示。

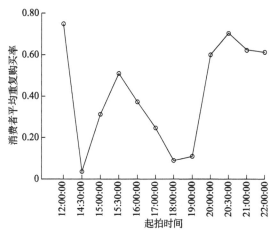

图 4   "15 分钟拍"中不同起拍时间对拍卖的影响

由此可见,对于"15 分钟拍"来讲,不同起拍时间的设定对于拍卖整体的重复购买率是有明显差异的,对于 12:00、20:30 起拍的拍卖来讲,消费者平均重复购买率是最高的,且不同类型的拍卖产品重复购买率均比较高,尤其是水果生鲜类和零食特产类等非必需品。这可能是由于消费者在午饭后和晚饭后有比较闲散的时间去监控和参与拍卖,还可以在同事朋友之间相互讨论和扩散,因此消费者的购买体验整体更好。

5.1.3   是否包邮对重复购买率的影响

在降价式拍卖中,部分产品是包邮的,不需要消费者额外负担邮费,而有些拍卖的产品则是不包邮的,邮费大多为 8 元或 10 元。对比统计两种拍卖形式下包邮产品与不包邮产品各自的平均消费者重复购买率如图 5 所示。

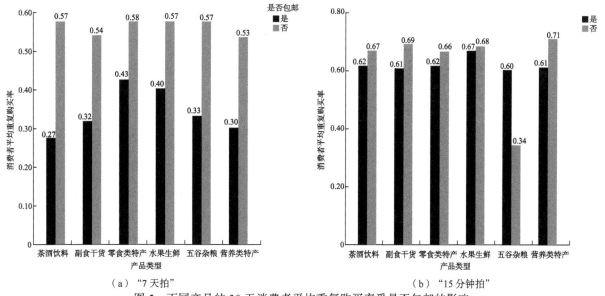

（a）"7 天拍"　　　　　　　　　　　　　　　（b）"15 分钟拍"

图 5   不同产品的 30 天消费者平均重复购买率受是否包邮的影响

由图 5 可以看出:对于"7 天拍"来讲,包邮的拍卖商品消费者平均重复购买率要远远大于不包邮的拍卖商品,包邮可以增强消费者重复再购买的概率。而对于"15 分钟拍"来讲,这种影响似乎并不是非常明显。因此我们在包邮和不包邮的拍卖中分别随机选取了 300 个样本,进一步对其做单因素方差分析（表3）。

表3　方差分析 F 统计量及显著性

类别	平方和	df	均方	F 值	显著性
组间	2.943	1	2.943	123.389	0.000
组内	14.265	598	0.024		
总数	17.208	599			

由表 3 单因素方差分析的结果可以看出，是否包邮的 F 值为 123.389，显著性为 0.000，小于 0.05，证明达到了显著性水平，说明是否包邮对于消费者平均重复购买率产生了明显的影响。

5.1.4　拍卖新用户比例对消费者重复购买率的影响

第一次参加拍卖的用户和在该降价式拍卖模式下多次参加拍卖的用户，在竞拍过程中的表现形式可能会有所不同。

我们以"15 分钟拍"为例，将新用户比例和黏性用户比例按照 0.1 的步长进行分段，每段求消费者平均重复购买率，画出新用户比例与拍卖的消费者平均重复购买率之间的折线图，如图 6 所示。新用户比例和拍卖的消费者平均重复购买率基本呈线性负相关的关系，尤其是五谷杂粮类和零食类特产的拍卖，随着新用户比例的增加，拍卖的消费者平均重复购买率明显在下降。也就是说，新用户比例过高不利于提升一次拍卖的整体消费者重复购买率。第一次参加拍卖的新用户比起多次拍卖的老用户来说是更容易流失的。

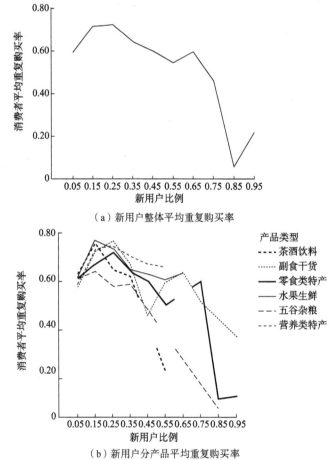

（a）新用户整体平均重复购买率

（b）新用户分产品平均重复购买率

图 6　"15 分钟拍"不同新用户比例与消费者平均重复购买率之间的关系

5.1.5 拍卖的价格阶梯方差对重复购买率的影响

在降价式拍卖这种特定的购买方式下，不同的消费者对于同一商品的拍卖会产生在不同价格阶梯上以不同的价格拍得同一商品的情况，这种不确定性也在一定程度上增加了这种购买形式的趣味性。我们统计了"7 天拍"和"15 分钟拍"的所有购买记录，各个阶梯拍卖的购买记录所占的比例如图 7 所示，结果发现，大多数消费者的购买阶梯逐渐形成了一个共识，基本集中在拍卖的第 5、6、7 阶梯，累积占比均达到了约 95%。

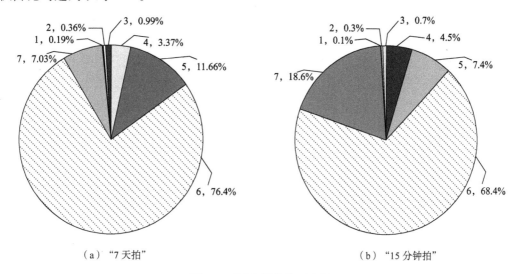

（a）"7 天拍"　　　　　　　　　　　　（b）"15 分钟拍"

图 7　不同阶梯的购买比例

图中 1~7 表示阶梯

一次拍卖的价格阶梯方差这一变量，反映的是消费者出价阶梯的集中程度，由于大部分拍卖的价格阶梯方差都在 0.5 以内，整体看价格阶梯方差和拍卖的消费者平均重复购买率的关系比较杂乱，所以我们对 1 以内的拍卖价格阶梯方差按照 0.1 的步长进行分段求平均，如图 8 所示。

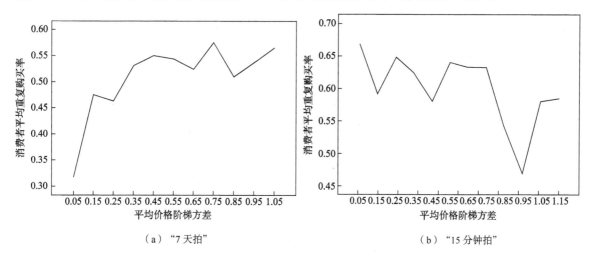

（a）"7 天拍"　　　　　　　　　　　　（b）"15 分钟拍"

图 8　价格方差和 30 天重复购买率之间的关系

由图 8 可以看出，当拍卖的价格阶梯方差特别小，也就是说绝大部分消费者都在同一价格阶梯（绝大多数都是 Pricetag=6）发生购买时，拍卖的消费者平均重复购买率和价格阶梯方差没有显著关系，但在"7 天拍"中，当拍卖价格阶梯的方差比较大，也就是说有很多消费者在不同的价格阶梯进行拍卖，出价行为集中度比较低时，这种特殊购买形式对消费者所带来的消费过程的趣味性和想要进行持续购买的欲望会更强，因而消费者平均重复购买率反而整体更高一些。

5.2　面板数据回归模型建立

5.2.1　面板数据构造

根据之前的统计分析，"15 分钟拍"的整体拍卖数量要比"7 天拍"多很多，且对于促进消费者重复购买的效果要优于"7 天拍"，故本文仅在"15 分钟拍"的数据样本上进行面板数据的回归分析。

我们选取不同的产品作为个体维度，每种产品在连续几个月的拍卖联合起来形成面板数据。为了最大限度地保持面板数据的完整性，我们以每个产品在时间维度的缺失个数最少为原则，最终确定了19 个产品在 2015 年 6 月至 2015 年 11 月跨度为 6 个月共 83 组拍卖的数据，其中有些产品在一个月内有多次拍卖的情况，我们只选取该产品在本月内的第一次拍卖作为样本。最后选取的面板数据两个维度上的数据情况如表 4 所示。

表 4　面板数据选取情况

类别	2015-06	2015-07	2015-08	2015-09	2015-10	2015-11
红糖	√	√	√	√	√	
茶叶		√	√	√	√	√
火龙果	√	√	√	√	√	
梨	√	√	√	√	√	√
柚子			√	√	√	√
山楂片	√	√		√	√	√
玉米	√	√			√	√
鲜花饼	√	√		√	√	
豆干		√	√	√		√
锅巴		√	√	√		
榴莲	√	√	√			
猕猴桃			√	√	√	
木瓜	√	√	√			√
兆辉馍	√			√	√	√
苹果	√		√			√
核桃		√	√	√	√	
山楂蜜饯	√	√	√			√
水蜜桃	√	√	√	√		
闻喜煮饼			√	√	√	√

建立初步面板数据回归模型为

$$Y_{it} = \beta_{1i}X_{1it} + \beta_{2i}X_{2it} + \beta_{3i}X_{3it} + \beta_{4i}X_{4it} + \beta_{5i}X_{5it} + \beta_{6i}X_{6it} + \beta_{7i}X_{7it} + \beta_{8i}X_{8it} + \alpha_i + \varepsilon_{it} \tag{3}$$

其中，$i=1, 2, \cdots, N$，$t=1, 2, \cdots, T$；Y_{it} 为被解释变量消费者平均重复购买率；$X_{1it}, X_{2it}, \cdots, X_{8it}$ 为解释变量；α_i 为常数项；β_{it} 为各解释变量对消费者重复购买率影响的系数；ε_{it} 为随机扰动项。

5.2.2 长期（30 天内）重复购买率的面板数据回归模型建立

在模型建立之前，我们首先要确定模型的形式，是固定效应模型还是随机效应模型。因此我们先分别建立固定效应模型和随机效应模型，其次用 Hausman 检验法判定该模型是否具有随机效应。该检验的原假设是模型具有随机效应，因此，当值大于 0.05 时即说明模型为随机效应模型，否则为固定效应模型。

我们对所估计的固定效应模型和随机效应模型进行 Hausman 检验，表 5 结果显示 p 值为 0.995 3，超过 0.05，故应接受原假设，该模型应该作为随机效应模型。

表 5　消费者 30 天重复购买率回归的 Hausman 检验

自变量	（b）	（B）	sqrt（diag（V_b–V_B））
	fe	re	S.E.
X_1	−0.001 92	−0.001 7	0.000 910 8
X_2	0.069 899	0.062 195	0.028 483
X_3	−0.000 18	−0.000 17	0.000 055 5
X_4	0.004 519	0.004 029	0.001 353 9
X_5	−0.040 49	−0.044 6	0.029 410 4
X_6	−0.052 7	−0.094 54	0.065 566 7
X_7	−1.168 37	−1.005 15	0.177 151 4
X_8	−0.484 2	−0.426 72	0.078 204

chi2（8）=（b–B）'[（V_b–V_B）^（−1）]（b–B）=1.32

Prob>chi2=0.995 3

因此，建立随机效应模型，如表 6 所示。

表 6　消费者 30 天重复购买率的随机效应模型回归结果

30 天重复购买率	回归系数	标准差	z	p>z
p_1	−0.001 704 4	0.001 052 3	−1.62	0.105
postage	0.062 195 1	0.041 451 1	1.5	0.133
start_count	−0.000 170 9	0.000 068 2	−2.51	0.012
ave_profit	0.004 029 3	0.001 877 4	2.15	0.032
ave_psychoGap	−0.044 604 1	0.044 385 9	−1	0.315
pricetag_var	−0.094 536 3	0.086 246 5	−1.1	0.273
new_rate	−1.00 515 3	0.232 407 6	−4.32	0
sticky_rate	−0.426 719 8	0.122 132 3	−3.49	0
常数项	1.134 583	0.113 618 7	9.99	0

Wald chi2（8）=38.60

Prob > chi2=0.000 0

　　从随机效应模型回归的结果可以看出，参数联合检验的 Wald chi2 值为 38.60，$P=0.000\ 0<0.05$，故在 0.05 的显著性水平下通过检验，证明模型的显著性是非常好的。因此，30 天重复购买率的面板数据回归模型为

$$Y_{it} = -0.001\ 7X_{1it} + 0.062\ 2X_{2it} - 0.000\ 2X_{3it} + 0.004X_{4it} - 0.044\ 6\beta_{5i}X_{5it} \\ - 0.094\ 5\beta_{6i}X_{6it} - 1.005\beta_{7i}X_{7it} - 0.427\beta_{8i}X_{8it} + 1.135 \tag{4}$$

5.2.3　短期（7 天内）重复购买率的面板数据回归模型建立

　　类似地，建立 7 天重复购买率的固定效应模型和随机效应模型并进行 Hausman 检验。表 7 结果显示 P 值为 0.859 2，超过 0.05，故应接受原假设，该模型应该作为随机效应模型。

表 7　消费者 7 天重复购买率回归的 Hausman 检验

自变量	（b）	（B）	sqrt（diag（V_b−V_B））
	fe	re	S.E.
X_1	−0.001 52	−0.001 27	0.001 026
X_2	0.016 3	0.015 242	0.030 793
X_3	−0.000 11	−0.000 14	6.19×10^{-5}
X_4	0.002 542	0.002 227	0.001 478
X_5	−0.045 5	−0.028 34	0.031 406
X_6	0.046 995	0.018 456	0.072 05
X_7	−0.994 88	−0.658 8	0.195 549
X_8	−0.688 75	−0.563 73	0.083 107
chi2（8）=（b−B）'[（V_b−V_B）^（−1）]（b−B）=3.98			
Prob>chi2 = 0.859 2			

　　因此，建立随机效应模型的估计结果，如表 8 所示。

表 8　消费者 7 天重复购买率的随机效应模型回归结果

7 天重复购买率	回归系数	标准差	z	$p>z$
p_1	−0.001 27	0.001 355	−0.94	0.349
postage	0.015 242	0.053 15	0.29	0.774
start_count	−0.000 14	8.78×10^{-5}	−1.59	0.112
ave_profit	0.002 227	0.002 41	0.92	0.355
ave_psychoGap	−0.028 34	0.056 944	−0.5	0.619
pricetag_var	0.018 456	0.110 982	0.17	0.868
new_rate	−0.658 8	0.298 568	−2.21	0.027
sticky_rate	−0.563 73	0.156 417	−3.6	0
常数项	0.900 482	0.145 654	6.18	0
Wald chi2（8）=29.82				
Prob>chi2=0.000 2				

　　从随机效应模型回归的结果可以看出，参数联合检验的 Wald chi2 值为 29.82，$p=0.000\ 2<0.05$，

故在 0.05 的显著性水平下通过检验，证明模型的显著性是非常好的。

因此可得，7 天重复购买率的面板回归模型为

$$\begin{aligned} Y_{it} = &-0.001\,3X_{1it} + 0.015X_{2it} - 0.000\,14X_{3it} + 0.002\,2X_{4it} - 0.028\,3\beta_{5i}X_{5it} \\ &+ 0.018\,5\beta_{6i}X_{6it} - 0.658\,8\beta_{7i}X_{7it} - 0.563\,7\beta_{8i}X_{8it} + 0.900\,5 \end{aligned} \tag{5}$$

5.3 回归数据模型的解释分析

从模型 1 的结果可以看出，对于拍卖的 30 天内重复购买率来讲，拍卖的起拍数量、消费者平均收益、拍卖中新用户及黏性用户的比例都受到非常显著的影响。其中，起拍数量越多，消费者平均重复购买率反而越低。也就是说，首先当商品起拍数量较低时对消费者具有刺激作用，在整个拍卖过程中的趣味性更强，因此重复购买的意愿更强；其次，拍卖的消费者平均收益对消费者平均重复购买率有正相关的影响，即消费者在这种拍卖模式下，拍到的商品价格越低，与商品市场价格差异越大，代表消费者获得的收益越高，消费者满意度越高，从而增加消费者重复购买的动机，促进消费者重复购买。此外，一次拍卖中参与用户的新/老用户比例是显著影响消费者平均重复购买率的，新用户比例越高，用户整体的平均重复购买率反而越低，黏性用户比例越高，用户整体的平均重复购买率越高。这表明新用户在第一次消费过程结束后最容易流失，而随着用户参与拍卖次数的增加，对网站的黏性越大，就越容易习惯性地产生持续购买。此外拍卖的起拍价格对消费者平均重复购买率有负向影响，对是否包邮则有正向影响，但模型结果显示这两种影响并不显著。消费者平均心理落差和平均价格阶梯方差对消费者平均重复购买率也有一定影响，但目前数据不显著。

从模型 2 的结果可以看出，对于拍卖的 7 天内重复购买率来讲，拍卖参与用户中新用户及黏性用户的比例和拍卖的起拍数量都受到非常显著的影响，且影响的形式和系数的大小与拍卖的 30 天重复购买率基本类似。而起拍价格、是否包邮、消费者平均收益、消费者平均心理落差及平均价格阶梯方差等因素对消费者平均重复购买率影响并不是非常显著。由于 7 天是个比较短的时间段，消费者在 7 天内多次参与购买更多依赖于消费者对该网站的黏性和拍卖经验的丰富程度，因而其他因素对消费者重复购买的影响更多地体现在一个比较长的时间段内。

6 结论与展望

本文主要是在降价式拍卖这种特定销售模式的场景下，利用贡天下特产网进行降价式拍卖的大量真实拍卖数据，采用统计分析和面板数据回归结合的定量研究方法，分析了消费者重复购买行为的表现形式和影响因素，并建立了降价式拍卖场景下拍卖的 7 天消费者平均重复购买率和 30 天消费者平均重复购买率的随机效应模型。所得结论对拍卖电子商务企业具有指导意义。仅从 30 天内消费者重复购买行为看，主要得到了以下结论及相应的措施建议：

（1）"15 分钟拍"的整体消费者重复购买率要比"7 天拍"的整体消费者重复购买率高。因此，适当缩短拍卖持续的时间有利于减少消费者对拍卖的监视成本，从而吸引消费者产生更多的重复购买。

（2）从 30 天内重复购买情况看，拍卖的起拍数量过多也不利于提升消费者的重复购买，因此控制商品起拍数量在较低的水平，消费者能从竞拍过程中获得刺激感和趣味感，从而产生更多的重复购买。

（3）消费者拍得的商品价格与市场价格相差越大，从拍卖中获得的实际收益越大，其重复购买意愿越强。因此建议突出商品拍卖价和市场价，以刺激消费者重复购买行为。

　　（4）拍卖的新用户比例负向影响消费者重复购买率。这表明新用户在第一次消费过程结束后最容易流失，因此企业可以针对新用户制定一些优惠活动来更好地留住新用户。

　　（5）不同的起拍时间对消费者重复购买率的影响是比较显著的，起拍时间为午饭后和晚饭后时间段的拍卖，更有助于增大消费者重复购买率，尤其是对于水果生鲜类和零食特产类产品。

　　（6）拍卖中消费者出价的平均价格阶梯方差更分散，使得一些消费者产生一定的心理落差感，反而更容易提升这种消费过程的娱乐性，从而刺激消费者 7 天内再次尝试的欲望。

　　但在贡天下特产网降价式拍卖的拍卖数据中，消费者的购买行为过于集中和相似，使得降价式拍卖的特殊属性并没有完全体现出来。并且我们无法获得参加拍卖的消费者个体相关的参数和变量，如年龄、性别、喜好等，使得研究结果具有一定的偏差。为了更好地解释和控制消费者的持续购买行为，未来可能还需在其他更有效的数据集上进行实验，验证我们的结论。

参 考 文 献

[1] 宏平. 批发市场交易"新手法"：荷兰式拍卖[J]. 中国市场，2004，（Z1）：56-57.

[2] Katok E，Roth A E. Auctions of homogeneous goods with increasing returns：experimental comparison of alternative "dutch" auctions[J]. Management Science，2004，50（8）：1044-1063.

[3] Guerci E，Kirman A，Moulet S. Learning to bid in sequential Dutch auctions[J]. Journal of Economic Dynamics & Control，2014，48：374-393.

[4] Shneyerov A. An optimal slow Dutch auction[J]. Economic Theory，2014，57（3）：577-602.

[5] 张海亮，王江. 对花卉拍卖交易方式的思考[J]. 市场研究，2007，（10）：59-60.

[6] 刘晨晖. 农地承包经营权信托流转"荷兰式拍卖"定价模式研究[D]. 中南大学硕士学位论文，2011.

[7] 安培，乔亚洁. 荷兰式拍卖中的数学问题[J]. 内江科技，2008，29（7）：41-42.

[8] Jones T O，Sasser W E，Jr. Why satisfied customers defect[J]. Harvard Business Review，1995，73（6）：11.

[9] Reichheld F F. Learning from customer defections[J]. Harvard Business Review，1996，74（2）：56-70.

[10] Cardozo R N. An experimental study of customer effort，expectation，and satisfaction[J]. Journal of Marketing Research，1965，2（3）：244-249.

[11] Churchill G A，Jr，Surprenant C. An investigation into the determinants of customer satisfaction[J]. Journal of Marking Research，1982，19（4）：491-504.

[12] Jones M A，Mothersbaugh D L，Beatty S E. Switching barriers and repurchase intentions in services[J]. Journal of Retailing，2000，76（2）：259-274.

[13] Oliver R L. A cognitive model of the antecedents and consequences of satisfaction decisions[J]. Journal of Marketing Research，1980，17（4）：460-469.

[14] Khalifa M，Lam R. Web-based learning：effects on learning process and outcome[J]. IEEE Transactions on Education，2002，45（4）：350-356.

[15] 陈明亮. 客户重复购买意向决定因素的实证研究[J]. 科研管理，2003，24（1）：110-115.

[16] Zhou T，Lu Y，Wang B. The relative importance of website design quality and service quality in determining consumers' online repurchase behavior[J]. Information Systems Management，2009，26：327-337.

[17] Ellis R D，Kurniawan S H. Increasing the usability of online information for older users：a case study in participatory design[J]. International Journal of Human-Computer Interaction，2000，12（2）：263-276.

[18] Chiu C M，Fang Y H，Cheng H L，et al. On online repurchase intentions：antecedents and the moderating role of switching cost[J]. Human Systems Management，2013，32（4）：283-296.

[19] 陈明亮. 生命周期不同阶段客户重复购买意向决定因素的实证研究[J]. 管理世界（月刊），2002，（11）：93-99，107.

[20] 郑万松，孙晓琳，王刊良. 基于社会资本和计划行为理论的知识共享影响因素研究[J]. 西安交通大学学报（社会科学版），2014，34（1）：43-48.

[21] Paynejw，Bettman J R，Lucem F. When time is money：decision behavior under opportunity cost time pressure[J]. Organizational Behavior and Human Decision Processes，1996，66（2）：131-152.

[22] 赵延昇，王仕海. 网购中服务失误对关系质量及顾客重购意愿的影响——基于关系类型调节下的实证研究[J]. 中

南大学学报（社会科学版），2012，18（3）：123-130.

[23] Bhargava A，Franzini L，Narendranathan W. Serial correlation and the fixed effects model[J]. The Review of Economic Studies，1982，49（4）：533-549.

[24] Baltagi B H. Econometric Analysis of Panel Data[M]. New York：John Wiley & Sons，2001.

[25] 黄劲松，赵平，王高，等. 中国顾客重复购买意向的多水平研究[J]. 管理科学学报，2004，7（6）：79-86.

[26] 陈明亮. 生命周期不同阶段客户重复购买意向决定因素的实证研究[J]. 管理世界，2002，（11）：93-99.

Research on the Influence Factors of Consumer Repurchase in Dutch Auction

WANG Xing，YANG Bo，MA Xi

（School of Information，RUC，Beijing 100872，China）

Abstract　How to make consumers buy goods continuously is a big concern for most e-commerce companies. This study was under the situation of Dutch Auction model，using a large number of real auction data in Gongtianxia's "7 days auction" and "15 minutes auction". We use quantitative research method combining statistical analysis and panel data regression model，to study the influencing factors of consumers' repurchase. The results show that auction methods，consumers' perceived performance and bidding structure affect consumers repurchase. At the same time，we established random effects regression models of the rate of consumers repurchase in 7 days and 30 days. According to the conclusion of the research in this article，we can provide some theoretical and practical suggestions for Auction Research.

Keywords　Dutch Auction，Repurchase，Panel data，Random effects model

作者简介

王星（1992—），女，中国人民大学信息学院 2014 级硕士研究生，研究方向为电子商务、CIO、外包等。E-mail：wangxing_ruc@163.com。

杨波（1968—），男，中国人民大学信息学院副教授、硕士生导师，研究方向为外包、IT 治理、电子商务、CIO 等。E-mail：yangbo_ruc@126.com。

马茜（1993—），女，中国人民大学信息学院 2016 级硕士研究生，研究方向为电子商务、CIO、IT 治理等。E-mail：hello_xi@outlook.com。

在线股票社区用户参与行为研究
——基于股吧的实证分析

高娇娇，张仁杰

（西南交通大学 经济管理学院，成都 610031）

摘　要　在线股票社区是股票投资者进行交流的重要渠道，他们通过发帖和回帖行为实现信息的传播，而信息的传播对投资者情绪有重要影响。本文以"股吧"论坛的"股市实战"版块为研究对象，研究了论坛用户发帖和回帖行为的特征。结果表明：用户多在股市开市期间进行发帖，且大多数用户是信息的"接收者"而非"发送者"；通过构建指数随机图模型发现互惠性在用户回帖行为中较为活跃；该回帖网络存在一定程度的小团体特征；高社会资本的用户是论坛中发回帖行为最积极的用户，他们的言论会对其他用户产生重要影响。

关键词　在线股票社区，社会网络，指数随机图模型，发回帖行为

中图分类号　G206.2

1　引言

根据中国互联网络信息中心（China Internet Network Information Center，CNNIC）2018 年 1 月发布的第 41 次《中国互联网络发展状况统计报告》[1]，截至 2017 年底，中国网民规模已达到 7.72 亿，即时通信、搜索引擎、网络新闻和社交作为基础应用，其用户规模保持平稳增长。伴随着互联网的发展，越来越多的股票投资者倾向于从互联网获取相关信息来指导自己的决策行为。在线社区因其自由、开放的特点，逐渐成为用户表达意见、进行知识共享或者交换信息的平台[2]。他们常使用在线社区去获取相关的情感支持和信息资讯。我国股票在线社区种类繁多，许多社区的日均发帖量都达到了上千条。其中，"股吧"作为最为活跃的股票论坛之一，是许多学者研究的对象[3~6]。为了探讨股民间交流网络的特点，本文将以该论坛中活跃度最高的"股市实战"版块为基础进行后续研究。

在线社区本质上是一种特殊的社会网络，用户通过发回帖来建立关系，进而形成回帖关系网络。在回帖关系网络中，节点表示发帖人和回帖人，网络中的有向边则表示用户间的回复关系[7]。研究用户的回帖行为，对维系社区的持续发展有重要作用。但是，目前对在线股票社区的相关研究主要集中在社区信息对股票价格的影响，并没有从用户发回贴行为的角度分析在线股票社区信息传播的特点。理解在线股票社区的社会网络机制不仅有助于了解投资者情绪在用户之间的传播特点，还能帮助论坛管理者更科学地运营和管理社区。因此，对在线社区用户发帖和回帖行为进行研究具有重要意义。结合上述分析，本文将通过进一步的研究回答下列问题：用户的发帖偏好是什么？他们更喜欢在哪些时间段发帖？什么样的帖子更容易得到别人的关注？什么样的用户更容易回复他人的帖子？

通信作者：张仁杰，西南交通大学经济管理学院硕士研究生。E-mail: zrj9497@163.com。

　　基于上述问题，本文通过搜集"股市实战"版块的相关信息，利用网络爬虫技术分析用户的发帖行为特征并通过构建社会网络模型来研究用户的回帖行为。

2　文献综述

2.1　在线社区用户参与行为研究

　　在线社区用户参与行为可以定义为"用户访问在线社区并留下痕迹"[8]，如用户在社区中发帖、回贴、评论、点赞、私信及添加好友等行为。按照用户参与的目的不同，将其归结为查询信息、社交互动、需求社会支持。此外，有研究者从不同视角对在线社区参与行为进行了研究。Zhou 等[9]和Cetto 等[10]从知识管理的角度出发，将用户的在线参与行为划分为知识贡献与知识接受。秦敏和梁溯从社会行为理论的视角来分析用户参与贡献与用户识别机制的关系[11]。赵蓉英和曾宪琴通过研究微博用户的参与行为发现用户参与可以促进信息的扩散[12]。而 Mislove 等通过研究 Orkut、Flickr 和YouTube 社交网络社区的人际网络，发现网络用户具有幂律特征、小世界特征和无标度特征[13]。杨化龙则将视角放在在线医疗社区上，研究医生与患者的交互过程[14]。Wu 等从营销学的角度，来研究在线社区用户参与行为与口碑传播的关系[15]。Wellman 等从社会的角度来研究用户在线行为对社会网络结构变化的影响[16]。

　　尽管在线社区用户参与行为的作用得到了广泛认同，获得不少研究者的关注与研究，但鲜有研究探析用户的某类具体行为类型，如用户在社区内的发帖与回帖行为。

2.2　在线股票社区用户参与行为研究

　　已有对在线股票社区的研究主要体现在网络舆论、投资者情绪、投资者关注度等对股价的影响。在网络舆论上，Liu 等研究了 2009~2016 年百度与 360 搜索引擎中股票的搜索指数与股价的关系[17]。Oliveira等利用 Twitter 数据来分析网络舆论对股票价格的影响[18]。金秀等对股吧上证指数观测样本进行分析，预测投资者情绪对股票收益的影响[4]。随着信息技术的普及，学者们开始着重将投资者情绪与投资者舆论结合起来。Wu 和 Lin 整理 2001~2014 年中国台湾地区台湾经济新报（Taiwan Economic Journal）数据库搜集的关于上市公司的新闻报道，来研究媒体舆论对投资者行为和股票价格的影响[19]。Ho 等则研究社交媒体情绪与股票收益之间的关系[20]。Checkley 等使用 Twitter 和 StockTwits 上的数据来提取公众的情绪指标预测股票市场的反应 [21]。缪杰利用百度指数的关键词的统计，以此为基础构建关注度来分析投资者的关注与股价的关系[22]。虽然，已有研究已经对在线股票社区进行了广泛研究，但关注点多放在股票价格与论坛内容之间的联系，而论坛内信息的传播特点依旧值得我们进一步深究。

2.3　网络发回帖行为研究

　　目前，使用"社会网络"概念来研究在线论坛机理的文章基本以论坛的回帖网络为基础来分析论坛用户的发回帖行为特征，主要使用随机指数模型、小世界模型和无标度模型这 3 种基本模型。许多学者在这些模型的基础之上，对不同的网络社区进行了实证研究。例如，模拟用户的回帖行为、分析用户回帖行为的分布特性、统计分析用户的回帖行为等。Himelboim 研究了用户间的回帖结构及影响因素[23]。Kimmerle 等对在线医疗社区用户回帖的内容进行分析，来研究咨询式的帖子对回帖的影响[24]。Meng 等采用封闭的网络，发现用户评论的网络结构对不同社会支持接受的影响[25]。Wu 等为研究用户回帖关系，提出了一个回帖网络演化模型[26]。而 O'Dea 等研究 Twitter 上关于自杀的帖子，发现帖子的回复率与回复速度之间的关系，对于预测自杀率有一定的策略性帮助[27]。Yu 等则采用统计方法分析用户的评论和回帖行为，发现评论数和回帖数服从不同幂指数的幂律分布[28]。

上述研究多是基于数理统计分析法或社会网络分析法，且大部分没有考虑用户的个体属性对其发帖与回帖行为的作用。由于用户的个体属性对其发回帖行为有重要的影响，将个体属性纳入研究中很有必要。

2.4 指数随机图模型

指数随机图模型（exponential random graph models，ERGM）是以关系为中心的随机社会网络分析模型，也是用于研究网络结构的统计模型。ERGM 在社会网络结构的研究中得到广泛的使用与发展。Box-Steffensmeier 等利用 ERGM 对一个企业集团进行角色分析，了解了企业内部的社会结构变化[29]。Windzio 对 1990~2013 年全球网络的移民数据使用 ERGM 进行分析，来分析各国间的移民网络结构[30]。Hossain 等为了在发生森林大火时，提高管理人员紧急调度不同机构的协调能力，使用 ERGM 构建了急救管理人员协作网络[31]。Wimmer 和 Kewis 则通过 ERGM 研究了 Facebook 中朋友关系网络里存在的种族同质性现象[32]。Shen 和 Monge 使用 ERGM 发现在线社区中的用户在参与交互活动中存在着互惠性[33]。

基于上述分析可以发现，目前关于股票在线社区的研究主要是基于文本挖掘技术来研究用户情绪与股价的影响，并没有从社会网络出发来研究用户的发帖和回帖行为。本文以此为出发点，首先，通过网络爬虫技术揭示该版块用户的发帖行为特征；其次，使用 ERGM 构建该版块的回帖网络以分析用户的回帖行为；最后，对该在线股票社区的用户发回帖行为进行总结，给出相应的结论和建议。

3 用户发帖行为特征

使用 Python 爬虫框架采集"股市实战"版块 2017 年 10 月到 2018 年 3 月共半年时间的帖子，帖子总数为 135 086 条，其中有回帖的主题帖共 25 716 条，占总帖数的 19%。

通过统计单日内各时间段平均发帖量、半年内每日发帖量、主题帖回帖量、主题帖查看量及主题帖正文长度，可以发现用户发帖行为具有较强的规律性。结果如图 1 所示。

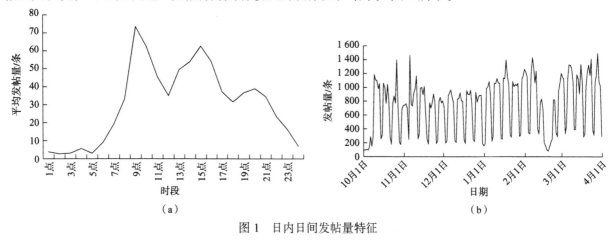

（a）   （b）

图 1 日内日间发帖量特征

图 1 展示了用户在时间维度上的发帖行为特征。图 1（a）为用户日内的平均发帖量，从中可以看

出，一天内包括三个峰值，分别为 9 点、16 点和 20 点。根据股市 9：30~11：30、13：00~15：00 的开市时间判断，当股市开市前半小时，与股票相关的信息量达到峰值；下午则是在股市闭市后信息量才达到峰值；晚间会在 8 点左右迎来又一次小高峰。因此，相关时段内的用户活跃程度较高，此时的帖子能为股票投资者提供大量的信息并对股市产生一定的影响。值得注意的是，中午时段的发帖量较少，说明在上午闭市后，并不会有大量帖子对上午的股市进行讨论。

图 1（b）为半年内每日的发帖量统计。从图 1（b）中可以看出发帖量呈有规律的波动，具体分析发现各峰值均出现在工作日，而发帖量下降的日子均为节假日，如 2 月 1 日到 3 月 1 日间的谷底正值春节放假。这说明股票论坛的用户只会在股市开市的时段关注论坛内的资讯，在节假日期间，相比继续关心股票信息，他们更愿意将精力放在其他事情上。

图 2 统计了主题帖的部分特征，其中图 2（a）为回帖数统计、图 2（b）为查看数统计、图 2（c）为文章字数统计，三张图均为长尾结构。图 2（a）和图 2（b）说明多数帖子都没有人进行回帖且被查看数较少。对比回帖数和查看数可以发现帖子的被查看数远远大于被回帖数，这说明论坛中的大多数用户更愿意查看他人发的帖子而不愿意发表自己的观点想法。图 2（c）的特征说明大多数帖子以简短的文字为主，或发表某一观点，或进行简短的评述。但也有部分用户会发表字数大于 1 000 的帖子，通过人为查看，发现这些帖子的主题包括对某只股票的分析、对未来一周股市的预测和论坛活动介绍等内容。

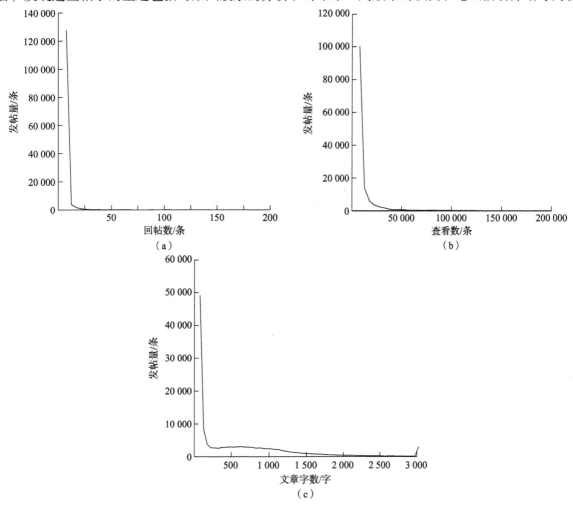

图 2　主题帖部分特征

　　通过上述分析可以得出以下结论：①论坛活跃度较高的时段主要集中在股市开市的时段，其余时间论坛用户更倾向于做别的事；②论坛内的多数用户一直处于"潜水"状态，相比于发表自己的意见，更愿意查看他人的言论；③帖子主要以简短的评论类帖子为主，针对股票或股市现状进行综合分析的帖子数量较少。上述结论说明多数股民是信息的接受者，那些查看数高、回帖数高的帖子能传递大量信息给论坛用户以影响他们的决策判断。对于论坛管理者而言，应当提高用户回帖的积极性、提高主题帖质量以保证论坛能高质量地运行下去。

4　回帖关系网络特征

　　通过使用 ERGM，本部分将进一步分析"股市实战"版块用户间的网络特征，以探求何种用户更容易受到其他用户的关注、何种用户更愿意与他人互动。由于半年内，该版块的用户节点数多达 2 万多个，而现有研究表明过高的网络节点数不利于模型的构建[34, 35]，为了保证结论的有效性，本部分将以该版块 2018 年 3 月的回帖网络作为基准进行模型的构建和分析，后续会通过稳健性检验来验证所得结论的普遍性。3 月回帖网络中共包含 5 526 个节点数及 8 204 条边，使用 Gephi 软件绘制的 3 月份关系网络图如图 3 所示。

图 3　关系网络图

　　图 3 中外部游离的点表示一些孤立的关系对，即这些用户仅对少数用户进行了回帖。图 3 左侧有一块面积较大的高亮区域，说明在这块区域内的用户间有频繁的互动行为，彼此间的回帖关系紧密。图 3 中多个亮度较高的圆形区域表示一些得到较多回帖的用户，他们的观点更容易对他人产生影响。除此以外，这些高亮区域间也有很强的联系，说明同一个用户会在多个用户间进行回帖。

4.1　回帖网络基本特征

　　通过使用 Gephi 软件进行基本网络特征的统计，该社会网络的图密度为 0.001、平均聚类系数为0.006。这说明股票在线社区的回帖网络是一个非常松散的社会网络，网络中的成员会围绕部分核心用户建立回帖关系，但大多数用户间互动不频繁。不难分析造成这一现象的原因：股票社区日均发帖量可以达到上千条，多数用户仅会参与讨论度高、关注度高的帖子，造成用户间的高互动仅停留在少部分的帖子上。同时，根据第三部分得到的结果，多数用户更愿意查阅帖子而不发表意见，愿意主动发帖的用户更是少之又少，这就导致多数用户间无法建立起发回帖的关系。在上述两个原因的作用下，松散的回帖网络便形成了。

此外，该社会网络的模块度指数为 0.718，说明该网络的社区结构强度较高，划分社区的质量也较好。该网络具有较强的社团性。

4.2 研究假设与 ERGM

为了进一步研究股票社区用户回帖行为的特征，在前人研究的基础上，从网络结构和用户属性两方面提出了相应假设。此外，本文还从该网站的特点出发，将认证股评员和认证投资机构对用户回帖行为的影响纳入假设中。

互惠性是社会网络的重要特征[36]。其含义为若 i 向 j 发出一条关系，j 也会向 i 发出一条关系。在回帖关系网络中，互相回帖是互惠性的表现。较高程度的互惠性意味着用户会相互选择，信息在用户间得到传递。此外，相互回帖也是满足"关系"的途径，彼此间的"礼尚往来"反映了人际的互动[37]。这种互动可以增加用户间意见交换的频率、丰富帖子的内容、增强社区间成员的关系。因此，提出以下假设。

H_1：股票社区论坛中存在互惠性特征。

传递性闭合是社会网络中的另一个重要特征。较为明显的传递性闭合表明在该社会网络中存在明显的小团体特征。有学者通过对知乎网络社区的社会网络进行研究，发现存在明显的传递性闭合特征。这种特征会使信息在部分群体间封闭式传播，导致媒体功能的弱化[38]。与知乎社区平台类似，股吧作为股票信息传播和分享的平台，也很有可能存在传递性闭合特征。因此，提出以下假设。

H_2：股票社区论坛存在传递性闭合特征。

社会资本能够帮助个体增加获得地位的机会[39]。在线社区中，用户的影响力、粉丝数可以被看作社会资本。所以，影响力高、粉丝数多的用户在论坛中更容易获得较高的地位，成为别人关注的对象。根据意见领袖理论，这些用户往往具有引导舆论的重要作用，是社会网络中信息和影响的重要来源[40]。他们的言论能够对其他用户产生影响。基于此，提出以下假设。

H_{3a}：影响力高的人更能得到他人的回帖。

H_{3b}：粉丝数多的人更能得到他人的回帖。

何黎等的研究表明，在微博社区中，用户关注数、发文数和被关注数之间存在较高的相关性，用户关注数高表明其活跃程度较高，所发的内容更容易得到他人的关注与回应[41]。刘行军和王伟军的研究也得到了相似的结论[42]。在同为在线社区的股票社区中，用户的关注列表表明其感兴趣用户的多寡。关注列表人数多的用户其活跃程度可能更高，就有更大的概率受到他人的关注、得到更多的回应。因此，提出以下假设。

H_4：关注数多的用户更容易得到他人的回帖。

拥有高势位的用户，往往把握着质量较高的知识产物，信息的传递也常从这些用户流向低势位的用户[43]。刘璇等的研究进一步验证了这一观点[44]。在股票论坛中，影响力高的用户是论坛中的高势位群体，这些用户会更愿意对他人的帖子进行回帖，使信息向低势位群体流去。因此，提出以下假设。

H_5：影响力高的用户更愿意回复他人的帖子。

除了上述用户的社会资本属性外，用户的人口统计学特征也较为重要。在论坛内，官方为用户开通了认证通道，类似于微博的加V认证。用户通过上传个人的真实信息及其他相关资料，经由股吧官方审核通过后可以获得官方认证。这类用户通常是股评师或者投资机构。而他们的言论往往往能对其他用户产生影响并刺激他们回帖。因此，提出以下假设。

H₆：认证股评师和认证机构能得到更多人的回帖。

为了检验以上假设，本文使用了 ERGM。ERGM 的原理是将模拟生成的随机图与实际网络图相比，观察实际网络图中的相关网络特征是否与随机产生的网络图有显著区别，以此确定相应特征是否明显。根据文献[36]的描述，ERGM 的一般数学公式如下：

$$\Pr(X=x)=P_\theta(x)=\left(\frac{1}{k}\right)\exp\left\{\sum_n\theta_n z_n(x)\right\} \tag{1}$$

其中，X 表示模型拟合出的网络；x 表示实际生活中的网络；k 为一个标准化参数，保证式（1）是一个合理的概率分布；n 为观测网络中所有网络结构的集合，包含了本文中选取的数个结构；θ_n 为对应结构 n 的参数；$z_n(x)$ 为对应结构 n 的网络统计值，若结构 n 存在于网络 x 中则 $z_n(x)=1$，否则为 0。模型的估计方法有最大似然估计法（maximum likelihood estimation，MLE）和马尔可夫链蒙特卡洛（Markov chain Monte Carlo，MCMC）最大概率估计法，由于前者已被证明估计有偏误，因此本文使用了 MCMC 最大概率估计法对模型进行估计[45]。

针对每一个假设，表 1 给出了各假设相对应的变量名称及其结构示意图。

表 1 变量名称、假设说明与示意图

变量名称	对应假设	示意图
Mutual	H₁：股票社区论坛中存在互惠性特征	节点A　节点B
AT-T	H₂：股票社区论坛存在传递性闭合特征	
Influence_I	H₃ₐ：影响力高的人更能得到他人的回帖	节点A　高影响力节点B
Fans_I	H₃ᵦ：粉丝数多的人更能得到他人的回帖	节点A　高粉丝数节点B
Follow_I	H₄：关注数多的用户更容易得到他人的回帖	节点A　高关注数节点B
Influence_O	H₅：影响力高的用户更愿意回复他人的帖子	高影响力节点A　节点B
VIP_I	H₆：认证股评师和认证机构能得到更多人的回帖	节点A　认证用户节点B

本文使用的用户属性数据均来源于该网站的用户个人页面。其中，用户影响力是分类变量，它是用户在股吧里的人气指数，每半星为一级，0~10 共 11 级。影响力等级与用户注册时长、发帖的被评论量、被转发量和被赞量等信息有关。如某用户为三星半，则其影响力记为 8，数字越高表示其影响力越高；用户关注数是连续变量，表明其关注人数的多少；用户粉丝数是连续变量，表明其粉丝数的多少；认证用户数为二分变量，是认证股评师或认证投资机构记为 1，否则记为 0。

根据 ERGM 相关变量对数据结构的要求，为了准确验证相关属性的发出者效应和接收者效应，需要明确定义发出节点和接收节点。由于部分原始数据不满足相应条件，故将相关属性处理成二分变量[46, 47]。为此，本文作如下处理：用户影响力以 5 为分界点，影响力小于 5 的取 0，其余取 1，表示高影响力用户；关注数和粉丝数以各自的平均数为分界点，低于平均数的用户取 0，其余取 1，表示高关注数、高粉丝数的用户。

表 2 是 5 526 名用户个体属性描述性统计。从表 2 中可以看出影响力的平均值为 0.23，标准差为 0.42，说明影响力高的用户在论坛中占比较小；关注数的均值是 0.21，标准差为 0.41，与影响力类似；粉丝数的平均值仅为 0.09，说明在该论坛内，粉丝数高的用户占比很小，绝大多数用户没有太多的粉丝。认证用户均值为 0.01，标准差为 0.08，说明该论坛内的认证用户人数较少。上述结论与实际生活中的情况相符。

表 2　个体属性描述性统计

属性	观察数	平均值	标准差
影响力	5 526	0.23	0.42
关注数	5 526	0.21	0.41
粉丝数	5 526	0.09	0.29
认证用户数	5 526	0.01	0.08

表 3 给出了个体属性相关性检验。从表 3 中可以看出，关注数和认证用户数与其他变量的相关程度较低；影响力与粉丝数的相关程度略高，说明同为社会资本的这两个属性有一定联系，在后续稳健性检验中将剔除其中一个属性来检验模型的稳健性。

表 3　个体属性相关性检验

属性	影响力	关注数	粉丝数	认证用户数
影响力	1.000	0.086	0.425**	0.038
关注数	0.086	1.000	0.038	−0.021
粉丝数	0.425**	0.038	1.000	0.044
认证用户数	0.038	−0.021	0.044	1.000

**表示 $p<0.05$

4.3　回归结果

通过使用 R 语言的 ERGM 包，将收集到的数据进行模型模拟。表 4 展示了"股市实战"版块 3 月回帖关系网络的估计结果。参数大于标准误差的两倍以上即认为该变量显著，若参数为正表示该种网络特征与随机图相比出现的概率更高，反之说明出现这种网络特征的概率较低[48]。参数不显著或符号为负都说明实际网络不支持提出的假设。

表 4　回归结果

变量名称	假设	参数	标准误差	p 值	收敛统计量
Mutual	H_1	2.876***	0.183	<0.001	−0.071
AT-T	H_2	1.494***	0.278	<0.001	−0.079
Fans_I	H_{3a}	2.171***	0.027	<0.001	0.052
Influence_I	H_{3b}	0.947***	0.029	<0.001	0.107
Follow_I	H_4	−0.060*	0.026	0.021	−0.084
Influence_O	H_5	0.578***	0.023	<0.001	0.065
VIP_I	H_6	0.646***	0.074	<0.001	−0.077

***表示 $p<0.001$，*表示 $p<0.05$
注：收敛统计量=（观测值−样本均值）/标准差

根据模拟结果可以看出，多数假设的收敛统计量绝对值均小于 0.1，而假设 H_{3b} 的收敛统计量虽高于 0.1，但仅比 0.1 多出 0.007，尚在可接受范围[36]。因此模型完全收敛，拟合结果可信[48]。进一步进行稳健性分析以确定回归结果是否普遍适用，其中，M0 为基准模型；M1~M3 分别为将高用户属性的用户选取规则变为所有用户的前 40%、前 25% 和前 10%，用于检验数据处理方法对结论是否有影响；M4~M5 是原模型分别去掉粉丝属性和影响力属性后的回归结果，用于检验变量相关性对结论的影响；M6~M10 分别使用相同方法对 2017 年 10 月到 2018 年 2 月的数据进行了模拟分析，用于检验时间维度对结论的影响。最终结果见表 5。

表 5 稳健性检验

对应假设	M0	M1	M2	M3	M4	M5	M6	M7	M8	M9	M10	结论
	三月	前 40%	前 25%	前 10%	去粉丝数（人）属性	去影响力（人）属性	二月	一月	十二月	十一月	十月	
H_1	2.876*** (0.183)	3.119*** (0.173)	2.864*** (0.169)	3.218*** (0.162)	2.875*** (0.172)	3.003*** (0.171)	2.114*** (0.274)	1.795*** (0.308)	2.723*** (0.199)	2.328*** (0.243)	1.819*** (0.262)	支持
H_2	1.494*** (0.278)	2.104*** (0.211)	1.513*** (0.271)	2.210*** (0.222)	1.573*** (0.262)	1.721*** (0.254)	0.101 (0.524)	−0.456 (0.693)	1.496*** (0.316)	1.252*** (0.337)	1.267*** (0.300)	不支持
H_{3a}	2.171*** (0.027)	2.422*** (0.053)	1.160*** (0.024)	0.532*** (0.036)		2.741*** (0.022)	2.966*** (0.031)	2.366*** (0.025)	2.115*** (0.022)	2.603*** (0.027)	2.161*** (0.027)	支持
H_{3b}	0.947*** (0.029)	1.164*** (0.029)	1.888*** (0.027)	1.126*** (0.026)	2.002*** (0.023)		0.821*** (0.032)	0.436*** (0.026)	1.044*** (0.023)	0.411*** (0.028)	0.873*** (0.029)	支持
H_4	−0.060* (0.026)	−1.402*** (0.052)	−0.235*** (0.025)	0.330*** (0.037)	−0.041 (0.025)	0.002 (0.026)	−0.000 (0.025)	−0.269*** (0.023)	−0.010 (0.022)	−0.124*** (0.024)	−0.135*** (0.024)	不支持
H_5	0.578*** (0.023)	0.402*** (0.022)	0.546*** (0.023)	0.406*** (0.030)	0.576*** (0.023)	0.582*** (0.023)	0.451*** (0.023)	0.487*** (0.020)	0.416*** (0.020)	0.488*** (0.024)	0.612*** (0.021)	支持
H_6	0.646*** (0.074)	0.879*** (0.073)	0.530*** (0.074)	1.173*** (0.074)	0.811*** (0.076)	0.548*** (0.075)	1.041*** (0.067)	0.825*** (0.069)	2.299*** (0.032)	0.499*** (0.072)	0.796*** (0.060)	支持

***表示 $p<0.001$，*表示 $p<0.05$

注："去粉丝数（人）属性"指模型去除变量"Fans_I"后的回归结果，"去影响力（人）属性"指模型去除变量"Influence_I"后的回归结果；括号内为标准误差

综合表 4 和表 5 的结果可以得到以下结论：

（1）H_1 的参数为 2.876，显著且通过稳定性检验，H_1 得到验证。这说明在"股市实战"版块中存在互惠性且这种性质是活跃的[35]，论坛中的成员愿意彼此进行意见交换和知识共享。从时间趋势上来看，该变量的系数维持在 1.795 以上，且 11 个模型中有 9 个模型的系数达到了 2 以上，一直处于高水平状态。可见互惠性特征是该网络的重要特征之一，这种模式能够帮助用户间建立更加紧密的关系，使论坛形成良性的社交生态、稳定持续地向前发展。

（2）H_2 的参数为 1.494，结果显著，但未通过稳健性检验，故 H_2 没有得到验证。从时间趋势上来看，1 月与 2 月不存在明显的传递性闭合，故小团体特征在该回帖网络中并不稳定。但是，除 1 月和 2 月外，其他月份的系数稳定维持在 1.2 以上，属较高水平。因此，虽然这种特征并不稳定，但论坛管理者仍然需要想出办法，如大型炒股经验分享活动、有奖互动等方式，来促进论坛成员间的交流。

（3）H_{3a} 的参数是 2.171，显著且通过稳定性检验，H_{3a} 得到验证。说明粉丝数多的用户确实能得到更多人的回帖。EXP（2.171）≈8.75，说明与其他用户相比，粉丝数多的用户能够得到将近 9 倍回帖量。高粉丝数的用户在论坛中会受到更多人的关注，他们确实会成为社区论坛中的"中心点"。因此，这些用户的言论会对其他用户产生重要的影响。从时间趋势上来看，6 个月的系数虽有波动但均大于 2，说明粉丝数对一个人是否能得到回帖起关键性作用。

（4）H_{3b} 的参数是 0.947，显著且通过稳健性检验。EXP（0.947）≈2.55，说明影响力高的用户能得到更多的回帖，该假设得到验证。但是，与粉丝数相比，影响力对回帖行为的影响稍弱。从时间趋势上观察亦是如此。除 12 月（M8）外，其余月份（M0、M6、M7、M9、M10）的系数均在 1 以下，且还有两个月（M7、M9）降至 0.4 左右。说明影响力并没有预期的那么重要，粉丝数才是该论坛社

会资本中最重要的一环。

（5）H_4 虽然结果显著，但由于其参数是-0.060，说明用户关注数的提高并不会为其带来更多他人的关注。稳健性检验中，M3 的系数符号虽然发生变化，但仅集中在前 10% 的用户群体中。考虑到M1、M2 的结论与主模型一致，故用户想要通过增加关注数来提高被关注度并非一条简单易行的办法，主模型结论依然可信。M4、M5、M6 和 M8 的回归结果虽然不显著，但其表达的含义是实际网络与随机网络相比无显著差别，关注数高的用户并不会获得更多的回帖，拒绝假设，与基准模型的结论并不冲突，因此 H_4 没有得到验证。造成这一现象的原因：在微博社区中，用户可以通过"转发"的方式快速提高自己的发帖量，进而得到更多人的评论。同时，微博官方也会通过"个性推荐"等手段增加用户间的互动行为[49]。但该股票社区在这方面做得还不够完善，因此与微博社区不同，在该社会网络中关注数并不能促进用户间回帖关系的形成。从时间趋势上看，该变量的系数不论显著与否，基本为负值且稳定在-0.1 左右。进一步证明了该假设并不适用于股票社区。

（6）H_5 的参数为 0.578，显著且通过稳健性检验，H_5 得到验证。EXP（0.578）≈1.76，说明与其他用户相比，影响力高的用户更愿意回复他人的帖子。从时间趋势上来看，该变量系数在 0.5 左右徘徊，最高达到了 0.612。虽然有些许波动，但总体上较为稳定。

（7）H_6 的参数为 0.646，显著且通过稳健性检验，H_6 得到验证。EXP（0.646）≈1.89，说明普通用户的确更关心认证用户所发的帖子，也更愿意与这些认证用户进行互动。从时间趋势上来看，该假设的波动较大，11 月（M9）系数只有 0.499，12 月（M8）突然增至 2.299。但考虑到社会网络特征是动态变化的，且该系数的均值为 1.01，得到官方认证依旧是提高被关注度的有效途径。

5 管理启示

通过分析在线股票论坛用户发帖行为和回帖关系网络特征，能够为在线股票社区的管理者提供相关实践启示，进而提升在线股票社区的服务质量。以下是具体建议：

（1）从用户的发帖规律可以看出，用户使用论坛的时段主要集中在工作日期间，周末或节假日论坛的访问量大幅下降。为了更好地提高用户对于网站的黏着度，论坛管理者可以在周末或节假日举办一些经验分享活动、有奖征集活动等内容，提高周末或节假日用户的访问量。

（2）从用户的回帖特征来看，大多数用户是信息的"接收者"而非"发送者"。因此，提高用户间的活跃度、鼓励用户积极发回帖也是论坛管理者需要思考的问题。目前，用户发回帖量的多寡只与用户影响力相关，而用户影响力对普通用户并没有太多吸引力。因此，管理者可以考虑扩大发回帖量对用户的影响，如提高发回帖获得积分的数量、所得积分能够兑换一些在线服务或产品等。通过不同的方法提高用户的发回帖积极性。

（3）从回帖网络的网络结构特征可以看出，该论坛存在较为明显的互惠性和一定程度上的小团体特征。论坛管理者应当采取相应措施进一步鼓励用户间的互动行为，如前文所提的部分举措。用户间的互动频率变高不仅能加快用户间信息的传播速度和效率，还能提高网站帖子的质量。从长远来看，是维持网站稳定繁荣的重要因素。

（4）从回帖网络的用户属性特征来看，高粉丝数、认证用户的帖子往往是论坛热门帖的来源。因此，论坛管理者应当重视对这部分用户的管理。例如，对这部分用户的帖子进行"加精"、对帖子进行置顶操作、向其他用户推荐这些帖子等措施。通过这些举措以达到提高用户参与度、促进用户互动的目的。

6　结束语

本文通过搜集"股吧"论坛的"股市实战"版块2017年10月到2018年3月的帖子及用户数据，分析了该版块内用户的发帖行为和回帖关系网络特征。通过分析发帖行为的特征发现该版块内的用户通常在工作日内进行大量发帖，股市上午开盘前、下午收盘后及晚8点是用户发帖的高峰时段；多数用户是论坛信息的"接收者"而非"发送者"，他们更倾向于查看帖子而不进行评论；发帖用户通常发表简短评述类的帖子，字数较多、内容较丰富的帖子不多。进一步使用ERGM对回帖网络关系进行分析以验证提出的7个假设。研究发现该版块具有较高的互惠性，回帖网络中用户互动频繁；该网络一定程度上存在小团体特征；粉丝数高、影响力高的用户更容易得到他人的回帖，且粉丝数起主导作用，社会资本能有效提高一个人的被关注度；股票论坛与微博社区不同，关注数高的用户并不会得到更多人的关注；影响力高的用户更愿意对他人进行回帖，说明拥有高势位优势的用户会向低势位的用户传递更多的信息；此外，得到官方认证的用户也能获得更多人的关注。

本文通过采用多个理论，如互惠性理论、社交资本理论等，丰富了股票在线社区的相关研究，从社会网络视角进一步探索了股票社区对股票投资者的影响。但是，本文仅针对"股市实战"版块进行研究，没有考虑与其他版块的联系。因此，可以从多个网络间的交互作用着手，进行更进一步的分析；受限于ERGM的特点，本文对用户属性进行了人为处理，导致一定程度的信息损失，在后续研究中可以使用其他方法进行更为精准的分析；此外，本文主要针对回帖关系网络特征揭示何类用户发的帖子更易受到他人的关注，没有从文本情感的角度分析其对回帖行为的影响，这些有待后续进一步的验证。

参 考 文 献

[1] 中国互联网络信息中心. CNNIC第41次中国互联网发展状况统计报告[EB/OL]. http://www.cac.gov.cn/2018-01/31/c_1122347026.htm, 2018-01-31.
[2] 周军杰, 左美云. 线上线下互动、群体分化与知识共享的关系研究——基于虚拟社区的实证分析[J]. 中国管理科学, 2012, 20（6）: 185-192.
[3] 熊熊, 罗春春, 张烨. 股吧和交易: 股吧中的信息内容研究[J]. 系统科学与数学, 2017, 37（12）: 2359-2374.
[4] 金秀, 姜尚伟, 苑莹. 基于股吧信息的投资者情绪与极端收益的可预测性研究[J]. 管理评论, 2018, 30（7）: 16-25.
[5] 金雪军. 股吧发帖能否影响股价?[J]. 清华金融评论, 2017, （3）: 97-98.
[6] 叶德磊, 姚占雷, 刘小舟. 公司新闻、投资者关注与股价运行——来自股吧的证据[J]. 华东师范大学学报（哲学社会科学版）, 2017, 49（6）: 136-143.
[7] 叶作亮, 王雪乔, 王仙玲, 等. 一类BBS网络统计特性实证分析[J]. 复杂系统与复杂性科学, 2010, 7（1）: 52-58.
[8] 刘鹏. 网络用户行为分析的若干问题研究[D]. 北京邮电大学博士学位论文, 2010.
[9] Zhou J, Yu Y, Zuo M, et al. How fundamental and supplemental interactions affect users' knowledge sharing in virtual communities? A social cognitive perspective [J]. Internet Research, 2014, 24（5）: 566-586.
[10] Cetto A, Klier M, Richter A, et al. "Thanks for sharing" – Identifying users' roles based on knowledge contribution in enterprise social networks[J]. Computer Networks, 2018, 135（22）: 275-288.
[11] 秦敏, 梁溯. 在线产品创新社区用户识别机制与用户贡献行为研究: 基于亲社会行为理论视角[J]. 南开管理评论, 2017, 20（3）: 28-39.
[12] 赵蓉英, 曾宪琛. 微博信息传播的影响因素研究分析[J]. 情报理论与实践, 2014, 37（3）: 58-63.
[13] Mislove A, Marcon M, Gummadi K P, et al. Measurement and analysis of online social networks[C]//ACM SIGCOMM Conference on Internet Measurement. San Diego: DBLP, 2007: 29-42.
[14] 杨化龙. 在线医患交互过程中患者生成信息的作用机理研究[D]. 哈尔滨工业大学硕士学位论文, 2017.

[15] Wu J, Fan S, Zhao J L. Community engagement and online word of mouth: an empirical investigation[J]. Information & Management, 2018, 55（2）: 258-270.

[16] Wellman B, Quan-Haase A, Boase J, et al. The social affordances of the internet for networked individualism[J]. Journal of Computer-Mediated Communication, 2006, 8（3）: 1-18.

[17] Liu P, Xia X, Li A. Tweeting the financial market: media effect in the era of big data[J]. Pacific-Basin Finance Journal, 2018, 51: 267-290.

[18] Oliveira N, Cortez P, Areal N. The impact of microblogging data for stock market prediction: using Twitter to predict returns, volatility, trading volume and survey sentiment indices[J]. Expert Systems with Applications, 2017, 73: 125-144.

[19] Wu C H, Lin C J. The impact of media coverage on investor trading behavior and stock returns[J]. Pacific-Basin Finance Journal, 2017, 43: 151-172.

[20] Ho C S, Damien P, Gu B, et al. The time-varying nature of social media sentiments in modeling stock returns[J]. Decision Support Systems, 2017, 101: 69-81.

[21] Checkley M S, Higón D A, Alles H. The hasty wisdom of the mob: how market sentiment predicts stock market behavior[J]. Expert Systems with Applications, 2017, 77（1）: 256-263.

[22] 缪杰. 基于百度指数的投资者关注度对于股票市场表现的影响[D]. 厦门大学硕士学位论文, 2014.

[23] Himelboim I. Reply distribution in online discussions: a comparative network analysis of political and health newsgroups[J]. Journal of Computer-Mediated Communication, 2008, 14（1）: 156-177.

[24] Kimmerle J, Bientzle M, Cress U. "Scientific evidence is very important for me": the impact of behavioral intention and the wording of user inquiries on replies and recommendations in a health-related online forum[J]. Computers in Human Behavior, 2017, 73: 320-327.

[25] Meng J, Chung M, Cox J. Linking network structure to support messages: effects of brokerage and closure on received social support [J]. Journal of Communication, 2016, 66（6）: 986-1006.

[26] Wu M, Li H, Zhang K, et al. An evolutionary model of reply networks on bulletin board system[C]. IEEE 2011 International Conference on Information Technology, Computer Engineering and Management Sciences（ICM）, 2011.

[27] O'Dea B, Melinda R, Mark E, et al. The rate of reply and nature of responses to suicide-related posts on Twitter[J]. Internet Interventions, 2018, 13: 105-107.

[28] Yu J, Hu Y, Yu M, et al. Analyzing netizens' view and reply behaviors on the forum[J]. Physica A: Statistical Mechanics and Its Applications, 2010, 389（16）: 3267-3273.

[29] Box-Steffensmeier J M, Campbell B W, Christenson D P, et al. Role analysis using the ego-ERGM: a look at environmental interest group coalitions[J]. Social Networks, 2018, 52: 213-227.

[30] Windzio M. The network of global migration 1990-2013: using ERGMs to test theories of migration between countries[J]. Social Networks, 2018, 53: 20-29.

[31] Hossain L, Hamra J, Wigand R T, et al. Exponential random graph modeling of emergency collaboration networks[J]. Knowledge-Based Systems, 2015, 77: 68-79.

[32] Wimmer A, Kewis L. Beyond and below racial homophily ERG models of a friendship network documented on Facebook[J]. American Journal of Sociology, 2010, 116（2）: 583-642.

[33] Shen C, Monge P. Who connects with whom? A social network analysis of an online open source software community[J]. First Monday, 2011, 16（6）: 1-13.

[34] Stivala A D, Koskinen J H, Rolls D A, et al. Snowball sampling for estimating exponential random graph models for large networks[J]. Social Networks, 2016, 47: 167-188.

[35] An W. Fitting ERGMs on big networks[J]. Social Science Research, 2016, 59: 107-119.

[36] 鲁谢尔 D, 科斯基宁 J, 罗宾斯 G. 社会网络指数随机图模型: 理论、方法与应用[M]. 杜海峰, 任义科, 杜巍, 等译. 北京: 社会科学文献出版社, 2016.

[37] 陈向东, 徐之路. 在线知识交流回帖动因的个案研究[J]. 图书情报工作, 2010, 54（10）: 30-34.

[38] 刘雨农, 刘敏榕. 虚拟知识社区的社会网络结构及影响因素——以知乎网为例[J]. 图书情报工作, 2018, 62（4）: 89-96.

[39] 林南, 俞弘强. 社会网络与地位获得[J]. 马克思主义与现实, 2003, （2）: 46-59.

[40] Watts D J, Dodds P. Influentials, networks, and public opinion formation[J]. Journal of Consumer Research, 2007, 34（4）: 441-458.

[41] 何黎, 何跃, 霍叶青. 微博用户特征分析和核心用户挖掘[J]. 情报理论与实践, 2011, 34（11）: 121-125.

[42] 刘行军, 王伟军. 微博用户类型及行为特征的实证分析——基于信息传播行为视角[J]. 情报科学, 2014, 32（9）:

130-136.

[43] Lavie D, Drori I. Collaborating for knowledge creation and application: the case of nanotechnology research programs[J]. Organization Science, 2016, 23（3）: 704-724.

[44] 刘璇，汪林威，李嘉，等. 在线健康社区中用户回帖行为影响机理研究[J]. 管理科学，2017，30（1）: 62-72.

[45] Geyer C, Thompson E A. Constrained Monte Carlo maximum likelihood for dependent data[J]. Journal of the Royal Statistical Society, 1992, 54（3）: 657-699.

[46] Wu B, Jiang S, Chen H. The impact of individual attributes on knowledge diffusion in web forums[J]. Quality & Quantity, 2015, 49（6）: 2221-2236.

[47] 吴硕默. 社会网络视角下区域环境合作治理演化研究——以长三角城市群为例[D]. 电子科技大学硕士学位论文，2017.

[48] Robins G, Snijders T, Wang P, et al. Recent developments in exponential random graph（p）models for social networks[J]. Social Networks, 2007, 29（2）: 192-215.

[49] 闫强，吴联仁，郑兰. 微博社区中用户行为特征及其机理研究[J]. 电子科技大学学报，2013，42（3）: 328-333.

Research on User Participative Behaviors in Online Stock Forum: Empirical Research from Guba Forum

GAO Jiaojiao, ZHANG Renjie

(School of Economics and Management, SWJTU, Chengdu 610031, China)

Abstract　Online stock forum is an important channel for stock investors to share information; they spread information through posting and replying behaviors. The information dissemination has major influence on investor sentiment. This article analyzed the feature of forum users' posting and replying behaviors based on "stock actual combat" part in "Guba" community. The result reveals that most users prefer to post posts when stock market is opening and most of them are "receiver" rather than "sender"; we found that mutual feature is positive in the forum by employing exponential random graph model; there is a certain degree of small group characteristics in the social network; users who have more social capitals are more likely to post and reply and their opinions have vital effect on others.

Keywords　Online stock forum, Social network, Exponential random graph model, Posting & replying behavior

作者简介

高娇娇（1988—），女，西南交通大学经济管理学院 2017 级博士研究生，研究方向为在线社区用户行为分析。E-mail：279067287@qq.com。

张仁杰（1994—），男，西南交通大学经济管理学院 2017 级硕士研究生，研究方向为社会网络、数据挖掘。E-mail：zrj9497@163.com。

网络口碑发布平台对消费者好评意愿的影响研究
——消费者自我意识的调节作用*

于贞朋[1]，霍佳乐[1]，刘健西[2]，曾　慧[3]，郝辽钢[1]

（1. 西南交通大学 经济管理学院，成都 610031；

2. 四川大学 轻纺与食品学院，成都 610065；

3. 四川农业大学 管理学院，成都 611130）

摘　要　本文基于社会交换理论，探讨了在物质奖励情境下，不同网络口碑发布平台对消费者好评意愿的影响。结果表明：第一方平台比第三方平台带来更低的消费者感知社会成本、更高的感知价值和更高的好评意愿。同时，消费者自我意识在不同网络口碑发布平台对消费者反应的影响中起到调节作用。与此同时，研究结果还证实了感知社会成本是不同网络口碑发布平台对感知价值影响的中介变量；感知价值是不同网络口碑发布平台对好评意愿影响的中介变量；感知价值是感知社会成本对好评意愿的中介变量。

关键词　网络口碑发布平台，社会交换理论，好评奖励计划，自我意识，好评意愿

中图分类号　C93-0

1　引言

随着互联网的发展，消费者在购物前通常会搜索产品相关评价以决定是否购买[1]，而越来越多的消费者通过网络平台来分享产品体验。现实生活中，企业常采用如赠品、现金奖励、折扣等物质奖励方式来促进消费者口碑推荐行为。与此同时，网络口碑发布平台日趋多样化，如产品评论网站（如小红书、大众点评）、零售网站（如淘宝、京东）、官网（如小米官网）、社交网络（如个人微博、微信朋友圈）等都可以成为口碑发布的网络平台[2]。这使得企业在思考如何通过物质奖励激励消费者进行口碑推荐的同时，也要思考如何针对不同网络平台采用不同的有奖推荐策略。

回顾以往文献，国内外学者从不同角度对有奖推荐行为展开了研究，部分学者研究了有奖推荐的奖励额度[3]、奖励方式[4]、奖励形式[5]对消费者的影响，如朱翊敏[5]探究了产品类型与奖励类型对消费者推荐意愿的影响，结果发现，在有奖推荐情境下，实用型产品比享乐型产品的推荐意愿更高。李婷婷和李艳军[3]探究了奖励额度对消费者好评行为的影响，结果发现在高额度好评奖励下，负面体验的消费者比正面体验的消费者评分改变更大。还有学者从消费者行为角度出发，研究了消费者口碑推

---

* 基金项目：国家自然科学基金青年科学基金项目（71902129）、国家自然科学基金重大项目（71490722）、教育部人文社会科学项目（17YJC630036）、四川省社会科学规划项目（SC17C041，SC18B136）。

通信作者：刘健西，四川大学轻纺与食品学院，讲师，经济学博士。E-mail: liu_dreamer@126.com。

荐动机[6, 7]、口碑推荐形式对评论内容的影响[8]，口碑对产品态度和购买意愿的影响[9]等。综上，现有有奖推荐的研究或是从奖励机制本身设计出发，或是从消费者行为出发，较少考虑口碑发布平台等外界要素对整个口碑推荐过程的影响，且对于不同网络平台的研究多是集中在网络平台如何影响消费者产品评价[2]和社交平台上的消费者行为[7]，如李巍和王志章[2]探究了不同网络口碑发布平台对消费者产品判断的影响，认为发布在第三方（如博客）上的产品评价更能使消费者将其归因于产品实际功效。Sussan 等[10]也证实了类似的结论。而对于网络平台如何影响消费者推荐意愿，特别是有奖情境下的推荐意愿，研究较少。施卓敏等[7]研究了不同社交平台通过"面子意识"对消费者口碑传播意愿的影响，发现在陌生的关系类型平台下（如天涯），"面子意识"对口碑传播意愿起到积极影响。但非社交平台下，消费者的推荐意愿如何影响？除"面子意识"外，是否还有其他的消费者特质（如消费者自我意识）会影响消费者的有奖推荐意愿？这些问题还有待深入研究。

综上，本文对以下问题进行探究：在商家提供奖励的情境下，不同网络口碑分享平台是否会影响消费者的好评意愿？不同网络口碑发布平台对消费者感知社会成本、感知价值和好评意愿的影响有何差异？消费者自我意识是否在口碑发布平台与消费者反应中起调节作用？本文根据网络口碑发布平台是否具有匿名性分为第一方平台和第三方平台。第一方平台是指如大众点评、产品官网等不用展现消费者个人特征信息的网站；第三方平台是指消费者个人社交平台，如微信朋友圈、微博等公开个人特征信息的网站[2, 7]。本文将基于社会交换理论，探究在有物质奖励情况下，消费者对于分享口碑到不同网络口碑发布平台（第一方平台 vs 第三方平台）的反应差异，并考察消费者自我意识在其中的调节作用。

2　文献回顾与研究假设

2.1　网络口碑和网络口碑发布平台

口碑（World of Mouth，WOM）是指消费者关于产品、服务和体验的信息交换行为[11]。口碑会对消费者产品价值感知和购买行为产生影响[2, 9, 12]，已逐渐成为一种营销行为。随着互联网的发展，网络口碑已逐渐成为口碑中的研究热点。与传统口碑相比，网络口碑有着区别于传统口碑的要素特征，如董大海和刘琰[13]、Dellarocas[14]认为，网络口碑与传统口碑最大的区别是亲密的社会网络不再是传播的基础，消费者的口碑分享对象不一定是家人、朋友，也可能是陌生人。也有学者认为，网络口碑的高信息详细度、低成本和高获取便携度是其区别于传统口碑的本质特征[15]。随着互联网的快速发展，越来越多的学者开始从口碑传播者[3, 5, 7, 10]、口碑接受者[2, 9, 16]及网络口碑发布平台[2, 7, 10]的角度研究网络口碑的内涵、发布动机和营销效果。

网络口碑（Electronic Word of Mouth，EWOM）发布平台是指消费者可以与他人分享产品或服务评价的平台[2]，主要包括专业产品点评网站（如大众点评、中关村在线等点评网站）、具有产品评论功能的电商零售平台或产品官网和具有社交性质的社交网络平台等。以往的研究中，学者按照不同角度对发布平台进行分类，如李巍和王志章[2]按照商家对平台控制的强弱将发布平台分为官方平台和第三方平台。在官方平台中，商家可根据自己的偏好来挑选、删除评论，可以控制网络传播信息。而在第三方平台中，商家无法影响信息传播，消费者可以更为自由地表达对产品的看法。同时，部分学者按照平台功能的不同将网络平台分为产品评论网站、零售商网站、社交网站、官方网站[2]。Senecal 和 Nantel[17]将发布平台分为商业性平台和非商业性平台，而施卓敏等[7]将网络平台中的社交平台分为社交网站（如微信、微博）和一般网络社区（如天涯论坛）。以上对于网络平台的分类是为了研究不同网络平台下消费者对产品的态度或购买意愿，如李巍和王志章[2]探究了不同网络平台下对消费者产品判断的影响，认为发布在第三方平台（如博客）上的产品评价更能使消费者将其归因于产品实际功效。Sussan 等[10]也证实了同样的观点。施卓敏等[7]研究了不同社交平台通过"面子意识"对消费者的口碑传播意愿的影响。

　　本文主要考察不同平台对消费者好评意愿的影响，因此我们从消费者在平台上所展现的特征和消费者与他人的关系出发，将网络口碑发布平台分为第一方平台和第三方平台。在第一方平台中，消费者的个人特征不明显，不会展示太多个人性格、社交、习惯和生活等信息，其平台主要作用是销售或产品评价。且在发布评价时，是处于半匿名状态。同时，在第一方平台中口碑传播者和接受者的关系属于弱关系，大部分情况是互不相识的陌生人之间的沟通[13]。第三方平台是指消费者个人社交平台，如微信朋友圈、微博等公开个人特征信息的网站[2, 7]。这些平台会展现消费者个人特征，消费者在此平台的口碑分享属于非匿名。口碑传播对象是朋友、同事或家人等，口碑传播者与口碑接收者的关系一般较强。在第三方平台中，商家希望通过传播者的社交网络来推荐产品以扩大产品关注度和吸引度。

2.2　社会交换理论

　　社会交换理论认为人类的一切活动都是社会交换行为，每个人都会在交往过程中计算得失，以得到利益最大化[18]。消费者在好评行为中获取的价值取决于感知收益与感知成本的比较，其中感知收益归类为心理收益、社会收益和物质收益[16, 19]。心理收益是指消费者在与他人分享自己的购买体验时，会感觉自己为他人提供了有用的信息[16]，如消费者是这一品牌的拥护者，他们会认为自己的行为对品牌有所帮助[19]。这类收益是基于消费者自身的"利他主义"，即当帮助他人获得更大的利益并且不求回报时，受利他主义激励的人会感受到内在的满足，本文将这类内在的收益归纳为消费者的心理收益。消费者在网络社区平台参与产品评价时，可能会结识朋友，获得支持和归属感[6]，也就是说，消费者的口碑推荐行为可以满足其社会交往需求[19]，此类收益视为社会收益。消费者期望通过口碑推荐行为来提高自我声誉，从而获得社会收益。同时，除去自发推荐从而产生的内源性满足外，外界的刺激也会给消费者带来物质收益。商家常常通过物质奖励，如优惠券、折扣、现金等激励消费者的口碑推荐行为，这将给消费者带来物质收益。当消费者在不同平台进行同样的口碑推荐时，因为所发表的信息内容大体一致，给他人提供有用信息的程度不存在差异，因此消费者从中获得的心理收益大体一致。在有物质奖励的情境下，消费者的口碑推荐行为并不是利他的，对从分享行为中结交朋友的期望也很小，消费者在这一过程中更关注自身收益[20]，所收获的社会收益在不同平台中都很小。对于物质收益，本文假设消费者将口碑分享到不同平台中所获得的物质收益是同样的。综上，本文认为，在有物质奖励的情境下，消费者在不同口碑发布平台进行推荐所获得的感知收益不存在显著差异。

　　消费者在好评过程中付出的成本主要包括执行成本、心理成本和社会成本。消费者在发表评论的过程中，需要将回想到的产品使用感受转化为文字表达，特别是在提供详细文字评论的时候，会花费大量的时间和精力，这属于消费者的执行成本[21]。消费者在外界奖励刺激下进行口碑好评时，会认为自己的评价行为受到他人影响，产生对交易不公平的负罪感[22]，感到自由受损，从而产生心理抗拒[23]，带来心理成本。在有奖推荐的过程中，此时消费者会担心他人知晓其在推荐过程中获得物质收益，认为他的推荐动机不纯，影响他人对自己的看法及自己与他人的关系，从而产生社会成本[24]。

　　在消费者将好评分享到第一方平台和第三方平台的过程中，消费者都需要将感受和想法转为文字表达，所花费的时间和精力大致相同[21]，因此在执行成本上基本无差异。当发表好评可以获得物质奖励时，无论在哪个平台，消费者都会感受到"受金钱驱使"的心理压力[23]，也就是心理成本在两种平台中都存在。第一方平台与第三方平台相比具有匿名性的特征，有关网络匿名性对消费者行为影响的研究显示，个人身份被侦测或辨认的可能性越低，也就是匿名性越高时，失序行为得以隐藏[25]，消费者追求自身利益时的顾虑会减小[26]，相比非匿名情境下的社会成本会降低。在有物质奖励情境下，在第一方平台中，口碑传播者与信息接受者属于弱关系，消费者的分享过程不会暴露其个人属性，因此不会担心有奖好评行为会影响到他的人际网络，好评推荐所需的社会成本较小；但在第三方平台，如个人社交网络平台，消费者的分享行为会暴露其个人身份，从而被其朋友知晓。自我认知理论表明，人们会有意或无意地探究自身行为发生的原因[27]。在归因过程中，人们会将外部说服信息归因为外部刺激[28]。如果通过推荐获得了奖励，消费者会把推荐行为归因于外界的刺激而非内在动机。消费者会担心给社交平台上的朋友们留下"唯利是图"的印象[24]，影响其人际关系网络，因此在有奖激励下的分享会有所顾虑，从而推荐者会感知到较高的社会成本。

综上所述可知，在有奖激励下，第一方平台和第三方平台对消费者的影响差异主要体现在感知社会成本上，因此本文主要考察两个平台下消费者不同的感知社会成本。由社会交换理论可知，消费者在计算收益成本后，会根据感知到的价值的大小来决策[18]。感知价值是消费者对产品、服务或行为的综合效用的判断，取决于感知收益和感知成本的比较，是消费者付出成本和获得收益的权衡，即感知利得[29]。根据前面推断可知第一方平台比第三方平台带来更低的感知社会成本，而两个平台带来的感知收益差异不显著，从而我们认为第一方平台比第三方平台的感知价值更高，进而好评意愿更强烈。据此，我们提出以下假设：

H₁：第一方平台比第三方平台带来更低的消费者感知社会成本。

H₂：第一方平台比第三方平台带来更高的消费者感知价值。

H₃：第一方平台比第三方平台带来更高的消费者好评意愿。

2.3 自我意识

自我意识（self-consciousness）是心理学上用于解释个体对自我觉知的理论，包括私我意识（private self-consciousness）和公我意识（public self-consciousness）[30]。私我意识是指个体注重自身感受，这些感受只有本人能察觉，无法被外界直接判断；公我意识是指个体关注他人的评价和他人对自己的印象，个体行为容易受到他人的影响[30]。私我意识较强的人更强调个体内在满足，公我意识较强的人只有在外界对其评价较高时更容易获得满足[30]。

以往的研究表明，自我意识与自我表露有密切的关系[31]。自我表露是个体将自身信息告知他人并进一步沟通的过程[32]。有学者研究表明在网络环境下，私我意识较高的人会增加个体的自我表露[33]。而有学者指出，私我意识和公我意识都能增加个体的网络自我表露，只是表露水平不同[34]。因此，本文认为网络口碑推荐行为是一种自我表露行为，将会受到自我意识的影响。

已有研究表明，有奖推荐前提下自我意识对奖励与社会动机之间的关系具有调节作用[35]。奖励将对私我意识高的消费者社会动机产生强化效应，对公我意识高的消费者社会动机产生驱逐效应[35]。对于私我意识高的消费者，更强调内心感知而不是他人的评价，因此对于分享到第三方平台可能会造成他人对其负面评价的重视程度较低；但对于公我意识高的消费者，由于他更在乎别人的评价，因此在推荐产品到私人社交平台（第三方平台）时顾虑更多，所感知到的社会成本更高，从而感知价值和好评意愿更低。据此，我们提出以下假设：

H₄：消费者自我意识在不同网络口碑发布平台与消费者反应关系中具有调节作用。

H_{4a}：对于公我意识高的消费者，第一方平台比第三方平台带来更低的消费者感知社会成本；对于私我意识高的消费者，两个口碑发布平台对消费者的影响差异消失。

H_{4b}：对于公我意识高的消费者，第一方平台比第三方平台带来更高的消费者感知价值；对于私我意识高的消费者，两个口碑发布平台对消费者的影响差异消失。

H_{4c}：对于公我意识高的消费者，第一方平台比第三方平台带来更高的消费者好评意愿；对于私我意识高的消费者，两个口碑发布平台对消费者的影响差异消失。

2.4 网络口碑发布平台、感知价值、感知社会成本和好评意愿的关系

好评意愿是指消费者将对产品或服务的积极评价与他人分享的意愿[20]。在本文中，好评意愿是指在商家提供物质奖励的情境下，消费者将积极评价发布在网络口碑平台上的意愿[3]。感知价值是指消费者在获取产品或服务中，能够感知到的收益和所付出的成本进行权衡后对产品或服务效用的整体评价[29]。由前文推导可知，不同网络口碑平台的感知社会成本有差异，Berger 和 Schwartz[22]研究表明，感知社会成本显著影响消费者口碑发布过程中的感知价值。据此我们推断，感知社会成本是不同网络口碑发布平台对感知价值影响的中介变量。

根据社会交换理论[18]，消费者好评意愿受到消费者对推荐这一行为感知价值的影响，在有物质奖励的情境下，消费者在不同网络平台进行好评的意愿受到其对感知价值权衡结果的影响。同时有研究表明感知价值会正向影响购买意愿[36]。据此我们推断，感知价值是不同网络口碑发布平台对消费者好评意愿影响的中介变量，感知价值是感知社会成本对好评意愿影响的中介变量。

综上，我们提出以下研究假设：

H_5：感知社会成本是不同网络口碑发布平台对感知价值影响的中介变量。

H_6：感知价值是不同网络口碑发布平台对好评意愿影响的中介变量。

H_7：感知价值是感知社会成本对好评意愿影响的中介变量。

综上所述，本文研究模型如图 1 所示。

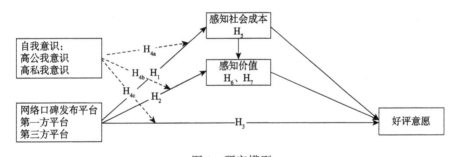

图 1 研究模型

3 研究设计

3.1 研究方法和实验设计

本实验采取 2（网络口碑发布平台：第一方平台、第三方平台）×2（自我意识：高公我意识、高私我意识）的实验设计，其中网络口碑发布平台的差异采用组间设计，自我意识采用组内设计，故共设计了 2 组不同情境下的实验问卷，调查者被随机分到 2 组实验中的一组。调查对象为成都市某高校在校大学生，总共发放问卷 200 份，有效回收问卷 171 份。其中男性 65 名，女性 106 名。

第一方平台下的实验情景描述示例：近来，您在网上购买了一款手机，使用后感觉非常满意，商家承诺，如果您在该网站下对这部手机进行好评将可以获得商家的一定现金奖励。

在实验中，我们将手机作为推荐物品，这是因为大学生对手机了解程度较高，且在手机购买或推荐过程中更倾向于参考他人意见。同时，由于本文不考虑顾客满意度在其中的影响，因此统一将产品满意度控制在相同的满意水平下。在对感知社会成本、感知价值、好评意愿和自我意识的测量中，主要借鉴前人的成熟测量量表。感知社会成本所采用的量表是根据 Ryu 和 Feick[37]、Jin 和 Huang[38]所设计的量表进行改编，包括两个题项，如"这种好评推荐会影响朋友对您的评价"，信度系数为 0.881。感知价值的量表主要参考 Munger 和 Grewal[36]的量表，包括 3 个测量题项，如"你觉得这种奖励好评方式很划算"，信度系数为 0.801。好评意愿改编自江明华和董伟民[39]、Dodds 等 [40]、Ryu 和 Feick[37]的量表，包含 3 个测量题项，如"你将会对这款手机进行好评"，信度系数为 0.875。对自我意识的测量采用 Fenigstein 等[41]所编制的量表，由 16 个题目组成，分为私我意识（9 个题目，如"我总是试图认清自己"等）和公我意识（7 个题目，如"我关心我做事的风格"等）。其中私我意识信度系数为 0.727，公我意识信度系数为 0.786。所有量表信度系数均大于 0.7，可见本文量表可靠性较高。与此同时，本文将私我意识得分大于公我意识得分的视为高私我意识，用"0"表示，而私我意识得分小于公我意识得分的视为高公我意识，用"1"表示。

3.2　实验操控性检验

本文的假设认为第一方平台与第三方平台的关键差异在于感知匿名性的程度，因此在问卷中用两个测量题项对这一假设进行操控性检验，题项：在商家网站/微信、微博或 QQ 进行评价的方式是匿名的，在商家网站/微信、微博或 QQ 有你很多认识的朋友。结果显示，被试认为第一方平台比第三方平台感知匿名性更高（M_1=4.74>M_2=4.20）；第三方平台比第一方平台有更多认识的人（M_1=2.93<M_2=4.96），且差异显著（$p<0.05$）。故本实验操控成功。

3.3　假设检验

3.3.1　主效应检验

首先我们对不同网络口碑发布平台影响消费者感知社会成本、感知价值和好评意愿进行了方差分析，结果表明：第一方平台比第三方平台带来更低的消费者感知社会成本（F=18.563，$p<0.05$）、更高的感知价值（F=17.442，$p<0.05$）和更高的好评意愿（F=8.285，$p<0.05$），具体均值结果如图 2 所示，故假设 H_1、H_2 和 H_3 得到验证。

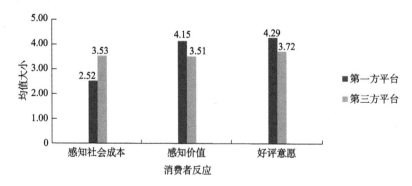

图 2　不同网络口碑发布平台对消费者影响的均值比较

3.3.2 调节变量检验

我们对自我意识在网络口碑发布平台影响消费者感知社会成本、感知价值和好评意愿关系中的调节作用进行了数据分析。方差结果表明：自我意识对网络口碑发布平台与消费者感知社会成本（$F=10.652$，$p<0.05$）、感知价值（$F=9.074$，$p<0.05$）和好评意愿（$F=9.583$，$p<0.05$）的影响关系均有显著调节作用，如表 1 所示，假设 H_4 成立。

表 1　自我意识的调节作用

源	因变量	III 型平方和	df	均方	F 值	显著性
不同网络口碑发布平台×自我意识	感知社会成本	21.641	1	21.641	10.652	0.001
	感知价值	8.393	1	8.393	9.074	0.003
	好评意愿	15.122	1	15.122	9.583	0.002

接下来，我们将自我意识分为高私我意识和高公我意识两组进行方差分析，结果如图 3、图 4 所示：在高私我意识组中，第一方平台和第三方平台在感知社会成本（$F=2.310$，$p>0.05$，$M_1=2.402$，$M_2=2.824$）、感知价值（$F=1.457$，$p>0.05$，$M_1=4.049$，$M_2=3.810$）和好评意愿（$F=0.002$，$p>0.05$，$M_1=3.992$，$M_2=3.980$）上的差异消失；而在高公我意识组中，第一方平台比第三方平台带来更低的感知社会成本（$F=28.599$，$p<0.05$，$M_1=2.634$，$M_2=4.487$），带来更高的感知价值（$F=25.940$，$p<0.05$，$M_1=4.244$，$M_2=3.114$）和更高的好评意愿（$F=18.405$，$p<0.05$，$M_1=4.585$，$M_2=3.377$）。因此，假设 H_{4a}、H_{4b} 和 H_{4c} 成立。

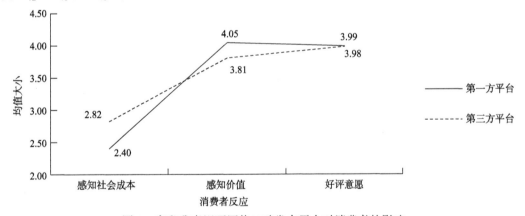

图 3　高私我意识下网络口碑发布平台对消费者的影响

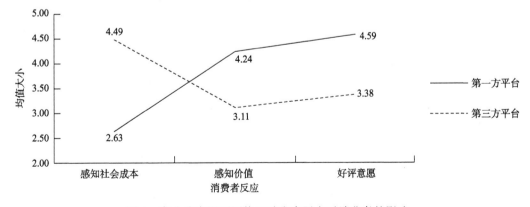

图 4　高公我意识下网络口碑发布平台对消费者的影响

3.3.3　中介变量的检验

由于本文要检验感知社会成本和感知价值在网络口碑发布平台与好评意愿之间的多步中介，因此参照 Zhao 等[42]提出的分析程序与 Hayes 等[43]和 Hayes[44]提出的多步中介变量检验方法，我们进行 Bootstrap 中介变量检验，在 SPSS 中选择回归分析中的 PROCESS，将网络口碑发布平台作为自变量，好评意愿作为因变量，感知社会成本和感知价值作为中介变量，选择模型 6，设定样本量为 5 000，设置置信区间为 95%，分析结果如表 2 所示。解读数据结果方法参照陈瑞等[45]，表 2 结果表明：加入中介变量后网络口碑发布平台对好评意愿的影响作用不显著（$p=0.557>0.05$，LLCI=−0.491，ULCI=0.266）；同时"网络口碑发布平台—感知社会成本—好评意愿"的中介路径显著（BootLLCI=−0.264，BootULCI=−0.012，在 95%置信区间不包括零），作用大小为−0.113；"网络口碑发布平台—感知社会成本—感知价值—好评意愿"的中介路径显著（BootLLCI=−0.150，BootULCI=−0.001，在 95%置信区间不包括零），作用大小为−0.055；"网络口碑发布平台—感知价值—好评意愿"的中介路径显著（BootLLCI=−0.507，BootULCI=−0.124，在 95%置信区间不包括零），作用大小为−0.285。由此可见感知社会成本和感知价值是网络口碑发布平台和好评意愿的中介变量，假设 H5~H7 成立。同时，通过我们的模型检验可知感知社会成本是网络口碑发布平台对感知价值的部分中介变量，感知价值是感知社会成本对好评意愿的部分中介变量，感知价值和感知社会成本是网络口碑发布平台对好评意愿的中介变量。

表 2　感知社会成本和感知价值在网络口碑发布平台与好评意愿之间的中介效应分析

变量	Direct effect of X on Y（加入中介变量后网络口碑平台对好评意愿的影响）					
	效应	标准误差	下限	上限	t 值	p 值
口碑推荐平台	−0.113	0.192	−0.491	0.266	−0.589	0.557
变量	Indirect effect of X on Y（中介变量的影响）					
	效应	标准误差	Boot 下限	Boot 上限		
合计	−0.453	0.127	−0.730	−0.232		
感知社会成本（M_1）	−0.113	0.063	−0.264	−0.012		
感知社会成本（M_1）、感知价值（M_2）	−0.055	0.037	−0.150	−0.001		
感知价值（M_2）	−0.285	0.097	−0.507	−0.124		

4　研究结论与讨论

本文探讨了在有物质奖励情境下，消费者对于分享口碑到不同网络口碑发布平台上的差异反应，同时考察了消费者自我意识在其中的影响作用。研究结果表明：第一方平台比第三方平台让消费者感知到更低的感知社会成本、更高的感知价值和更高的好评意愿。同时，消费者自我意识对不同网络口碑发布平台影响消费者反应起到调节作用。具体而言，对于公我意识强的消费者，第一方平台比第三方平台让消费者感知到更低的社会成本、更高的感知价值和更高的好评意愿；对于私我意识强的消费者，两个口碑发布平台对消费者的影响差异消失。同时，本文证实了感知社会成本是不同网络口碑发布平台对感知价值影响的中介变量；感知价值是不同网络口碑发布平台对好评意愿影响的中介变量；感知价值是感知社会成本对好评意愿的中介变量。

本文研究结论具有一定理论意义。研究结论在一定程度上丰富了有奖推荐的相关研究。在以往研究中，关于有奖推荐的研究较多从奖励机制本身设计出发，考察有奖推荐的形式、奖励额度等对消费者的影响[3~5]，这些研究都是基于口碑传播到口碑接收这一过程的研究，没有考虑这一过程所依附的载体。本文将网络口碑发布平台这一口碑传播载体加入口碑传播研究模型中，探究了不同网络口碑发布平台（第一方平台 vs 第三方平台）对消费者好评意愿的影响。研究结论弥补了现有研究的不足。同时，本文证实了消费者自我意识是口碑发布平台影响消费者反应的调节变量。施卓敏等[7]研究认为，在不同社交平台中，"面子意识"对消费者的传播意愿会产生影响。本文扩充了这一结论，认为除了"面子意识"外，消费者自我意识也会对口碑好评意愿产生影响。调节变量的选取和考察为后续相关研究调节变量的选择提供了借鉴意义。

同时，本文结论为企业实践提供了借鉴意义。企业在要求消费者将产品推荐到不同平台时也要注意考虑不同平台对消费者的影响。当企业在不同平台提供了同等水平的物质奖励激励消费者进行好评推荐时，第三方平台带给消费者的感知社会成本更高，从而消费者所权衡的感知价值更低，因此企业可以适当提高第三方平台的奖励水平以平衡高社会成本带来的负面影响。同时，企业若想增加口碑评价数量，应适当增加消费者评价过程的匿名性，以降低消费者在口碑推荐中的感知社会成本。除此之外，企业在实行有奖推荐计划时还要注意将奖励、推荐平台和消费者特征进行匹配，针对公我意识高的消费者，激励其分享到第三方平台，很可能达不到预想的推荐效果，还有可能会造成消费者反感情绪。因此企业需在推荐机制设定时考虑消费者自身特征，以达到推荐机制和消费者特征的最佳匹配。

本文具有一定的局限性。首先，本文在实验中将好评情境设定为有物质奖励情境下的好评意愿，但没有设定不同的奖励额度。已有相关研究表明，不同额度的奖励对消费者好评意愿有一定影响[3]。因此，在未来的研究中可将研究进一步细化，探究在不同奖励额度下，不同推荐平台对消费者好评意愿的研究。其次，本实验只选择了手机产品作为刺激产品，没有考虑产品类别和品牌强度的影响，而品牌强度是影响消费者行为的重要因素[24]。虽然手机对本实验具有合理性，但已有研究表明产品类型对消费者的推荐意愿具有显著影响[5]，因此未来可以考察不同产品类别在其中的差异影响。再次，本文主要考察了不同网络口碑发布平台对消费者好评行为的差异影响，未来也可以考察其他研究变量对消费者好评行为的影响，如评价匿名性与否，奖励形式等变量。最后，本文实验对象主要是在校大学生，虽然选取大学生样本具有一定代表性，但自我表露会因年龄阶段的不同而不同[46]，因此，在未来的研究中可考虑使用非学生样本进行对比考察，并可考虑扩大样本数量。

参 考 文 献

[1] Hugstad P, Taylor J W, Bruce G D. The effects of social class and perceived risk on consumer information search[J]. Journal of Consumer Marketing, 1987, 4（2）: 41-46.

[2] 李巍, 王志章. 网络口碑发布平台对消费者产品判断的影响研究——归因理论的视角[J]. 管理学报, 2011, 8（9）: 1345-1352.

[3] 李婷婷, 李艳军. "好评返现"如何影响消费者在线评论?——双通道心理账户的中介作用[J]. 营销科学学报, 2016, 12（1）: 133-152.

[4] Xiao P, Tang C S, Wirtz J. Optimizing referral reward programs under impression management considerations[J]. European Journal of Operational Research, 2011, 215（3）: 730-739.

[5] 朱翊敏. 享乐还是实用: 产品类型与奖励类型对消费者推荐意愿的影响[J]. 营销科学学报, 2014, 10（2）: 15-28.

[6] Berger J. Word of mouth and interpersonal communication: a review and directions for future research[J]. Journal of Consumer Psychology, 2014, 24（4）: 586-607.

[7] 施卓敏, 陈永佳, 赖连胜. 网络面子意识的探究及其对社交网络口碑传播意愿的影响[J]. 营销科学学报, 2015, 11（2）: 133-151.

[8] Berger J, Iyengar R. Communication channels and word of mouth: how the medium shapes the message [J]. Journal of

Consumer Research, 2013, 40（3）: 567-579.

[9] 汪旭晖, 聂可昱, 陈荣. "解释行为"还是"解释反应"? 怎样的在线评论更有用——基于解释类型的在线评论对消费者购买决策的影响及边界条件[J]. 南开管理评论, 2017, 20（4）: 27-37.

[10] Sussan F, Gould S, Weisfeld-Spolter S. Location, location, location: the relative roles of virtual location, online word-of-mouth（eWOM）and advertising in the new-product adoption process[J]. Advances in Consumer Research, 2006, 33（1）: 649-651.

[11] King R A, Racherla P, Bush V D. What we know and don't know about online word-of-mouth: a review and synthesis of the literature[J]. Journal of Interactive Marketing, 2014, 28（3）: 167-183.

[12] 郝媛媛. 在线评论对消费者感知与购买行为影响的实证研究[D]. 哈尔滨大学博士学位论文, 2010.

[13] 董大海, 刘琰. 口碑、网络口碑与鼠碑辨析[J]. 管理学报, 2012, 9（3）: 428-436.

[14] Dellarocas C. The digitization of word of mouth: promise and challenges of online feedback mechanisms[J]. Management Science, 2003, 49（10）: 1407-1424.

[15] 左文明, 陈华琼, 张镇鹏. 基于网络口碑的 B2C 电子商务服务质量管理[J]. 管理评论, 2018, 30（2）: 94-106.

[16] Sundaram D S, Mitra K, Webster C. Word-of-mouth communications: a motivational analysis[J]. Advances in Consumer Research, 1998, 25（1）: 527-531.

[17] Senecal S, Nantel J. The influence of online product recommendations on consumers' online choices[J]. Journal of Retailing, 2004, 80（2）: 159-169.

[18] Homans G C. Social behavior as exchange[J]. American Journal of Sociology, 1958, 63（6）: 597-606.

[19] Hennig-Thurau T, Gwinner K P, Walsh G, et al. Electronic word-of-mouth via consumer-opinion platforms: what motivates consumers to articulate themselves on the internet?[J]. Journal of Interactive Marketing, 2004, 18（1）: 38-52.

[20] 李研, 黄苏萍, 李东进. 被迫好评情景下消费者后续行为意愿研究[J]. 管理科学, 2017, 30（5）: 17-27.

[21] Tong Y, Wang X W, Teo H H. Understanding the intention of information contribution to online feedback systems from social exchange and motivation crowding perspectives[C]//40th Hawaii International Conference on System Sciences（HICSS-40 2007）IEEE Computer Society, 2007: 28.

[22] Berger J, Schwartz E M. What drives immediate and ongoing word of mouth?[J]. Journal of Marketing Research, 2011, 48（5）: 869-880.

[23] Brehm S S, Brehm J W. Psychological reactance: a theory of freedom and control[J]. Nurs Stand, 1981, 153（8）: 25-27.

[24] 王如意. 奖励顾客推荐: 奖励类型对推荐可能性的影响[D]. 复旦大学硕士学位论文, 2010.

[25] 王进, 焦泉. 网络交易风险语境下消费者的道德决策研究——道德强度、道德哲学与匿名性的影响为据[J]. 技术经济与管理研究, 2010,（1）: 40-43.

[26] 李瑞强, 李永强, 陈晨. "欺生"还是"杀熟"?——关系强度与非对称性对营销员间非道德行为意愿的影响[J]. 管理评论, 2014, 26（10）: 160-172.

[27] Bem D J. An experimental analysis of self-persuasion [J]. Journal of Experimental Social Psychology, 1965, 1（3）: 199-218.

[28] Wiener J L, Mowen J C. Source credibility: on the independent effects of trust and expertise[J]. Advances in Consumer Research, 1986, 13（1）: 306-310.

[29] Zeithaml V A. Consumer perceptions of price, quality, and value: a means-end model and synthesis of evidence[J]. Journal of Marketing, 1988, 52（3）: 2-22.

[30] Scheier M F, Carver C S. The self-consciousness scale: a revised version for use with general populations[J]. Journal of Applied Social Psychology, 1985, 15（8）: 687-699.

[31] Franzoi S L, Davis M H. Adolescent self-disclosure and loneliness: private self-consciousness and parental influences[J]. Journal of Personality and Social Psychology, 1985, 48（3）: 768-780.

[32] Jourard S M, Lasakow P. Some factors in self-disclosure[J]. Journal of Abnormal Psychology, 1958, 56（1）: 91-98.

[33] Joinson A N. Self-disclosure in computer-mediated communion: the role of self-awareness and visual anonymity[J]. European Journal of Social Psychology, 2001, 32（2）: 177-192.

[34] Schouten A P, Valkenburg P M, Peter J. Precursors and underlying processes of adolescents' online self-disclosure: developing and testing an "Internet-Attribute-Perception" model[J]. Media Psychology, 2007, 10（2）: 292-315.

[35] 李惠璠, 范秀成, 曹花蕊, 等. 市场规范与社会规范冲突视角下的奖励推荐计划作用机制[J]. 心理科学进展, 2015, 23（1）: 11-21.

[36] Munger J L, Grewal D. The effects of alternative price promotional methods on consumers' product evaluations and purchase intentions[J]. Journal of Product & Brand Management, 2001, 10（3）: 185-197.

[37] Ryu G，Feick L. A penny for your thoughts：referral reward programs and referral likelihood [J]. Journal of Marketing，2007，71（1）：84-94.

[38] Jin L，Huang Y. When giving money does not work：the differential effects of monetary versus in-kind rewards in referral reward programs[J]. International Journal of Research in Marketing，2014，31（1）：107-116.

[39] 江明华，董伟民. 价格促销的折扣量影响品牌资产的实证研究[J]. 北京大学学报（哲学社会科学版），2003，40（5）：48-56.

[40] Dodds W B，Monroe K B，Grewal D. Effects of price，brand，and store information on buyers' product evaluations[J]. Journal of Marketing Research，1991，28（3）：307-319.

[41] Fenigstein A，Scheier M F，Buss A H. Public and private self-consciousness：assessment and theory [J]. Journal of Consulting & Clinical Psychology，1975，43（4）：522-527.

[42] Zhao X，Lynch J G，Chen Q. Reconsidering baron and kenny：myths and truths about mediation analysis[J]. Journal of Consumer Research，2010，37（2）：197-206.

[43] Hayes A F，Preacher K J，Myers T A. Mediation and the Estimation of Indirect Effects in Political Communication Research[M]. New York：Routledge，2011.

[44] Hayes A F. Introduction to Mediation，Moderation，and Conditional Process Analysis：A Regression-Based Approach[M]. New York：Guilford Press，2013.

[45] 陈瑞，郑毓煌，刘文静. 中介效应分析：原理、程序、Bootstrap 方法及其应用[J]. 营销科学学报，2013，9（4）：120-135.

[46] Cozby P C. Self-disclosure：a literature review[J]. Psychological Bulletin，1973，79（2）：73-91.

The Effect of Online Word-of-mouth Platforms on Consumers' Positive Evaluation Intention：The Moderating Effect of Consumers' Self-consciousness

Yu Zhenpeng[1]，HUO Jiale[1]，LIU Jianxi[2]，ZENG Hui[3]，HAO Liaogang[1]

（1. School of Economics and Management，Southwest Jiaotong University，Chengdu 610031，China；

2. College of Light Industry，Textile and Food Engineering，Sichuan University，Chengdu 610065，China；

3. School of Management，Sichuan Agricultural University，Chengdu 611130，China）

Abstract From the perspective of social exchange theory, this paper explores the main effects of e-WOM publishing platforms on consumers' positive evaluation intention in the context of material reward. Results show that publishing to the first party platform can bring lower consumer perceived social cost, higher perceived value and higher consumers' positive evaluation intention than publishing to the third party platform. At the same time, consumers' self-consciousness moderates the effect of different publishing platforms on consumers' responses. Meanwhile, results also confirm that perceived social cost is the mediator variable of the impact of different e-WOM publishing platforms on perceived value; perceived value is the mediator variable of the impact of different e-WOM publishing platforms on positive evaluation intention; perceived value is the mediator variable of the impact of perceived social cost on positive evaluation intention.

Keywords E-WOM publishing platforms，Social exchange theory，Positive evaluation reward programs，Self-consciousness，Positive evaluation intention

作者简介

于贞朋（1985—），男，西南交通大学经济管理学院博士研究生，研究方向为市场营销与消费者行为。E-mail：346924965@qq.com。

霍佳乐（1994—），西南交通大学经济管理学院博士研究生，研究方向为市场营销与消费者行为。E-mail：771844204@qq.com。

刘健西（1979—），女，四川大学轻纺与食品学院讲师，经济学博士，研究方向为宏观经济理论与政策、消费者行为。E-mail：liu_dreamer@126.com。

　　曾慧（1987—），女，四川农业大学管理学院讲师，管理学博士，研究方向为市场营销与消费者行为。E-mail：zenghuijolly@126.com。

　　郝辽钢（1978—），男，西南交通大学经济管理学院副教授，博士生导师，研究方向为市场营销、消费者行为。E-mail：haoliaogang@126.com。

旅游网络舆情诱发机制与影响效应研究
——基于雪乡宰客事件新浪微博评论的内容分析[*]

刘嘉毅[1]，陈玉萍[2]，华　丽[1]

（1. 淮阴师范学院　旅游管理系，淮安　223300；

2. 上海体育学院　休闲学院，上海　200438）

摘　要　以雪乡宰客事件的新浪微博评论文本为数据源，运用 ROST 内容挖掘系统和 NLPIR 平台进行内容分析，研究旅游网络舆情诱发机制及其影响效应。结果表明：旅游业主道德缺失与从业人员道德风险、旅游产品季节性等主客观因素，让当事人利益受损；制度失灵与市场失灵的认知偏见，改变了利益诉求行动的成本与收益预期，使得当事人采取利益诉求行动的激励缺失，引致调节阀失效而诱发舆情。雪乡旅游网络舆情的负面情感占比为 56.21%，给雪乡带来强烈的负面形象冲击，并导致网民产生取消行程、转移旅游目的地等行动。研究结果也发现，雪乡旅游网络舆情的影响存在明显的空间溢出效应，导致东北地域污名化。

关键词　旅游网络舆情，雪乡，内容分析法，影响效应

中图分类号　C931.6

1　引言

互联网技术创新发展将人类置于虚拟无边的"网络社会"中，"网络社会"具有虚拟性、匿名性、无边界和即时交互等特性，它重构了旅游突发事件的传播速度、传播空间[1]；一旦有旅游突发事件爆发，广大网民就会以互联网思维为导向，以突发事件为关注焦点，在 BBS、新闻点评、博客、微博等网络空间中转载内容、陈述意见、发表观点、表达态度与情感，进而汇集形成强大的旅游网络舆情。随着网络普及率的提升与网络维权思维的兴起，越来越多的旅游目的地将面临由突发事件形成的旅游网络舆情的冲击。近年来，青岛天价虾、丽江导游辱骂游客、雪乡宰客等旅游网络舆情频发，已对旅游目的地形象与旅游产业可持续发展产生了强烈的负面影响。

旅游网络舆情诱发机制关注到舆情爆发的最前端内容，回答了为什么会产生舆情爆料的问题；厘清旅游网络舆情的诱发机制，对从源头把握旅游网络舆情的发生规律与后续舆情治理尤为重要，然而，旅游网络舆情的诱发机制是什么？理论界与学术界都希望从源头为这一问题寻找到答案。遗憾的是，对此关键问题尚缺乏系统的理论研究。鉴于此，文章将利用雪乡宰客事件的新浪微博评论文本，对旅游网络舆情的诱发机制进行探索性研究，同时，就旅游网络舆情的影响效应进行实证解析，以期为阻断旅游网络舆情发生、维系旅游产业可持续发展贡献智慧。文章结构安排如下：首先，文章对旅

───────────────

* 基金项目：教育部人文社会科学研究青年基金项目（16YJC630069）、教育部人文社会科学研究青年基金项目（19YJC890005）。

通信作者：陈玉萍，上海体育学院休闲学院博士研究生。E-mail：chengyuping110@163.com。

游网络舆情的国内外文献进行梳理；其次，说明文章的研究方法、研究样本与数据来源；再次，就雪乡宰客事件的新浪微博评论文本的词频与语义网络进行分析；随后，重点分析旅游网络舆情的诱发机制与影响效应；最后，文章对研究观点进行了总结，并提出了相关对策建议。

2　相关文献回顾与评述

当前，随着大众旅游的兴起与互联网的快速发展，旅游网络舆情的发生频次呈现不断上升态势，国内外学者也日渐将其纳入研究范畴之中。Dave等认为，旅游企业需要建立预警机制，以应对旅游网络舆情的冲击[2]；部分国外学者认为，突发事件在网络空间或新旧媒体传播下形成的舆情，会对旅游目的地形象产生显著负向影响[3, 4]。相比国外的零星研究而言，国内学者对旅游网络舆情的研究显得丰富而多元，自2013年付业勤和郑向敏对旅游网络舆情研究进行探索分析后[5]，国内学者们纷纷从以下视角对旅游网络舆情开展研究：①旅游网络舆情影响研究。付业勤和曹娜发现旅游网络舆情对旅游目的地认知形象与意向形象有显著负向影响[6]；付业勤和陈雪钧则就旅游网络舆情发生后游客对旅游目的地形象感知与意向行动进行因子分析，并实证了人口统计特征和旅游特征对游客心理与行为的影响[7]。刘嘉毅和陈玉萍研究发现，旅游网络舆情会对旅游目的地网络关注度产生时空影响[8]。②旅游网络舆情预警监测研究。付业勤等[9]、雷春[10]、刘萌玥等[11]从不同维度构建旅游网络舆情监测预警指标体系；董坚峰和肖丽艳认为，旅游网络舆情包含主题规划、信息收集、信息分析、信息预警、危机处理等预警流程，并提出建构旅游网络舆情采集、监测、预控、发布等预警机制[12]。③旅游网络舆情成因分析。韩苗苗认为舆情主体的心理因素、舆情传播规律与相关部门行动滞后导致舆情发生[13]；黄俊研究发现，自媒体与失范事件结合形成的敏感性、受众的强势道德介入、旅游监管部门的调停失衡是舆情发生的成因[14]。④传播演化研究。付业勤等从演化阶段划分、阶段分析及影响因素，研究了旅游网络舆情的演化机理[15]；在舆情传播中，王璟琦等发现存在舆情话题随时空演变的规律[16]；沈阳和夏日则运用Matlab的SOM神经网络工具箱，研究了旅游网络舆情的传播态势[17]。⑤旅游网络舆情应对治理研究。王超和骆克任认为采用旅游包容性发展模式，可减少旅游网络舆情风险，实现旅游目的地的和谐发展[18]。付业勤等基于灰色统计与熵权TOPSIS方法，构建出旅游网络舆情应对水平的评价指标体系[19]；随后，付业勤也从新媒体环境视角提出旅游网络舆情的治理策略[20]。

尽管已有旅游网络舆情的研究内容颇多，部分学者也对舆情成因进行了探究，但鲜有学者将研究触角延伸到旅游网络舆情的诱发机制上，故旅游网络舆情为什么会产生爆料的问题一直悬而未决；此外，就旅游网络舆情的影响而言，尚缺乏基于网络文本数据的客观分析，故在研究方法上还有待创新。事实上，从研究方法来看，内容分析法已被应用到旅游商业符号[21]、游客狂欢体验[22]、出境旅游社会认知[23]等旅游研究领域，令人遗憾的是，并无学者将该方法拓展运用到旅游网络舆情研究中。旅游网络舆情是突发事件在网络上形成的网民态度、认知、情感、观点的综合，而评论文本是网民在虚拟空间中自由表达的产物，可以真实反映网民的想法；故依托旅游网络舆情的评论文本，采用内容分析法，对旅游网络舆情诱发机制及其影响效应进行研究，在方法论上具有天然的优势。鉴于此，本文以雪乡宰客事件的新浪微博评论文本为数据源，解析旅游网络舆情的诱发机制及其影响效应，以期望为旅游目的地舆情防控与风险治理提供参考。

3　研究方法与数据来源

3.1　内容分析法

内容分析法是一种对显性内容进行客观、系统、定量分析的研究方法[24]，它能将非定量的大量文本材料转化为定量数据，并依据这些数据对文本内容做出定量分析、事实判断及推论，从而凭借表征的潜在意义词句，探寻隐藏其后的真实含义。本文利用 ROST Content Mining 6.0 软件，对雪乡宰客事件的微博评论文本进行词频分析、语义网络分析，使用 NLPIR 平台开展情感倾向分析，以探寻旅游网络舆情的诱发机制与影响效应。

3.2　样本与数据说明

雪乡是本文研究案例地，原名双峰林场，位于黑龙江省牡丹江市辖下海林市（长汀镇）大海林林业局双峰林场，占地面积 500 公顷（1 公顷=10 000 平方米），平均海拔均在 1 200 米以上，因其雪量多、雪质好、黏度高，被称为"中国雪乡"。近年来，得益于《爸爸去哪儿》与《智取威虎山》等热播影视的传播，雪乡已成为中国颇具影响力的冰雪旅游目的地。2017 年 12 月 29 日，网民"一木行"在微信平台发布《雪乡的雪再白也掩盖不掉纯黑的人心！别再去雪乡了！》的文章①，第二天又在新浪微博上转发此文。该事件起因是"一木行"在携程上预定的赵家大院被老板索要高房价，最终导致当事人将遭遇赵家大院宰客、天价食品、受到人身威胁等经历愤然爆料；短时间内，通过传统媒体、自媒体的传播报道，加之其他网民的爆料与评论，该事件迅速发酵成为"雪乡宰客"旅游网络舆情。

近年来，新浪微博由于活跃用户数量庞大、用户群体广泛，成为一个信息获取、舆论传播的重要平台。本文以"一木行"在 2017 年 12 月 30 日发布的新浪微博为例，采集新浪微博相关评论文本，时间自 2017 年 12 月 30 日至 2018 年 1 月 31 日，总共收集 17 309 条相关评论。对文本进行处理：改正错别字并转换繁体字，删除链接及图片，删去广告等无关评论，剔除转发等原因出现的重复评论内容，经整理后获得 14 322 条有效评论，以此作为研究旅游网络舆情诱发机制与影响效应的数据源。

4　词频与语义网络分析

4.1　词频分析

使用 Rost Content Mining 6.0 软件对"雪乡宰客"评论文本进行词频与语义网络分析。高频词可以反映评论中大众的认知要素和讨论热点，经剔除无意义及重复词组，表1列出排名前60的高频词。其中，"东北""雪乡""坑""东北人""旅游"是评论文本中重复率最高的 5 个词。"雪乡""旅游""坑"3 个高频词真实刻画出旅游网络舆情客体事件，同时也反映出网民在微博空间中，对雪乡形成了"坑"的形象认知。"东北"出现 2 829 次，是排在首位的高频词，反映网民评论的热点从事件本身转向整个东北。"东北人"作为高频词，映射出雪乡宰客事件对"东北人"形象产生了强

---

① http://mp.weixin.qq.com/s/4m0F0BNu0jeDx20ZiRV1Tw.

烈影响。

表 1　雪乡旅游网络舆情评论词频分析表

排序	词	频数	排序	词	频数	排序	词	频数
1	东北	2 829	21	恶心	238	41	政府	144
2	雪乡	1 789	22	景区	229	42	费解	141
3	坑	1 748	23	本地人	225	43	沈阳	133
4	东北人	1 573	24	滑雪	216	44	淳朴	132
5	旅游	991	25	酒店	209	45	城市	132
6	哈尔滨	966	26	拜拜	205	46	冬天	131
7	南方	618	27	导游	205	47	吉林	130
8	地域	569	28	南方人	201	48	住宿	130
9	黑龙江	568	29	海南	190	49	元旦	122
10	可怕	539	30	新疆	186	50	丽江	122
11	景点	483	31	笑哭	182	51	项目	120
12	微笑	453	32	冰雪	177	52	幸好	119
13	云南	417	33	亚布力	176	53	大连	119
14	不要	405	34	价格	174	54	曝光	118
15	携程	360	35	老板	164	55	算了	115
16	三亚	326	36	北方	157	56	北京	115
17	还好	285	37	北海道	155	57	豪气	113
18	素质	261	38	商家	155	58	热情	113
19	垃圾	257	39	喀纳斯	145	59	坏人	112
20	坑人	242	40	长白山	144	60	黑心	111

数据来源：Rost Content Mining 6.0 文本分析结果

4.2　语义网络分析

　　语义网络分析用来描绘词之间的相互关系，各词间连线最终形成网络语义图。基于 ROST 软件高频词形成网络语义图之后，可通过 NetDraw 工具进行程度中心性分析，网络语义图中节点大小与词条中心性程度大小相关，节点越大，该节点的程度中心性越大，反之越小。图 1 显示，东北是最重要的中心节点词，其程度中心性最高。雪乡、东北、东北人构成了语义关系网络的核心圈，表现出评论内容热点从聚焦雪乡本身转向东北，反映出舆情影响呈现空间扩散特点。由雪乡派生出与宰客事件相关的旅游要素，如住宿、导游、项目、老板、商家等，反映网民心中尤为重视旅游产品、商家及旅游从业人员等舆情诱发因素。图 1 也显示，由核心词引申出旅游、哈尔滨、景点、坑人、南方、地域等次核心词，形成雪乡旅游网络舆情网络语义图中的次核心圈，其他高频词则分布外圈，最终形成一张完整的雪乡旅游网络舆情网络语义图。

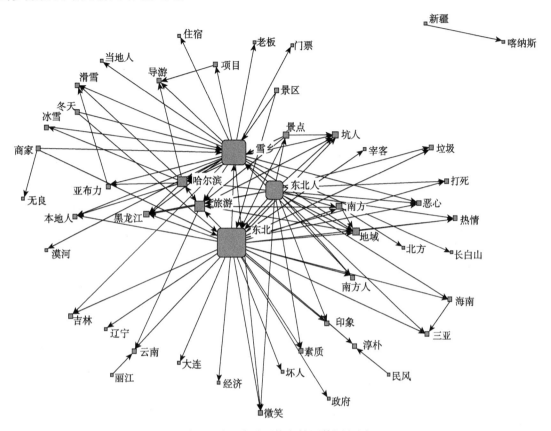

图 1　雪乡旅游网络舆情网络语义图

5　旅游网络舆情诱发机制分析

5.1　旅游网络舆情诱发机制的逻辑分析

　　近年来，旅游事件频发，其突出的表现是在各种主观因素（如人为因素）或客观因素（如自然、社会、经济、技术等）作用下，处于弱势群体的游客作为突发事件的当事人，往往会遭受利益损失。图 2 显示了旅游网络舆情诱发机制的逻辑机理，美国心理学家 Rotter 的行为预测理论有助于我们探析旅游网络舆情的诱发机制[25]；行为预测理论认为，个体对未来行动的预期会影响当下的行为选择，一种行为被选择的可能性，取决于个体认为该行为能够带来的预期回报的大小。如图 2 所示，面对利益受损窘境，当事游客是否选择利益诉求取决于其利益诉求预期回报，该回报大小是采取利益诉求行动的预期收益与预期成本的复合函数；利益诉求行动的预期收益包含经济收益、心理收益、时间收益等，而利益诉求行动的预期成本包含经济成本、心理成本、时间成本等。显然，预期成本与预期收益是游客个体建构的主观判断，在利益受损后，游客会依据事件与个体的知识经验等，对预期成本与预期收益进行信息编码与主观评价，故利益诉求预期回报显然存在天然的个体建构性与异质性。

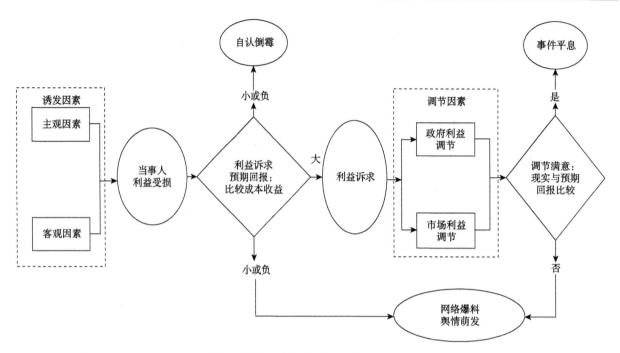

图2　旅游网络舆情诱发机制分析框架

如图2所示，在不同的利益回报预期下，利益受损的游客有三种行动方案可供选择：①一部分当事游客预期利益诉求的回报小或者为负值，会放弃利益诉求，无任何行动，自认倒霉。②一部分当事游客预期利益诉求的回报大，他们往往会通过制度渠道或市场渠道两种途径，提出利益诉求主张。制度渠道主要依靠政府的规制进行调节，而市场渠道主要依靠当事游客与利益相关者，按照市场谈判与交易原则达成利益补偿契约。显然，政府调节与市场调节形成了舆情阀门，当事游客的利益诉求一旦得到主张，且其现实回报大于预期回报，旅游事件就会迅速平息，舆情阀门关闭；但是，如若现实回报小于预期回报，舆情阀门就会开启，当事游客将会通过传统媒体或者自媒体对事件进行爆料，旅游网络舆情自此进入萌芽状态。③由于对政府调节与市场调节存在先验性的认知偏见或刻板印象，部分当事游客认为制度与市场调节的预期经济成本、心理成本、时间成本过高，导致利益诉求的预期回报小或者为负值；在网络维权的思维惯性下，他们会利用网络凝聚力量、表达话语权[26]，于是当事人选择网络爆料，随后旅游网络舆情迅速触发萌芽。

5.2　雪乡宰客旅游网络舆情的诱发分析

5.2.1　诱发因素

（1）主观因素。《全球旅游伦理规范》为旅游利益相关者的伦理道德提供了规范，然而人为道德伦理的缺失成为近年来中国旅游网络舆情频发的关键诱因。旅游场域是多方利益主体的逐利空间，从三亚"天价鱼"、青岛"天价虾"、丽江导游辱骂游客等舆情发现，旅游利益相关者的两个关键主体——旅游业主（经营者或老板）与导游的过度逐利行为，诱发了旅游网络舆情的产生。旅游业主作为理性经济人，在违法成本过低、地方保护主义、监管机制分散等环境下，为追求短期的利益最大化，极易滋生欺客宰客行为，并显露出野蛮匪气的无良形象；而导游人员作为旅游社与旅游者的代理人，为谋求自身利益最大化，时常会发生私改行程、私拿回扣、减少项目、降低质量等道德风险（moral hazard）行为[27]。就雪乡宰客事件来看，表1高频词"老板""导游""本地人""坑""价格""住宿"等表明雪乡旅游业一片乱象,从网友的评论文本中发现,旅游业主的道德缺失与从业人员的道德风险等人为因素形成了雪乡旅游网络舆情的主观诱发因素。

"那个东北旅馆店老板还骂我""今天削死你你信不信,够不够豪气?""老板娘不给我们热水喝"等,刻画出野蛮无良的老板形象;有游客提到,"12月中旬去雪乡,一个月前在美团上订好的房间,临出发两天前老板在晚上10点左右打电话告知我他哪(那)天不营业,我们抱着相信他的态度,然而,现在看来,都是坑"。而"上车导游又各种威逼利诱缴了1680""黑导游""还得看导游的脸色"等文本将矛头指向导游。也有游客指出,"自由行被司机和店家坑,跟团的被导游坑",故人为因素诱发雪乡旅游网络舆情似乎只是迟早的事情。

(2)客观因素。旅游目的地是在一定的客观环境因素(自然条件与自然风险、社会、经济、技术等)中成长与发展的有机复合体,各种客观环境要素或者要素组合,既是旅游目的地生存发展的土壤,又是导致旅游目的地舆情事件的客观诱因。表1高频词"雪乡""冰雪""冬天""滑雪"等折射出,天然的冰雪资源是雪乡成为冰雪旅游目的地的自然禀赋,雪乡正是冰雪资源产业化的旅游品牌。同时,冰雪资源受客观自然天气约束,决定了雪乡冰雪旅游具有很强的季节性,这也成为雪乡旅游网络舆情的诱因之一。网友们指出,雪乡"4个月的营业时间""一年就靠这几个月赚钱"。雪乡冰雪旅游的季节性,导致部分旅游业主与从业者,急切渴望在短时期内实现经济利益最大化,因此,就容易导致利益驱动下的欺客宰客行为。

5.2.2 利益诉求的阻力:对调节机制的认知偏见

政府与市场是调节旅游场域利益博弈纠纷的两条主要渠道,利益诉求方如果有良好的政府或者市场调节预期,会减少其利益诉求行动的预期经济成本、心理成本、时间成本等,增大其利益诉求的预期收益,进而推动当事游客的利益维权行动。反之,如若对调节机制存在认知偏见与不佳预期,将形成利益诉求的阻力,导致利益受损的当事游客放弃利益诉求的维权行动。

(1)政府调节。美国经济学家萨缪尔森和诺德豪斯认为,"生产或消费过程中当有人被强加了非自愿的成本或利润时,外部性就会产生"[28]。旅游场域是多元利益主体的博弈空间,在三亚"天价鱼"、青岛"天价虾"、丽江导游辱骂游客、雪乡宰客等舆情事件中,都存在一个共性,就是旅游业主或从业人员作为理性经济人,在追求私利最大化时,对其他的经济主体(游客)造成了生产负外部性。生产负外部性是失灵的原因之一,西方经典的经济理论表明:政府监管下的利益调节是解决生产负外部性的有效手段。在雪乡舆情的文本中,高频词"政府"一方面反映出网民对政府监管治理生产负外部性的期盼,另一方面也有部分网民将舆情归咎于政府失职。事实上,政府是解决生产负外部性、维护旅游市场秩序的最为重要的主体,政府监管缺位导致制度失灵,并增大了当事游客维权的预期成本;一旦利益受损,与网友"一木行"类似的游客,在对政府存在刻板印象或认知偏见的影响下,他们自然会放弃政府调节的渠道,转向依靠网络力量建构话题、制造舆情。

(2)市场调节。经济学家萨缪尔森和诺德豪斯认为,除了政府调节,市场调节也可以有效解决生产负外部性问题[28]。通过市场谈判手段,事件利益相关者可就受损方的利益损失进行谈判定价,受损方的利益诉求得以满足后,引发舆情的导火索就会熄灭。在雪乡网络舆情中,尽管当事人赵家大院老板与受损游客"一木行"无法通过直接的市场谈判达成利益契约,但是"一木行"在携程预订的赵家大院,如果携程能及时利用市场手段及时进行利益调节,则雪乡旅游网络舆情也不会萌发。通过表1高频词"携程"可知,网民认为利益主体携程理应承担相关责任,如网友所言,"如此黑的商家为啥现在还可以在携程上预订?"。但发生冲突后,"一木行"放弃通过市场调节手段,不向携程提出利益诉求，反映出当事人对携程缺乏信心。事实上，从网友的评论中，可以发现其缘由，有网友如是评论，"（20）16 年订的厦门的酒店，台风登陆不给退钱，某旅游平台让我们自己和酒店协商"；也有网友留言，"不止一次听到机票（里程）倒卖，然后别人预订的房间，自己去酒店问被告知没有定上，反正绝对不会再用该平台"。诸如此类的网络评论及媒体对携程负面信息的曝光，加之当事人的已有知识与经验，构建了当事主体对携程的消极认知，在一定程度上减少了利益诉求的预期回报，增大了个体选择携程参与市场利益调节的行动阻力，最终将当事游客"一木行"推向了网络爆料的行动域。

5.2.3 雪乡旅游网络舆情的爆料萌芽

从上文分析可知，在经济人的逐利驱动下，由于旅游业主的道德缺失与从业人员的道德风险，派生出粗鲁无礼的待客行为，这是雪乡网络舆情诱发的主观因素；而冰雪旅游的季节性，导致旅游业主与从业人员等选择不可理喻的逐利行为，则为雪乡网络舆情的客观诱因。此外，传统媒体或自媒体的传播及过往知识经历等缘由，使得当事人对政府或市场调节存在认知偏见，在一定程度上增大了当事游客表达利益诉求的预期经济成本、时间成本、心理成本等，减少了利益诉求的预期收益，导致当事人对依赖制度与市场渠道调节利益皆缺失信心，进而形成了当事游客选择利益诉求的行动阻力。故当利益受损后，当事人"一木行"果断选择放弃利益诉求，愤然在微信微博上爆料；自此以后，雪乡被迅速卷入旅游网络舆情漩涡之中。

6 雪乡旅游网络舆情的影响效应

6.1 消极情感与负面形象

网民群体是网络社会自组织形成的行为主体，旅游网络舆情的显著特征之一是它会引发广大网民的负面情感[29]。网络评论文本隐含了广大网民对网络舆情的态度、看法与情感，从雪乡旅游网络舆情的新浪博客评论文本中，可以发掘出网民对雪乡宰客事件的情感色彩和情感倾向。高频词中如"坑""垃圾""可怕""坑人""恶心""坏人""黑心"等，直观表达了网友对雪乡的负面形象感知及愤怒情绪，"幸好"显示出网友对未去雪乡旅游的庆幸，"不要""拜拜""算了"等词表露出网友对雪乡的厌恶，同时也透露出他们"用脚投票"的行为意向。宋辰婷认为，如同巴赫金（Bakhtin）建构的"戏仿—嘲讽"的表达风格，在中国当下的网络空间中，充斥着大量类似的戏谑性网络语言，它们通过幽默的讽刺、反讽或单纯娱乐形式，在隐晦地表达着网民的态度与情感[30]。在雪乡旅游网络舆情的新浪博客评论文本中，不乏诸如"微笑""费解""笑哭"等从戏谑性网络表情符号转换而来的高频词，这也影射出网友群体强烈的负向情感倾向。

NLPIR 平台中的情感分析，可通过对情感性表述文本的定量打分，获得大众的情感分布状态。NLPIR 平台情感分析的结果显示，雪乡宰客事件新浪微博评论文本的正面情感占比 43.79%，负面情感占比 56.21%，显然是以消极评论为主导，这表露出网民对雪乡宰客事件的不满，对宰客乱象的批判，侧面反映出此次雪乡旅游网络舆情给雪乡旅游目的地形象带来了严重的负面影响。有网民评论道，"作为一个东北本地人，我们都不敢去雪乡玩儿"；当地人也在痛心地批判雪乡，"我出生在林业局，雪乡的雪因为小气候条件的确与众不同，但在这种野蛮的经营下已经失去了它本来应该有的美丽"。诸如此类的网络评论，也再次验证了学者们关于"网络舆情会给旅游目的地形象产生负面冲击"的观点[3, 4]。

6.2　行动响应

　　雪乡旅游网络舆情给雪乡带来负面形象感知，并导致网民产生消极情感，网民也纷纷从行动上对雪乡旅游网络舆情做出了及时响应。部分网友当即取消雪乡行程，"我们取消了雪乡的行程！不去那里！""正在做团建计划，昨天刚弄好哈尔滨+雪乡的报价，吓得我要换路线了""谢谢曝光，果断取消游程并呼吁全民抵制去雪乡"。此外，满足游客相同偏好的旅游目的地之间存在竞争与相互替代关系，旅游网络舆情会改变同质旅游目的地的旅游流向与流量，受到旅游网络舆情冲击的旅游目的地其旅游流被挤出，游客将转向具有替代竞争关系的同质旅游目的地。经对文本进行逐条分析发现，自雪乡受到旅游网络舆情的负面冲击后，网友自身或者推荐他人转移到长白山（文本条数：63）、喀纳斯（文本条数：138）等国内冰雪旅游目的地与北海道（文本条数：153）、阿尔卑斯山（文本条数：7）等国外冰雪旅游目的地，"如果想玩雪还是推荐去长白山度假区""去新疆看雪吧，喀纳斯冬天很美哒""之前还犹豫是去日本还是东北，现在还是准备签证去北海道吧""有钱人去东北看雪，穷人去北海道看雪""花那钱去雪乡受罪还真不如出趟国，阿尔卑斯山那么多雪场，旺季的住宿加雪票四人间的话平摊下来一人400欧元左右，而且风景、滑雪设施、一路玩下来的感觉比这个强千万倍了"。

6.3　负面形象空间溢出效应

　　雪乡旅游网络舆情仅仅始发于东北的一个林场景区，然而，高频词"东北"出现2 829次，位居首位，"东北人"出现1 573次，位居第四位，映射出雪乡宰客旅游网络舆情的影响已经不再局限在"雪乡"，其已将负面影响溢出到了更大尺度的旅游目的地空间（东北），给东北地域带来了强烈的负面形象冲击。如图1所示，东北是最重要的中心节点词，程度中心性最高，且东北与雪乡、东北人、旅游、景点、住宿、坑人等词发生联系，由此可知，舆情事件衍生出来的相关联想，影响了网民对东北整体的形象认知。

　　网友点评道，"旅游不过山海关""东北宰客很普遍""整个东北的大风气就是这样""东北这边是重量级大坑"，显然，雪乡旅游网络舆情激活扩散了网民的思维节点，让网民在情感与认知上联想到了东北，进而使得东北地域被污名化。部分网友将评论聚焦到"东北人"，有网友认为，"有的东北人和宣扬的情况简直是反着来的，一点也不豪爽，反而南方人更显大气"。也有网友留言道："没去东北之前对东北人还挺有好感的，去了之后，真的一言难尽。"诚然，网友评论中并不缺乏客观理性的声音，网友如是评论，"东北有没有好人，当然有，多不多，当然多，那东北坏人有没有，当然有""我心中的东北永远是美好的，白雪皑皑，有我喜欢的溜肉段、地三鲜，不美好的只是极少数人吧"。

　　自然地理学认为：地域空间存在等级层次性，在不同尺度的分异规律下，空间被划分为等级与规模不同的地理空间单元[31]。地域空间等级层次性决定了旅游目的地也具有等级层次性，一个旅游目的地本身是若干更小尺度的旅游目的地组成的，同时它也是上一级更大尺度旅游目的地的一个组成部分[32]。从"好客山东"输给"青岛大虾"的论断到雪乡旅游网络舆情导致东北地域污名化，都表明旅游网络舆情不但对小尺度旅游目的地形象会产生直接的负面影响，而且该影响会溢出扩散到更大尺度的旅游目的地空间。如图3所示，两个虚线圆代表不同尺度的旅游目的地虚拟边界，旅游目的地的等级层次性，导致不同尺度的旅游目的地形象存在等级层次性；当某一尺度的旅游目的地形象受到旅游网络舆情的正面或者负面影响时，该影响势必会波及传导到上下层次的旅游目的地。在图3中，三角形代表特定的网络舆情，一旦处于内圈的小尺度旅游目的地形象受到旅游网络舆情负向冲击，旅游网络舆情负面信息会迅速形成刺激源，然后被编码并嵌入网民的认知链中，网民就会在大脑中快速启动联想节点进行关联搜索，在心理学的晕轮效应与概构效应的共同作用下，具有地理层次嵌套关系的小尺度旅游目的地与更大尺度旅游目的地，在神经传导体系中被迅速建立起关联通道，于是，源自小尺度旅游目的地的负向冲击力就被传导并溢出到更大尺度的旅游目的地，进而使网民对更大尺度的旅游目的地形象，在地理区域的"上下文"（context）中产生了"替代"性的负面认知。诚然，旅游网络舆情的负向冲击力，也会随空间层次关系的趋远而减弱。就晕轮效应而言，在晕轮效应作用下，人们对旅游网络舆情事发地（雪乡）的负面形象认知，显然会扩散迁移到与之有空间层次关系（该关系也影响文化背景、政治体制、民族、宗教等区域关系）的大尺度旅游目的地形象中；概构效应可实现从对局部的认知推断出整体认知[33]，雪乡与东北在地理区域上存在局部与整体的空间关系，故当小尺度的雪乡（局部）受到旅游网络舆情的负向冲击时，作为整体的东北区域，其旅游目的地形象乃至地域整体形象受到负面影响，显然也在情理之中。

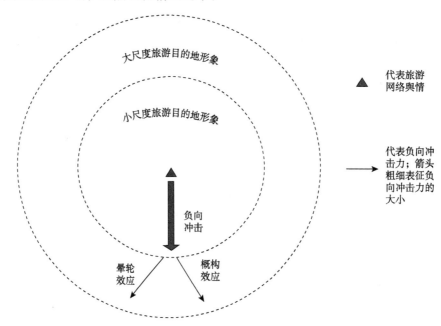

图 3　旅游网络舆情负面影响的空间溢出效应

7　结论与讨论

7.1　结论

　　本文以雪乡宰客事件的新浪微博评论文本为数据源，运用 ROST 内容挖掘系统和 NLPIR 平台进行内容分析，对旅游网络舆情诱发机制及其影响效应进行了研究。研究结论如下。

　　（1）旅游网络舆情是各种主观因素（如人为因素）与客观因素（自然、社会、经济、技术等）协同诱发的产物。旅游业主的道德缺失与从业人员的道德风险等人为因素，是雪乡旅游网络舆情发生的主观诱因；冰雪旅游的高度季节性依赖，引发出在旅游利益场域中过度的逐利行为，客观上诱发了雪乡旅游网络舆情。

　　（2）利益受损后，游客有网络爆料、自认倒霉、正规渠道表达利益诉求三种行为选择；基于行为预测理论发现，当事游客采用何种行为取决于采取行为的预期回报，该回报大小是各行为预期收益与预期成本的复合函数。各行为的预期成本与收益是在特定情境中个体建构的主观判断，唯有利益诉求的预期回报大，当事游客才会采用依靠政府或者市场渠道进行利益诉求调节。

（3）游客利益受损后，会凭借诱发事件与个体的知识经验等，对拟选择行为的预期成本与预期收益进行信息编码与权衡评估；一旦产生制度失灵与市场失灵的认知偏见，依据行为预测理论，就会形成利益诉求的行动阻力，导致舆情调节阀失效，进而引发旅游网络舆情。

（4）情感分析表明，雪乡旅游网络舆情的正面情感占比43.79%，负面情感占比56.21%，给雪乡形象带来了强烈的负向冲击。雪乡旅游网络舆情，导致网民采取取消行程、转移旅游目的地等行动。并且，在晕轮效应与概构效应作用下，雪乡旅游网络舆情的负面影响，已经突破了雪乡旅游目的地的场域空间，将影响溢出到了东北全域，对"东北人"形象、东北旅游目的地形象、东北营商环境形象等都产生负向冲击，最终导致东北地域污名化。

7.2　讨论

旅游网络舆情的传播速度快、影响范围广、影响波及面大，为阻断其诱发生成，并尽可能抑制其负面影响效应，特提出以下建议。

（1）近年来的雪乡宰客、天价虾、导游辱骂游客等旅游网络舆情，无一不是旅游业主或从业人员，在个人理性下盲目追求私利最大化的结果。奥地利学者哈耶克（Hayek）认为，一个好的制度可以使坏人变好，一个坏的制度可以使好人变坏[34]；为此，旅游目的地需要通过制度设计，建立起良好的"自由秩序"。相关部门与行业协会也需要切实履行其监管职责，以约束、惩处个人理性下的道德缺失、道德风险行为。在旅游目的地，针对旅游业主、旅游从业人员等涉旅人员，可引入旅游伦理与职业道德的教育课程，以塑造正确的财富观、价值观。

（2）旅游季节性强化了个人理性下的欺客宰客动机，故对于高度依赖季节性旅游资源的旅游目的地，需要大力开展反季旅游产品的开发与市场培育，以平衡季节性[35]；并鼓励、支持旅游目的地居民发展混业经营，以拓展其生计渠道。此外，当前价格领域旅游网络舆情频发，各旅游目的地需要建立起公开透明的价格体系，以维护游客权益。

（3）为降低受损游客通过政府或市场渠道表达利益诉求的成本预期，提高其收益预期，旅游目的地需强化旅游网络舆情时报、日报的全方位监控体系建设，建立旅游网络舆情快速反应与应对机制；并在旅游目的地主要交通节点、景点、官方网站、微博、微信等渠道，公开利益诉求的渠道信息，建设旅游警察队伍，建立先行赔付制度，多方齐下以破解制度失灵的困局。

（4）携程等在线旅游企业，必须建立起严格的市场惩戒体系，对于入住商家的欺客宰客行为零容忍；同时，大力保障消费者利益，建立起消费者负面网评及投诉的快速反应机制，以消除消费者认为在线旅游企业失灵的偏见。

（5）雪乡旅游网络舆情的负面影响已经溢出到东北全域，为此，东北需要重塑地域形象，特别要注重人的形象、旅游目的地形象、营商环境形象的重塑，以助推"振兴东北"国家战略的实现。

诚然，文章也存在一定的研究局限。首先，以雪乡宰客评论文本推演出来的旅游网络舆情诱发机制，对以人为因素为主导诱因的舆情生成机制具有较好解释力，对自然（如自然灾害）等客观因素为主导诱因的舆情生成机制的解释欠佳；其次，本文仅选择微博平台的文本评论作为研究数据源有一定的局限性，未来可以考虑从更加多元的渠道收集文本信息并加以研究；最后，本文仅研究了网络舆情的诱发生成阶段，对此后的舆情演化并没有涉及。以上诸多不足，都有待于我们进一步的学术探索。

参 考 文 献

[1] 刘嘉毅，陈玲，陶婷芳. 旅游舆情网络关注度城市差异——来自 289 个城市百度指数的实证研究[J]. 信息资源管理学报，2018，（3）：93-101.

[2] Dave K，Steve L，Pennock D M. Mining the peanut gallery：opinion extraction and semantic classification of product reviews[C]. Proceedings of the 12th International Conference on World Wide Web，2003：519-528.

[3] Rittichainuwat B. Ghosts：a travel barrier to tourism recovery[J]. Annals of Tourism Research，2011，38（2）：437-459.

[4] Bijan K，Farnaz M，Stephen P. Tourism recovery scorecard（TOURS）–benchmarking and monitoring progress on disaster recovery in tourism destinations[J]. International Journal of Disaster Risk Reduction，2018，（27）：75-84.

[5] 付业勤，郑向敏. 网络新媒体时代旅游网络舆情研究：源起、价值与构想[J]. 河北学刊，2013，33（5）：182-184.

[6] 付业勤，曹娜. 基于扎根理论量表开发的网络舆情对旅游地形象传播研究[J]. 统计与决策，2016，（20）：65-68.

[7] 付业勤，陈雪钧. 基于旅游消费者感知的旅游网络舆情危机研究[J]. 求索，2016，（1）：36-40.

[8] 刘嘉毅，陈玉萍. 网络舆情对旅游目的地网络关注度的时空影响——以"雪乡宰客"事件为例[J]. 福建农林大学学报（哲学社会科学版），2019，22（1）：77-83.

[9] 付业勤，郑向敏，郑文标，等. 旅游危机事件网络舆情的监测预警指标体系研究[J]. 情报杂志，2014，33（8）：184-189.

[10] 雷春. 旅游网络舆情热点事件监测与预警指标体系构建——以海南国际旅游岛为例[J]. 四川旅游学院学报，2014，（4）：45-48.

[11] 刘萌玥，陈效萱，吴建伟，等. 旅游景区网络舆情指标体系构建——基于蚂蜂窝网全国百家 5A 级景区的游客评论[J]. 资源开发与市场，2017，33（1）：80-84.

[12] 董坚峰，肖丽艳. 旅游突发事件中的网络舆情预警研究[J]. 现代情报，2015，35（6）：20-24.

[13] 韩苗苗. 旅游突发事件网络舆情的成因与对策——以青岛"天价虾"事件为例[J]. 青年记者，2016，（2）：7-8.

[14] 黄俊. 自媒体语境下旅游舆情事件的生成机制及应对策略——以哈尔滨"天价鱼事件"为例[J]. 重庆交通大学学报（社会科学版），2018，（1）：117-123.

[15] 付业勤，纪小美，郑向敏，等. 旅游危机事件网络舆情的演化机理研究[J]. 江西科技师范大学学报，2014，（4）：80-87.

[16] 王璟琦，李锐，吴华意. 基于空间自相关的网络舆情话题演化时空规律分析[J]. 数据分析与知识发现，2018，（2）：64-73.

[17] 沈阳，夏日. 基于 SOM 神经网络的旅游突发事件网络舆情的传播态势[J]. 宜春学院学报，2015，37（4）：92-95.

[18] 王超，骆克任. 基于网络舆情的旅游包容性发展研究——以湖南凤凰古城门票事件为例[J]. 经济地理，2014，34（1）：161-167.

[19] 付业勤，陈雪钧，郑向敏，等. 旅游危机事件网络舆情应对水平的评价研究：基于灰色统计和熵权 TOPSIS 方法[J]. 重庆师范大学学报（自然科学版），2015，32（2）：162-167.

[20] 付业勤. 新媒体环境下旅游舆情危机的形态、传播与标本兼治[J]. 旅游研究，2018，10（5）：12-15.

[21] 孙小龙，林璧属. 基于网络文本分析的旅游商业化符号表征研究——以西江苗寨为例[J]. 旅游学刊，2017，（12）：28-36.

[22] 万蕙，唐雪琼. 无羁的快乐，缺位的道德——对网络文本中傣族泼水节游客狂欢体验的内容分析[J]. 旅游学刊，2017，（7）：99-107.

[23] 宋振春，赵彩虹，李旭东. 中国出境旅游的社会认知研究——跨文化交流视角的网络文本分析[J]. 旅游学刊，2018，（3）：75-88.

[24] Krippendorff K. Content Analysis：An introduction to Its Methodology [M]. Beverly Hills：Sage，1980.

[25] Rotter J B. Social Learning and Clinical Psychology [M]. New York：Johnson Reprint Company，1973.

[26] 潘晓珍. 网络空间对话机制建设的诉求与路径[J]. 江海学刊，2017，（5）：98-102.

[27] 林刚，宋延巍. 导游人员道德风险行为分析[J]. 北京第二外国语学院学报，2004，（1）：32-35.

[28] 萨廖尔森 P A，诺德豪斯 W D. 经济学[M]. 18 版. 萧琛译. 北京：人民邮电出版社，2008.

[29] Liu B F，Austin L，Jin Y. How publics respond to crisis communication strategies：the interplay of information form

and source[J]. Public Relations Review, 2011, 37（4）：345-353.

[30] 宋辰婷. 网络戏谑文化冲击下的政府治理模式转向[J]. 江苏社会科学, 2015, （2）：85-91.

[31] 陈传康, 伍光合, 李昌文. 综合自然地理学[M]. 北京：高等教育出版社, 1993 .

[32] 周志红, 肖玲. 论旅游地形象系统的层次性[J]. 地理与地理信息科学, 2003, 19（1）：109-111.

[33] 袁胜军, 符国群. 原产地形象对中国品牌国际化的启示[J]. 软科学, 2012, 26（2）：41-45.

[34] 哈耶克 F A V. 自由秩序原理[M]. 邓正来译. 上海：生活·读书·新知三联书店, 1997.

[35] 冯学钢, 孙晓东, 于秋阳. 反季旅游与旅游季节性平衡：研究述评与启示[J]. 旅游学刊, 2014, 29（1）：92-100.

Research on the Inducing Mechanism and Influential Effect of Tourism Network Public Opinion：Content Analysis of Sina Blog Reviews Based on SnowTown Fakement Incident

LIU Jiayi [1], CHEN Yuping[2], HUA Li[1]

（1. Department of Tourism Management, Huaiyin Normal University, Huaian 223300, China；

2. College of Leisure, Shanghai University of Sport, Shanghai 200438, China）

Abstract   Based on the text of Sina blog comments on the fakement incident event in SnowTown, using the ROST content mining system and the NLPIR platform to carry out the content analysis, this study aimed to research the induced mechanism of tourism network public opinion and its influential effect. The research holds that the subjective and objective factors such as the moral loss of the tourist owners and employees, the seasonality of tourist products make the interests of person concerned damaged. The cognitive bias of system failure and market failure changes the cost and profit expectation of the action of interest appeal, causes the lack of incentive for the person involved to take action of interest appeal. It's results in the failure of the regulating valve and tourism network opinion in SnowTown, which makes the person concerned give up the interest demands and causes the failure of the public opinion regulation valve. The negative emotional account of the network public opinion in SnowTown is 56.21%, which brings strong negative image impact to SnowTown, and causes the netizens to cancel the travel or transfer tourist destination. The study also found that, the influence of network public opinion in SnowTown has obvious spillover effect, leading to stigmatization in Northeast China.

Keywords   Tourism network opinion, SnowTown, Content analysis, Influential effect

作者简介

刘嘉毅（1978—），男，淮阴师范学院旅游管理系副教授、博士，湖南衡阳人，研究方向为旅游舆情管理与城市旅游。E-mail：ljiayiw@163.com。

陈玉萍（1986—），女，上海体育学院休闲学院 2018 级博士研究生，讲师，湖南邵阳人，研究方向为体育旅游舆情与体育休闲。E-mail：chenyuping110@163.com。

华丽（1981—），女，淮阴师范学院旅游管理系讲师、硕士，江苏宿迁人，研究方向为旅游舆情。E-mail：8506669@qq.com。

基于不同视觉对象结构的拟人化广告形象生动性对消费者产品态度影响研究*

李　伟，蒋玉石，苗　苗，王钰灵

（西南交通大学 经济管理学院 成都 610031）

摘　要　拟人是赋予产品具有生命体的语言、动作、思维和情绪，拟人化广告形象对消费者产品态度有重要影响。基于信息加工理论、社会临场感理论、精细加工可能性模型和 S-O-R 模型，通过情景实验，建立了结构方程模型，验证了拟人化广告形象生动性对消费者产品态度影响的内在机制。结果表明：拟人化广告形象生动性对消费者产品态度有正向作用；认知流畅性、感知信任和感知心理距离在拟人化广告形象生动性对消费者产品态度的影响中均起到中介作用；视觉对象结构在拟人化广告形象生动性和认知流畅性、感知信任、感知心理距离和产品态度的关系中起到调节作用。

关键词　拟人化，视觉对象结构，认知流畅性，感知信任，心理距离

中图分类号　C939

1　引言

　　拟人是将要表现的对象进行人格化，赋予产品具有生命体的语言、动作、思维和情绪。近年来，拟人化营销受到了企业的追捧，许多企业运用拟人化形象为产品代言。例如，企业将产品的外观设计成类似于动物或者人的形状，常见的如将饼干设计成动物形状，以吸引消费者，将酒瓶设计成苗条的身体形状以体现美感。还有企业广告形象以动物或者人的方式与消费者进行沟通，如海尔集团展现的海尔兄弟新形象通过许多逗趣段子提高了形象的生动性，增加了人们对海尔产品的印象，提升了产品影响力；Topline Gums 口香糖将吹成的泡泡设计成人的面部形状，以消费者和拟人的泡泡接吻的形象来比拟口香糖的味道，使产品更加生动；百事柠檬可乐采用柠檬激烈争斗的场面，生动地展现了柠檬可乐的新鲜程度；小茗同学以各种俏皮搞笑的姿势站立于饮料瓶上，赋予饮料年轻化的含义，使产品和品牌有了感情内涵；江小白利用"我是江小白，生活很简单"的生动形象，向年轻人诠释了一种积极的生活态度，利用酒产品，释放了一种青春情绪。相比于文本广告形式，以图像为构成元素的拟人形象展示的内容更生动、更直接，符合人类认知产品的规律，也更广泛地为消费者所接受。拟人化形象的塑造和展示，使消费者从产品或品牌中感知到人的要素，使产品成为具有一定"意图的生命力"[1, 2]。已有的研究和实践表明，拟人化广告形象增强了消费者对产品的理解程度，可以有效提升

---

　　* 基金项目：国家自然科学基金面上项目（71572156）、教育部人文社会科学青年基金项目（19YJC860033）、中央高校基本科研业务费资助项目（2682018WQN16）、西南交通大学"双一流"建设项目（交通软科学类）（JDSYLYB2018016）。

　　通信作者：苗苗，西南交通大学经济管理学院副教授，博士、硕士生导师。E-mail：miaomiao6019@163.com。

消费者对产品的喜爱和偏好[3]。

拟人化广告既要体现出广告主体，又要展现拟人形象，需要采取不同的形式表现拟人对象，给消费者呈现良好的视觉效果。当拟人化形象和广告主体以两个对象同时出现时，给消费者呈现并置的视觉结构，如在某品牌汽车旁边并列展现一只奔跑的猎豹形象，表明该车具有类似的速度和力量[4]，一副羽毛球拍旁边展现一名卡通的运动健将，寓意使用羽毛球拍能够带来健康的体魄。当拟人化形象融入广告主体中，只呈现一个视觉对象时，给消费者呈现融合的视觉结构，如将汽车形象直接设计为猎豹身体的形状，直接在羽毛球拍的图片上添加可爱的面部表情，或将某品牌棒棒糖做成小动物的形状，使产品和拟人形象融合为一体。

并置把和产品具有相似特征的拟人形象与产品并列，引导消费者凭知觉感受两者的共同特征，融合则将产品的特征利用拟人抽象化，赋予消费者更多的想象空间。并置与融合结构的拟人化形象在消费者信息处理和加工的过程是存在差异的，给消费者带来的感知也有可能是不同的，因此，基于不同视觉对象结构视角的拟人化形象生动性研究，有助于丰富拟人化营销理论，对于企业提升拟人化形象设计理念，提升消费者产品态度，也具有重要实践意义。

2 理论基础和文献综述

2.1 理论基础

先前的心理学研究表明，各种因素决定了消费者对广告信息的态度，其中生动性是重要的因素[5, 6]。广告的生动性是指广告突显出"情感上的有趣性""具体图像激发人们的想象力"，并且"以感官、时间或空间方式使人们感觉到距离的接近"[7]。生动性效应是指相比于不生动信息，生动的信息更容易让消费者产生好的品牌态度，也更能够给消费者留下深刻的记忆[8]。Rodgers 和 Thorson[9]指出生动性被认为是广告形象的重要特征，在广告形象研究背景下，拟人化广告被认为更具情感趣味性，图像更具有激发性，并且本质上比文本或图像广告更具吸引力，因为拟人的形象传达了情感和生命力。

信息加工理论对人们收到信息的认知和加工处理方式进行了阐述，认知过程来源于人们的视觉感知、意识改变、思维感知等，加工处理过程包括人们的直觉、想象、判断和思考推理[10]。信息加工本质是信息从输入到输出，从原始代码形态编译为另一种新形态，信息加工需要关注感知、思维和态度问题，信息加工理论为其他的认知理论模型奠定了基础，如"刺激—有机体—反应"模型、社会临场感理论和精细加工可能性模型等。

刺激—有机体—反应（stimulus-organism-response，S-O-R）模型是 Mehrabian 和 Russell 在美国行为主义心理学家提出的 S-R 模型基础上进一步完善的，该模型指出人们的心理反应变化是由外界环境刺激所引发的，S 表示引起个体反应的外部环境刺激，O 则表示有机体或反应的主体对刺激做出的评估，R 表示刺激评估后所产生的行为反应，即 S-O-R 模型[11]。S-O-R 模型表明，外部刺激能够影响个体的心理状态，而个人的心理状态又决定了消费者会有趋近或规避行为，其中趋近行为是指消费者的积极反应（表现为在某种状态的停留意愿），规避行为则为消极的反应[12, 13]。S-O-R 模型后来被引入消费者购物研究中，逐渐被国内外学者用于探究外部环境刺激对顾客情绪和购买意图等的影响。当生动性的广告激发消费者时，消费者对广告刺激的态度是好的，原因在于心理唤起引发了消费者的愉悦情感，拉近了企业或产品形象和消费者的心理距离，使刺激反应的价值达到最大[14]。

临场感用来描述一个主体感受到虚拟环境的真实程度，即通过一定介质形成的与其他人的代入感和亲切感，社会临场感是指人们对交流与沟通情境的社会化感受程度，也指用户通过社区在情感和社交上把个人映射为真实人的能力[15, 16]。最初的社会临场感的研究主要集中在通信、远程教育领域和人机互动领域，后来逐步扩展到网络购物、广告等营销领域。当广告以互动的双向方式进行信息传达时，消费者会产生社会临场感[17]。消费者进行产品的评判不只是对产品态度的评价，还包括产品所包含的社会联系[18]，高社会临场感情景下，企业形象通过社会交际与消费者互动，模拟出尽可能贴近现实的社交场景，让消费者产生亲切感，给予置身其中的情景，形成亲密的社群关系，有助于提高消费者的产品态度[19]。

精细加工可能性模型是消费者信息加工和处理中的重要理论模型[20]，消费者对信息的认知，一种是通过判断感知质量和风险为中心的认知路线（核心路线），遵循核心路线的消费者会根据个人的经验，细致考虑广告信息源，对产品进行评估；另一种是以判断顾客和产品关系为中心的情感路线（边缘路线），边缘路线指消费者对产品特性不进行细致思考，而仅对信息形成的联想做出评判[21]，模型的核心思想在于不同的信息传播结果依赖于精细加工可能性的不同路线，核心路线的有效性依赖于高精细加工可能性，边缘路线的有效性依赖于低精细加工可能性。依据该理论，要使人们对广告形象有积极的态度，方法之一是增加消费者对信息质量和信息加工数量的关注，通过核心路线提升广告信息的效果，方法之二是改善信息的情景线索，通过边缘路线提升广告信息的效果，使消费者产生积极的产品态度[22]。

2.2　现有拟人化相关研究综述

现有的关于企业或产品广告形象的研究中有不少关注拟人化形象的研究，如形体拟人、沟通拟人或形象拟人，也可以称为外在维度、内在维度和社会维度的拟人化[23]。形体拟人涉及产品功能和外观之间平衡决策，外观的拟人化属性将会增加消费者对产品外观的偏好，提高产品的趣味性，能增强消费者的关注[24]。拟人化沟通能够缓和消费者对广告的戒备感，减少消费者的心理抗拒，提升消费者心理感知自由。陈增祥和杨光玉[3]将拟人化形象分为"热情型"和"能力型"，阐述了个体的社会归属需要对不同拟人化形象的偏好。也有根据消费者类型不同对拟人化态度的研究，社会排斥的消费者，相对于社会接纳的消费者，会对拟人化品牌表现出更大的偏好[25]。拟人化产品增强消费者欲望强度，促使自控不足的消费者破坏了自我控制，可能沉迷于产品[26]。针对产品类型的拟人化研究，消费者对功能型产品拟人化形象关注较少，而对于享乐型产品的拟人化关注较多，如享乐型产品拟人化有助于消费者对奢侈程度高的产品产生积极的态度，夸张的拟人化表情会引发更好的消费者态度[27]。在有关拟人化产品与消费者关系研究中，伙伴关系可能不是消费者与产品形成的唯一有意义的关系，消费者的价值体系在准社会实践中促成了主仆关系由拟人化来提供，产品拟人为仆人角色更为消费者所接受[28]。但并非所有产品广告拟人化都会产生好的效果，不恰当的拟人化产品广告设计有可能带来负面的产品态度，如食用对象的拟人化广告设计会让消费者产生愧疚感，从而导致产品态度的降低[29]。拟人化品牌犯错与能力相关时，消费者的负面态度是减弱的，但是拟人化品牌犯错与道德相关时，消费者的负面态度则是增强的[30]。

综上所述，尽管有许多学者将拟人化广告形象进行了各种分类，针对不同的拟人化广告形象与产品态度进行了细致的研究，但鲜有视觉对象结构视角的拟人化广告形象研究。人们通常把视觉认为是影响力最强的感官，拟人化广告形象的生动性最终通过视觉来展示和传达，广告形象通过视觉神经加工对消费者产生感知，视觉效果是企业形象展示和产品宣传促销的主导因素[31]。

2.3　视觉对象结构

Khakimdjanova 和 Park[32]将产品视觉结构界定为优化产品利润而采取与消费者沟通的产品概念呈现形式。目前营销领域对于视觉结构的研究主要集中在商店产品陈列、购物网站元素设计等视觉呈现及效果方面。消费者的产品体验满足在一定程度上依赖于视觉感知效果的提升[33]，当广告或产品形象体现为不同视觉结构模式的混合时，蕴含了海量信息，就成为消费者对产品意义理解的视觉线索，可以引起消费者更多的注意[34]。Kerfoot 等[35]利用视觉信息呈现、消费者信息加工和消费行为抉择对消费者的心理行为结果进行了解释，结果显示：产品的陈列布局、位置等视觉呈现效果会影响消费者的浏览和购买行为，产品呈现的良好视觉布局使消费者更多地关注商品，否则消费者会迅速将关注目标转移至其他产品[36]。

本文的视觉对象结构采用了李义娜[37]的定义，指构成视觉形象的元素在广告中的物理表现形式，常见的有并置和融合两种方式，并置指将不同的视觉对象同时呈现，融合是将不同视觉对象或对象特征在一个对象上体现出来。基于以上理论和分析，一方面，本文将对拟人化形象生动性与消费者对产品态度的影响机制进行研究，分析拟人化广告形象生动性促进消费者产品态度偏好的内在机理。另一方面，将基于不同视觉对象结构研究拟人化形象生动性对消费者的产品态度，旨在提升拟人化广告效果，以达到提升企业产品形象的目的。

3　研究假设

3.1　拟人化广告形象生动性和产品态度

拟人化广告形象大多具有生动性的特征，拟人化广告形象生动性指拟人化形象通过媒介向感官呈现的信息的丰富性，它包括画面效果、个性化、吸引力、感染力、趣味性等方面。当广告中的拟人化展现的信息是具体的，信息引发的情绪是丰富的，感知是直接的，广告就具备了生动性。产品展示的生动性可以激发消费者的情绪，生动性的展示在人们的认知反应中刺激消费者的情感，对消费者体验有重要影响[38]，Yoo 和 Kim[39]研究指出，产品销售商注重产品展示的生动性和丰富性，在产品宣传中加入精致的图片和视频，生动形象地展示了产品的功能和特色，可以满足消费者的情绪和价值需要。Sewak 等[40]在关于产品设计生动性与消费者产品态度研究中指出，在其他信息相同的情境下，产品设计的生动性可以引起更高的吸引力和更强的愉悦感。拟人化广告形象给消费者带来的刺激有广度和深度两个维度，既包括所能刺激到的视觉、触觉和听觉，又包括消费者感受到的刺激程度。从广度看，人们的视觉、触觉和听觉等感官捕捉到的信息可以整合和相互转换，拟人化广告形象可以弥补感官感受的缺失。从深度看，拟人化广告形象对消费者感官水平唤起程度越高，就表明深度越高，也能够降低消费者提取广告信息的难度，增强产品体验感，增加广告的说服效果，提升消费者偏好[41]。因此，本文得出以下假设。

H$_1$：拟人化广告形象生动性对消费者产品态度有正向作用。

3.2　认知流畅性和产品态度

认知流畅性是指消费者对信息加工难易程度的主观感知[42]。不同的媒介方式采用不同的社会情感传达方式，不同的信息线索存在不同的刺激潜能，拟人化广告形象的特征能让消费者感知到交流对方的存在，如可以看到面部表情，感受到声音甚至触摸感[16]。根据社会临场感理论，拟人化广告形象生动性产生的临场感能够让消费者在浏览广告时有身临其境的体验[43]，降低信息加工的难度，帮助消费者消除认知的不通畅，形成更好的真实体验。由此得出以下假设。

H₂ₐ：拟人化广告形象生动性正向影响消费者认知流畅性。

认知流畅性对消费者评判客体对象有积极作用，相对于认知障碍多的情景，消费者会在认知障碍少的条件下给予产品积极的态度评价[44]，消费者信息处理过程的认知流畅会使个体产生愉悦，消费者将产品评价的愉悦情绪归咎于加工的信息对象。信息认知的流畅性是在个体无察觉的情景下发生的[45]，消费者体验到拟人化广告形象信息的认知流畅性所引发的积极情绪，进而对产品产生偏好态度。此外，生动的拟人化广告形象大多能够体现出产品的情境信息，能够使消费者比较轻松地识别产品信息，当消费者的认知和产品信息框架一致时，认知流畅的感官体验使消费者对产品有积极态度[46]，由此得出以下假设。

H₂ᵦ：消费者认知流畅性正向影响消费者产品态度。

3.3 感知信任和产品态度

在信息不对称的社会环境下，信任是人们参与社会活动和交易的基础。从广告角度看，感知信任是在不确定环境中消费者对产品预期的态度，是对评判对象的功能特征等因素的预期[47]。产品感知信任是消费者对于满足其利益产品的可靠性认知，当产品被拟人化之后，拟人化产品不再是单纯的交易对象，生动性的拟人化赋予了产品与消费者朋友关系，通过精细加工可能性模型的边缘路线使消费者依靠直觉判断图像化的信息，通过核心路线使消费者对产品内在质量等属性做出判断，从而影响用户的信任[48]。此外，广告形象的互动外显特征建立了产品和消费者之间的感情纽带，也加强了消费者对产品的信任感知[49, 50]。由此得出以下假设。

H₃ₐ：拟人化广告形象生动性正向影响消费者感知信任。

感知信任是个体基于情景反应的结果，主要依赖消费者所面临或接触的环境而存在，是主体和客体交互的结果。感知信任对个体行为能够产生正向影响[51]，也会对决策行为产生影响[52]，消费者通过对拟人化广告形象加工的感知信任进行决策，高感知信任降低了不确定性，有积极的预期结果。感知信任是消费者受拟人化情景和环境影响而形成的对产品的情感依赖，消费者相信产品可以满足个人的利益需求，使得对产品态度更加积极[53, 54]。企业使用拟人化广告形象和消费者互动时，双方均预期有正面的结果产生，由此得出以下假设。

H₃ᵦ：感知信任正向影响消费者产品态度。

3.4 感知心理距离和产品态度

在心理学领域，感知心理距离是指某一事物在远离或者接近参照点时人们的一种主观经验感受，其评判标准是人们自身的感受[55]，广告形象的虚拟性、陌生感和信息不对称产生的距离感表现为消费者与产品的感知心理距离[56]，感知心理距离包括信息距离、情绪距离、体验距离等[28, 57]。贺爱忠和龚婉琛[58]利用营销环境进行研究，以网站环境和产品展示作为外部刺激因素，通过对消费者情绪刺激，得出店铺氛围、在线产品设计会影响顾客感知心理距离，对消费者行为倾向产生影响。根据S-O-R 模型，生动性的拟人化广告形象通过场景和环境的刺激，促使消费者对广告做出反应，消费者会将拟人化产品当成真实的朋友，进行情绪上的交流，增进体验感，缩小消费者与产品的信息距离、情绪距离和体验距离，刺激体验维度，拉近感知心理距离[59, 60]。由此得出以下假设。

H₄ₐ：拟人化广告形象生动性正向影响消费者感知心理距离。

单纯的广告形象展示相较于实际产品展示劣势在于广告传递信息存在消费者与产品之间的心理疏远，广告形象的有效心理距离消除需要通过传送辅助信息实现。从消费者产品评价决策行为看，消费者对不同广告形式的关注程度和感知态度存在差异。顾客感知价值理论指出，消费者的感知认知和产品态度主要取决于感知价值，感知价值的评价受人们对企业广告形象的心理距离影响，心理距离通过操纵人与对象之间的感知，促使消费者做出判断[61]。信息距离越近，人们对产品的态度越积极[62]，拟人化广告形象生动性引发的情绪距离越近，体验距离越近，有助于降低企业或产品和消费者的心理距离值，拉近和消费者的距离，消费者会产生更积极的产品态度，由此得出以下假设。

H$_{4b}$：感知心理距离正向影响消费者产品态度。

3.5 拟人化视觉对象结构的调节作用

视觉对象结构是构成视觉形象的元素在展示中的物理表现形式，并置体现为多个元素无等级差异的叠加，形成一种内部元素之间平坦式的关系[63]，融合是用新元素替代图形中的局部元素，将新元素与原有图形整合为一个整体，产生新的内涵和视觉效果[64]。基于信息加工理论，消费者进行信息加工以对广告图像进行解读时，消费者的情绪和情感感知是信息处理的初级过程[65]，人们在关注广告时会根据广告信息进行认知，并根据信息线索提取相关有用信息。在认知过程中，消费者针对不同信息形式，在信息处理过程中会引发不同的情感反应，包括信任、广告对象态度、感知心理距离等，广告形象在信息加工过程中受到许多因素影响，其信息将会通过多种因素依据多步骤进行处理[66]。视觉对象结构类型促使拟人化广告形象进一步细分，若拟人化广告形象作为一种元素和原有产品元素进行无等级叠加，则呈现并置的视觉对象结构。并置视觉结构的信息线索，两个视觉对象同时出现，体现两个物体之间的并列关系，即拟人化的主体和产品的关系，在高生动情景下，并置的拟人化广告形象能够使消费者体验到产品功能价值的视觉场景，体现出人与产品的互动，产生较强的社会临场感[67]，有利于信息加工和处理，产生较高的认知流畅性。若拟人化元素和原产品元素整合为一体，则呈现融合的视觉对象结构，融合视觉结构中，呈现信息较并置精简，但是信息量丰富，需要消费者对信息形式进行深层理解，相对于并置的拟人化形象结构，认知流畅性较弱。因此，相较于融合的视觉对象结构，并置的视觉对象结构会产生更高的认知流畅性。

并置形象的拟人化能够较好地将拟人对象与产品结合在一起，在高生动情景下，能够尽可能地展现出拟人对象使用产品的场景或拟人化服务的场景，表现更具体化，并置视觉结构体现出广告的直观表达，更容易被消费者所理解，因此会产生更近的感知心理距离[68]，融合的拟人化广告形象信息表现含蓄，表现具有抽象化特征，融合视觉对象结构属于隐喻性质的间接表达，形象更具有象征意义，感知心理距离较远[69]。因此，相较于融合的视觉对象结构，并置的视觉对象会产生更近的感知心理距离。

并置拟人化广告形象产生的情感促使消费者在信息处理时会遵循精细加工可能性模型的边缘路线，主要依赖情感对广告产品做出判断，遵循边缘路线有助于拉近消费者的感知心理距离。若将拟人化广告形象和产品整合为一体，通过一个视觉对象体现，则呈现融合的视觉对象结构，融合结构呈现的信息需要消费者进行深层次的加工和理解，消费者在信息处理加工时倾向于遵循精细加工可能性模型的核心路线，通过认真加工信息源，对产品做出判断，遵循核心路线有助于产生更高的感知信任[70]。因此，相较于并置的视觉对象结构，融合的视觉结构会产生更高的感知信任。

并置的视觉对象结构是拟人化元素和产品（或服务）元素的共同呈现，拟人化元素有可能是产品的消费主体，并置的拟人化广告形象能够将产品或服务的视觉化场景体现得更加真实，呈现出较强的互动性，根据张初兵等[71]关于消费者态度和广告的研究，消费者对广告的互动性感知会影响消费者使用产品意愿，高生动情景下，并置的拟人化视觉结构能够体现出消费者使用产品（或服务）的互动性，更能建立起拟人化广告形象和对应产品的联结关系[37]，通过虚拟环境展示产品（或服务）的使用场景，产生更好的产品态度。因此，相较于融合的视觉结构，并置的视觉结构会产生更好的产品态度。

基于以上分析，得出以下假设：

H_{5a}：视觉对象结构调节拟人化广告形象生动性对认知流畅性的影响，高生动情景下，相较于融合的拟人化广告形象，并置的拟人化广告形象生动性会产生更高的认知流畅性。

H_{5b}：视觉对象结构调节拟人化广告形象生动性对感知信任的影响，高生动情景下，相较于并置的拟人化广告形象，融合的拟人化广告形象生动性会产生更高的感知信任。

H_{5c}：视觉对象结构调节拟人化广告形象生动性对产品态度的影响，高生动情景下，相较于融合的拟人化广告形象，并置的拟人化广告形象生动性会产生更高的产品态度。

H_{5d}：视觉对象结构调节拟人化广告形象生动性对感知心理距离的影响，高生动情景下，相较于融合的拟人化广告形象，并置的拟人化广告形象生动性会产生更近的感知心理距离。

综合以上假设，本文提出如下的模型（图 1）。

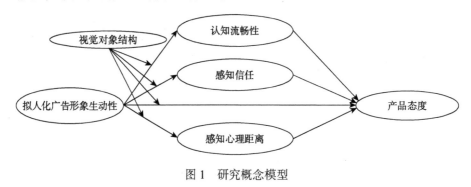

图 1　研究概念模型

4　实验

4.1　样本选择和预实验

预实验主要用来验证实验材料的合理性，选用日常生活中的快递服务产品，为了避免产品品牌的干扰因素，选用虚拟品牌"DH"，实验材料共分四组（见附录），第一组是一个添加了微笑表情的快递纸箱，提示语"DH 快递：美好生活，快递欢乐"；第二组是与第一组保持一致的表情和纸箱，纸箱附带一双翅膀，体现飞行姿态，提示语同第一组；第三组是一个快递纸箱（无微笑表情），旁边站立一只微笑的拟人化动物，提示语同第一组；第四组是一只微笑的拟人化动物手持一快递纸箱，展现出飞行的状态，提示语同第一组。第一组和第二组均为融合的视觉对象结构，第三组和第四组均为并置的视觉对象结构。第二组和第四组以飞行的形态展现，生动地体现快递这一服务产品的内容，界定为高生动性组，第一组和第三组则为低生动性组。

预实验在西南地区某高校招募了 80 名本科生进行，主要对拟人化产品的形象生动性高低进行测试，被试随机分为两组，低生动性组和高生动性组，低生动性组 40 名，采用实验材料第一组（低生动性，融合）和第三组（低生动性，并置）各 20 份，高生动性组 40 名，采用实验材料第二组（高生动性，并置）和第四组（高生动性，融合）各20份，生动性采用Sheng 和 Joginapelly[72]的量表，一共四个题项："该广告展示了服务产品的场景""该广告展示了精美的形象""展示服务产品的方式是生动的""该广告以丰富多彩的形式展示了服务产品特色"。根据数据结果，关于生动性问卷的 α 值为 0.85，表明问卷是可信的，被试随机分成的两组在生动性评价方面存在明显差异（$M_{低生动}=4.32$，$t=38.551$，$p<0.001$，$M_{高生动}=5.24$，$t=69.698$，$p<0.001$），表明高生动性组和低生动性组的界定是正确的，实验材料具有可行性。

4.2 正式实验与数据整理

为了确保问卷的科学性，在设计调查问卷时，通过查阅大量的相关经典文献，并与相关专家进行探讨，反复修改，酌情调整，确定问卷题项，主要变量如表 1 所示。

表 1 变量设置

潜变量	显变量	显变量题项	来源
生动性	X_1	该广告展示了服务产品的场景	Sheng 和 Joginapelly[72]
	X_2	该广告展示了精美的形象	
	X_3	展示服务产品的方式是生动的	
	X_4	该广告以丰富多彩的形式展示了服务产品特色	
认知流畅性	X_5	这款服务产品的信息容易理解	Novemsky 等[73]
	X_6	服务产品广告展示能够让我想象它的场景	
	X_7	服务产品信息组织得比较好	
	X_8	服务产品信息结构比较合理	
	X_9	服务产品信息比较清晰，具有逻辑性	
感知信任	X_{10}	我认为这是个诚实的品牌	Chaudhuri 和 Holbrook[74]
	X_{11}	相信这个服务产品	
	X_{12}	信赖这个服务产品	
	X_{13}	对该服务产品比较放心	
	X_{14}	对该服务产品的企业比较放心	
	X_{15}	相信该服务产品能够快速将包裹送达	
感知心理距离	X_{16}	该形象拉近了我与该服务产品之间的距离	周飞和沙振权[75]
	X_{17}	该形象让我内心与该服务产品更加贴近	
	X_{18}	该形象增加了我对该服务产品的亲近感	
产品态度	X_{19}	我认为该服务产品是好的	Coyle 和 Thorson[76]
	X_{20}	我认为该服务产品是有吸引力的	
	X_{21}	我喜欢该服务产品	

本文以西南地区两个高校的本科生和研究生为被试进行实验，实验现场采用假想情景，先给出被试指导语，假定实验者要寄送一件快递产品，看到 DH 快递公司的快递广告，然后阅读实验材料，并填写对该服务产品的生动性感知量表、认知流畅性量表、感知信任量表和感知心理距离量表，最后填写对该产品态度量表。实验材料除实验图片不一致外，其他内容均一致，四种实验材料（见附录）各150 份，随机发放，排除填写不完整和不规范答卷 75 份，有效答卷共计 525 份（其中低生动性和融合

132 份，高生动性和融合 130 份，低生动性和并置 135 份，高生动性和并置 128 份），实验搜集数据的基本情况如表 2 所示。

表 2　描述性统计

变量	类别	参与人数	比例	变量	类别	参与人数	比例
性别	男	255	48.57%	年龄	17~20 岁	226	43.05%
	女	270	51.43%		21~24 岁	237	45.14%
月消费支出	1 000 元及以下	132	25.14%		25 岁及以上	62	11.81%
	1 001~1 500 元	261	49.72%	受教育程度	本科生	374	71.24%
	1 501~2 000 元	91	17.33%		硕士生	104	19.81%
	2 000 元以上	41	7.81%		博士生	47	8.95%

5　实证分析

5.1　信度与效度分析

利用 SPSS 22.0 软件对整理的数据进行处理，结果表明：各潜变量的 Cronbach's α 系数均在 0.8 以上，同一潜变量下删除任何题项均无法提高 Cronbach's α 系数值，表明实验答卷具有可靠性。KMO 检验值为 0.902，Bartlett's 球度检验能够拒绝相关系数矩阵为单位阵的假设。通过验证性因子分析，发现标准化因子载荷系数均大于 0.5，累计解释率达到 73.142%，AVE 值均大于或接近于 0.5，问卷具有较好的收敛效度（表 3）。

表 3　变量信效度分析

潜变量	观测变量	标准化因子载荷系数	t 值	组合信度	Cronbach's α 系数	AVE
生动性	X_1	0.785	12.040	0.806 4	0.807	0.513 9
	X_2	0.759	11.812			
	X_3	0.740	11.632			
	X_4	0.562				
认知流畅性	X_5	0.547		0.792 4	0.831	0.474 4
	X_6	0.641	10.069			
	X_7	0.753	11.075			
	X_8	0.837	11.687			
	X_9	0.756	11.103			
感知信任	X_{10}	0.736		0.904 0	0.902	0.612 0
	X_{11}	0.822	17.184			
	X_{12}	0.813	16.973			
	X_{13}	0.825	17.256			
	X_{14}	0.810	16.916			
	X_{15}	0.676	13.947			
感知心理距离	X_{16}	0.753		0.797 2	0.806	0.567 2
	X_{17}	0.770	15.216			
	X_{18}	0.736	15.573			

续表

潜变量	观测变量	标准化因子载荷系数	*t* 值	组合信度	Cronbach's *α* 系数	AVE
产品态度	X_{19}	0.798				
	X_{20}	0.781	17.818	0.812 2	0.818	0.590 8
	X_{21}	0.725	16.216			

各潜变量相关系数均小于对角线 AVE 的平方根，说明变量之间有较好的区分效度（表 4）。

表 4　相关系数和 AVE 平方根

	SD	LC	XR	XL	CP
SD	0.717				
LC	0.710	0.703			
XR	0.706	0.682	0.782		
XL	0.696	0.686	0.678	0.753	
CP	0.697	0.701	0.735	0.732	0.769

注：对角线为 AVE 的平方根

模型的绝对适配度指数为 CMIN/DF=2.859<3，RMSEA 为 0.071<0.08，增值适配度 IFI=0.912，CFI=0.906，比较适配度 PGFI，PNFI 均基本符合标准，说明模型较为理想，整体适配度较好（表 5）。

表 5　整体适配度统计值

指标	CMIN/DF	GFI	RMSEA	IFI	CFI	PGFI	PNFI
AMOS	2.859	0.876	0.071	0.912	0.906	0.690	0.781
参考值	<3	>0.9	<0.08	>0.9	>0.9	>0.5	>0.5

5.2　假设检验结构方程模型

结构方程模型如图 2 所示。

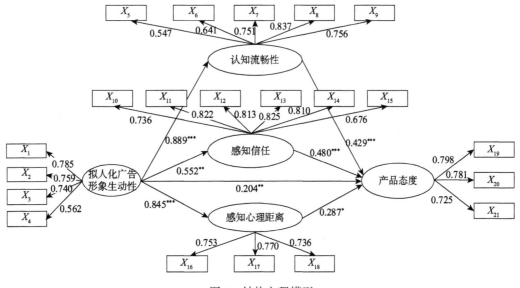

图 2　结构方程模型

***表示 *p*<0.001，**表示 *p*<0.01，*表示 *p*<0.05

在拟人化广告形象生动性、感知心理距离、认知流畅性、感知信任和产品态度的关系方面，拟人化广告形象生动性对产品态度的路径系数是 0.204，t 值是 2.472，因此，假设 H_1 得到支持，即拟人化广告形象生动性对消费者产品态度有正向作用。拟人化广告形象生动性对认知流畅性的路径系数是 0.889，t 值是 9.018，假设 H_{2a} 得到支持，即拟人化广告形象生动性对消费者认知流畅性有正向影响。认知流畅性对产品态度的路径系数是 0.429，t 值是 4.162，假设 H_{2b} 得到支持，即认知流畅性对消费者产品态度有正向影响。拟人化广告形象生动性对感知信任的路径系数是 0.552，t 值是 2.488，假设 H_{3a} 得到支持，即拟人化广告形象生动性对感知信任有正向影响。感知信任对产品态度的路径系数是 0.480，t 值是 4.985，假设 H_{3b} 得到支持，即感知信任对消费者产品态度有正向影响。拟人化广告形象生动性对感知心理距离的路径系数是 0.845，t 值是 10.170，假设 H_{4a} 得到支持，即拟人化广告形象生动性对消费者感知心理距离有正向影响，感知心理距离对产品态度的路径系数是 0.287，t 值是 1.886，假设 H_{4b} 得到支持，即感知心理距离对消费者产品态度有正向影响。假设检验结果见表 6。

表 6　假设检验结果

关系路径	假设	标准化路径系数	t 值	结论
拟人化广告形象生动性→产品态度	H_1	0.204	2.472**	支持
拟人化广告形象生动性→认知流畅性	H_{2a}	0.889	9.018***	支持
拟人化广告形象生动性→感知信任	H_{3a}	0.552	2.488**	支持
拟人化广告形象生动性→感知心理距离	H_{4a}	0.845	10.170***	支持
认知流畅性→产品态度	H_{2b}	0.429	4.162***	支持
感知信任→产品态度	H_{3b}	0.480	4.985***	支持
感知心理距离→产品态度	H_{4b}	0.287	1.886*	支持

***表示 $p<0.001$，**表示 $p<0.01$

按照 Preacher 和 Hayes[77]提出的 Bootstrap 中介效应检验方法[78]，参考方杰等[79]并行多重中介效应检验过程，利用重复随机抽样在样本中抽取 2 000 个 Bootstrap 样本，选择偏差校正 Bootstrap 方法，用第 97.5 百分位和 2.5 百分位估计 95%的置信区间，结果如表 7 所示，认知流畅性在拟人化广告形象生动性对产品态度关系中的中介效应显著（LLCI=0.268 7，ULCI=0.364 5，区间不包含 0），感知信任在拟人化广告形象生动性对产品态度中的中介效应显著（LLCI=0.145 4，ULCI=0.386 6，区间不包含 0），感知心理距离在拟人化广告形象生动性对产品态度中的中介效应显著（LLCI=0.201 8，ULCI=0.284 0，区间不包含 0）。

表 7　中介效应的 Bootstrap 检验

关系路径	标准化的间接效应估计	平均间接效应	置信区间	
			下限	上限
拟人化广告形象生动性→认知流畅性→产品态度	0.315 7	0.316 6	0.268 7	0.364 5
拟人化广告形象生动性→感知信任→产品态度	0.265 0	0.266 0	0.145 4	0.386 6
拟人化广告形象生动性→感知心理距离→产品态度	0.242 5	0.242 9	0.201 8	0.284 0

5.3 调节效应检验

自变量或调节变量中有一个是类别变量，先将类别变量转换为虚拟变量，为避免产生多重共线性，将自变量和调节变量进行中心化处理，进行分层回归[80]。第一步将控制变量加入回归分析，第二步将自变量拟人化广告形象生动性和调节变量视觉对象结构加入回归分析，第三步加入自变量和调节变量的交互项。将并置拟人化广告形象（共计263份）和融合拟人化广告形象（共计262份）分别归类整理数据进行分析。

5.3.1 视觉对象结构对认知流畅性的调节

先将类别变量并置和融合转化为虚拟变量，并进行中心化处理，将年龄、性别、月消费支出、拟人化广告形象生动性和认知流畅性等变量做中心化处理，运用SPSS 22.0软件进行分层回归，视觉对象结构对生动性和认知流畅性的调节效应检验结果如表8所示。

表8 视觉对象结构对认知流畅性的调节作用

变量	认知流畅性		
	模型1	模型2	模型3
年龄	−0.150	−0.134	−0.132
性别	0.046	0.051	0.053
月消费支出	−0.035	−0.021	−0.020
拟人化广告形象生动性		0.695***	0.701***
视觉对象结构		0.117***	0.127***
拟人化广告形象生动性×视觉对象结构			0.138**
R^2	1.06%	48.62%	50.79%
ΔR^2		2.17%	
F 值	3.049	97.596***	81.634***

***表示 $p<0.001$，**表示 $p<0.01$

模型1仅包含了控制变量性别、年龄和月消费支出，模型2加入了自变量拟人化广告形象生动性和调节变量视觉对象结构，模型3加入了自变量和调节变量的交互项。在模型2中，拟人化广告形象生动性（$\beta=0.695$，$p<0.001$）和视觉对象结构（$\beta=0.117$，$p<0.001$）对认知流畅性的主效应显著。在模型3中，拟人化广告形象生动性（$\beta=0.701$，$p<0.001$）和视觉对象结构（$\beta=0.127$，$p<0.001$）正向影响认知流畅性，二者的交互项（$\beta=0.138$，$p<0.01$）也正向影响认知流畅性。此外，模型2的 R^2 为48.62%，交互项引入后，模型3的 R^2 为50.79%，提高了拟合程度（$\Delta R^2=2.17\%$），说明视觉对象结构在拟人化广告形象生动性和认知流畅性关系中起到了调节作用。根据实验数据，将并置视觉结构下的高生动性数据和低生动性数据分别整理，将融合视觉结构下的高生动性数据和低生动性数据分别整理，进一步分解交互作用，如图3所示，可以得到，高生动性条件下，相对于融合的拟人化广告形象，并置拟人化广告形象会产生更高的认知流畅性。由此，H_{5a} 得到支持。

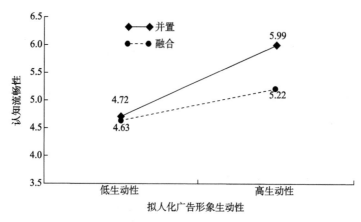

图 3　视觉对象结构对拟人化广告形象生动性和认知流畅性的调节

5.3.2　视觉对象结构对感知信任的调节

利用分层回归，检验视觉对象结构对拟人化广告形象生动性和感知信任的调节作用，检验结果如表 9 所示。

表 9　视觉对象结构对感知信任的调节作用

变量	感知信任		
	模型 1	模型 2	模型 3
年龄	−0.095	−0.077	−0.074
性别	0.037	0.033	0.036
月消费支出	−0.004	−0.050	−0.062
拟人化广告形象生动性		0.652**	0.710**
视觉对象结构		0.142***	0.247***
拟人化广告形象生动性×视觉对象结构			0.238**
R^2	0.96%	45.31%	47.62%
ΔR^2		2.31%	
F 值	2.035	85.543***	71.157***

***表示 $p<0.001$，**表示 $p<0.01$

在模型 2 中，拟人化广告形象生动性（β=0.652，$p < 0.01$）和视觉对象结构（β=0.142，$p < 0.001$）对感知信任的主效应显著。在模型 3 中，拟人化广告形象生动性（β=0.710，$p < 0.01$）和视觉对象结构（β=0.247，$p < 0.001$）正向影响感知信任，二者的交互项（β=0.238，$p < 0.01$）也正向影响感知信任。此外，模型 2 的 R^2 为 45.31%，交互项引入后，模型 3 的 R^2 为 47.62%，提高了拟合程度（ΔR^2 =2.31%），说明视觉对象结构在拟人化广告形象生动性和感知信任关系中起到了调节作用。将并置视觉结构下的高生动性实验数据和低生动性实验数据分别整理，融合视觉结构下的高生动性实验数据和低生动性实验数据分别整理，进一步分解交互作用，如图 4 所示，可以得到，高生动性情景下，相对于并置的拟人化广告形象，融合拟人化广告形象会产生更高的感知信任。由此，H$_{5b}$ 得到支持。

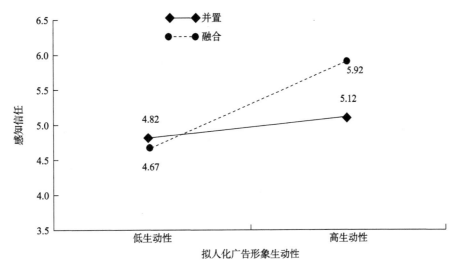

图 4　视觉对象结构对拟人化广告形象生动性和感知信任的调节

5.3.3　视觉对象结构对产品态度的调节

利用分层回归，检验视觉对象结构对拟人化广告形象生动性和产品态度的调节作用，检验结果如表 10 所示。

表 10　视觉对象结构对产品态度的调节作用

变量	产品态度		
	模型 1	模型 2	模型 3
年龄	−0.105	−0.120	0.122
性别	0.153	0.037	0.039
月消费支出	−0.017	−0.016	−0.012
拟人化广告形象生动性		0.767**	0.764**
视觉对象结构		0.227***	0.232***
拟人化广告形象生动性×视觉对象结构			0.322*
R^2	1.85%	76.23%	79.54%
ΔR^2		3.31%	
F 值	1.253	149.367***	124.478***

***表示 $p<0.001$，**表示 $p<0.01$，*表示 $p<0.05$

在模型 2 中，拟人化广告形象生动性（β=0.767，$p<0.01$）和视觉对象结构（β=0.227，$p<0.001$）对产品态度的主效应均显著。在模型 3 中，拟人化广告形象生动性（β=0.764，$p<0.01$）和视觉对象结构（β=0.232，$p<0.001$）正向影响产品态度，二者的交互项（β=0.322，$p<0.05$）也正向影响产品态度。此外，模型 2 的 R^2 为 76.23%，交互项引入后，模型 3 的 R^2 为 79.54%，提高了拟合程度（ΔR^2=3.31%），说明视觉对象结构在拟人化广告形象生动性和产品态度关系中起到了调节作用，为了进一步分解交互作用，如图 5 所示，可以得到，高生动情景下，相对于融合的拟人化广告形象，并置拟人化广告形象会产生更好的产品态度。由此，H_{5c} 得到支持。

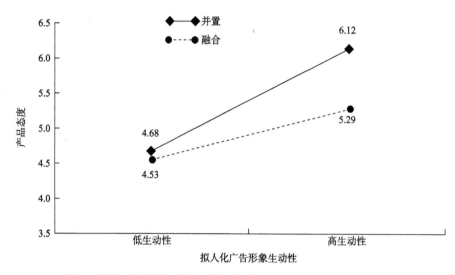

图 5　视觉对象结构对拟人化广告形象生动性和产品态度的调节

5.3.4　视觉对象结构对感知心理距离的调节

利用分层回归，检验视觉对象结构对拟人化广告形象生动性和感知心理距离的调节作用，检验结果如表 11 所示。

表 11　视觉对象结构对感知心理距离的调节作用

变量	感知心理距离		
	模型 1	模型 2	模型 3
年龄	−0.068	−0.050	−0.051
性别	−0.017	−0.023	−0.022
月消费支出	0.019	0.081	0.083
拟人化广告形象生动性		0.712***	0.768***
视觉对象结构		0.256***	0.276***
拟人化广告形象生动性×视觉对象结构			0.228**
R^2	0.085	58.62%	60.53%
ΔR^2		1.91%	
F 值	0.897	154.907	129.256

***表示 $p<0.001$，**表示 $p<0.01$

在模型 2 中，拟人化广告形象生动性（β=0.712，$p<0.001$）和视觉对象结构（β=0.256，$p<0.001$）对感知心理距离的主效应显著。在模型 3 中，拟人化广告形象生动性（β=0.768，$p<0.001$）和视觉对象结构（β=0.276，$p<0.001$）正向影响感知心理距离，二者的交互项（β=0.228，$p<0.01$）也正向影响感知心理距离。此外，模型 2 的 R^2 为 58.62%，交互项引入后，模型 3 的 R^2 为 60.53%，提高了拟合程度（ΔR^2=1.91%），说明视觉对象结构在拟人化广告形象生动性和感知心理距离关系中起到了调节作用，为了进一步分解交互作用，如图 6 所示，可以得到，高生动性情境下，相对于融合的拟人化广告形象，并置拟人化广告形象会产生更近的感知心理距离，由此，H$_{5d}$ 得到支持。

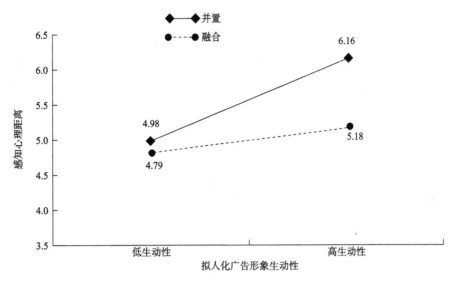

图 6　视觉对象结构对拟人化广告形象生动性和感知心理距离的调节

6　研究结论与讨论

6.1　研究结论

　　本文通过对现有拟人化相关文献的梳理，以社会临场感理论、"刺激—有机体—反应"理论和精细加工可能性理论为基础，建立了拟人化广告形象生动性对消费者产品态度影响的研究模型，利用拟人化广告形象的调查问卷结果进行数据分析，验证了拟人化广告形象生动性对消费者产品态度有正向作用，验证了认知流畅性、感知信任和感知心理距离在拟人化广告形象生动性对产品态度影响中的中介作用，即拟人化广告形象生动性正向影响消费者认知流畅性，消费者认知流畅性正向影响消费者产品态度；拟人化广告形象生动性正向影响消费者感知信任，感知信任正向影响消费者产品态度；拟人化广告形象生动性正向影响消费者感知心理距离，感知心理距离正向影响消费者产品态度。基于信息加工理论，验证了视觉对象结构在拟人化广告形象生动性对认知流畅性、感知信任和感知心理距离中的调节作用，即高生动性情境下，相对于融合的拟人化广告形象，并置拟人化广告形象生动性会产生更高的认知流畅性；相对于并置的拟人化广告形象，融合拟人化广告形象生动性会产生更高的感知信任；相对于融合的拟人化广告形象，并置拟人化广告形象生动性会产生更高的产品态度和更近的感知心理距离。

6.2　理论意义

　　本文的理论贡献主要体现在以下两点：

　　第一，本文从拟人化广告形象生动性特征视角探讨了拟人化广告形象生动性对消费者产品态度的影响机理。通过消费者信息加工处理过程，结合社会临场感理论、S-O-R 模型和精细加工可能性模型，验证了作为拟人化广告形象特征的"生动性"对"认知流畅性""感知心理距离""感知信任"的影响效应均比较明显，符合社会临场感模型，高的社会临场感环境让消费者更倾向与产品建立联系，而非忽视产品。验证了"认知流畅性""感知心理距离""感知信任"的中介作用，符合"S-O-R"模型原理，通过拟人化广告形象生动性和社会临场感的虚拟环境刺激消费者，引起认知流畅性、感知心理距离和感知信任的个体心理变化，并进一步反映在消费者产品态度上。

第二，以往关于拟人化广告形象生动性的研究主要关注不同类型产品的拟人化效果[23, 27, 29]、拟人化广告形象与消费者社会关系的区分[28, 30]、拟人化对不同类型消费者的产品态度[25, 26]等。本文将并置和融合两种视觉对象结构纳入拟人化多重并列中介机制中，发现了视觉对象结构在拟人化广告形象生动性和认知流畅性、感知信任、感知心理距离及产品态度的关系中起到调节作用，比较了在拟人化生动性高低程度不同时对中介变量的影响程度，拓展了拟人化广告的研究视角。

6.3 实践意义

研究结论为企业进行产品或服务宣传提供了借鉴意义。拟人化广告形象是提升消费者产品态度所依赖的重要广告形式，是能够满足消费者个性化需求的产品或服务宣传方式，尤其是在广告泛滥、消费者无视和排斥广告的背景下，生动的拟人化广告形象能够在众多广告中脱颖而出，吸引消费者注意，拟人化广告形象生动性的设计成为影响消费者产品态度的重要因素。

企业要注重设计生动性较高的拟人化广告形象，展示生动性情景下广告的宣传效果，提升消费者产品态度。在设计拟人化广告形象过程中，要侧重于从消费者感知心理距离角度出发，建立消费者与产品之间的心理连接，能够通过界面刺激和唤起消费者，建立起消费者和产品较近的空间距离、社会距离、时间距离，进而增强消费者使用产品的可能性。要注重通过拟人化广告形象生动性，建立产品和消费者的沟通，加深消费者对产品的情感连接，尤其是在网络购物发达的环境下，消费者与产品销售人员不存在沟通或者较少的网络沟通背景下，通过生动的拟人化广告形象建立起产品和消费者的沟通，有利于规避消费者的感知风险，建立消费者信任，通过引导消费者的情绪，提升消费者对产品的信任。要注重通过生动性的拟人化广告形象，提升消费者的认知流畅性。信息量大的广告易引发复杂的设计，易使消费者产生认知困难，生动性高的拟人化广告，将产品融入实际场景，削弱了消费者对产品的认知难度，提升了消费者对产品的认知。在进行拟人化广告形象和产品的设计时，若能将产品和拟人化广告形象实现融合和并置的恰当运用，将能够产生更好的产品态度。

6.4 研究局限与不足之处

本文也存在不足之处，第一，研究对象为日常生活中的常见的快递服务产品，若换成其他类型产品，并置和融合的调节作用是否显著，需要进一步验证。第二，实验过程所用广告主要采用文字和图片，在一些拟人化视频广告中，生动性促进产品态度的影响因素有可能更为复杂，此外，在实践领域中，广告的色彩也会影响到消费者的产品态度，未来需要对这些因素进行更深入的研究。第三，实验被试为在校本科生和研究生，被试的覆盖面存在局限性，今后可以进一步纳入社会人员参与实验。

参 考 文 献

[1] 陈志婷. 拟人化沟通方式对消费者品牌依恋的影响——基于刻板印象内容模型的分类[D]. 江南大学硕士学位论文，2018.

[2] Fournier S, Alvarez C. Brands as relationship partners: warmth, competence, and in-between[J]. Journal of Consumer Psychology, 2012, 22（2）: 177-185.

[3] 陈增祥, 杨光玉. 哪种品牌拟人化形象更受偏爱——归属需要的调节效应及边界[J]. 南开管理评论, 2017, 20（3）: 135-143.

[4] van Mulken M, van Hooft A, Nederstigt U. Finding the tipping point: visual metaphor and conceptual complexity in advertising[J]. Journal of Advertising, 2014, 43（4）: 333-343.

[5] Barbara J，Phillips B J，McQuarrie E F. Beyond visual metaphor：a new typology of visual rhetoric in advertising[J]. Marketing Theory，2004，4（1~2）：113-136.

[6] Taylor S E，Gollwitzer P M. Effects of mindset on positive illusions[J]. Journal of Personality and Social Psychology，1995，69（2）：213-226.

[7] 武瑞娟，王承璐. 西方模特更受欢迎吗？——模特类型和模特表情与消费者对模特的态度关系研究[J]. 营销科学学报，2016，12（4）：14-26.

[8] 李光明，蔡旺春. 基于网站特性的在线购物体验研究[J]. 中国流通经济，2015，（11）：96-104.

[9] Rodgers S，Thorson E. A socialization perspective on male and female reporting[J]. Journal of Communication，2003，53（4）：658-675.

[10] Thompson D V，Hamilton R W，Edu R U. The effects of information processing mode on consumers' responses to comparative advertising[J]. Journal of Consumer Research，2006，32（4）：530-540.

[11] Reisenzein R. Pleasure-arousal theory and the intensity of emotions[J]. Journal of Personality and Social Psychology，1994，67（3）：525-539.

[12] Su L，Swanson S R. The effect of destination social responsibility on tourist environmentally responsible behavior：compared analysis of first-time and repeat tourists[J]. Tourism Management，2017，（60）：308-321.

[13] Eroglu S A，Machleit K A，Davis L M. Empirical testing of a model of online store atmospherics and shopper responses[J]. Psychology and Marketing，2003，20（2）：139-150.

[14] 甘春梅，林恬恬，肖晨，等. S-O-R 视角下社会化商务意愿的实证研究[J]. 现代情报，2018，38（9）：64-69，97.

[15] Sung E，Mayer R E. Five facets of social presence in online distance education[J]. Computers in Human Behavior，2012，28（5）：1738-1747.

[16] Augustinova M，Ferrand L. The influence of mere social presence on stroop interference：new evidence from the semantically-based Stroop task[J]. Journal of Experimental Social Psychology，2012，48（5）：1213-1216.

[17] Kim J B. The mediating role of presence on consumer intention to participate in a social commerce site[J]. Journal of Internet Commerce，2015，14（4）：425-454.

[18] Verhagen T，van Nes J，Feldberg F，et al. Virtual customer service agents：using social presence and personalization to shape online service encounters[J]. Journal of Computer-Mediated Communication，2014，19（3）：529-545.

[19] Fang J M，Chen L，Wen C，et al. Co-viewing experience in video websites：the effect of social presence on e-loyalty[J]. International Journal of Electronic Commerce，2018，22（3）：446-476.

[20] 吴秋琴，许元科，梁佳聚，等. 互联网背景下在线评论质量与网站形象的影响研究[J]. 科学管理研究，2012，30（1）：81-83.

[21] 范钧，沈东强，林帆. 网店商品图片信息对顾客购买意愿的影响——产品类型的调节效应[J]. 营销科学学报，2014，10（4）：97-108.

[22] 范晓屏，韩洪叶，孙佳琦. 网站生动性和互动性对消费者产品态度的影响——认知需求的调节效应研究[J]. 管理工程学报，2013，27（3）：196-204.

[23] 汪涛，谢志鹏，崔楠. 和品牌聊聊天——拟人化沟通对消费者品牌态度影响[J]. 心理学报，2014，46（7）：987-999.

[24] Wan E W，Chen R P，Jin L. Judging a book by its cover? The effect of anthropomorphism on product attribute processing and consumer preference[J]. Journal of Consumer Research，2017，43（6）：1008-1030.

[25] Chen R P，Wan E W，Levy E. The effect of social exclusion on consumer preference for anthropomorphized brands[J]. Journal of Consumer Psychology，2017，27（1）：23-34.

[26] Hur J D，Koo M，Hofmann W. When temptations come alive：how anthropomorphism undermines self-control[J]. Journal of Consumer Research，2015，42（2）：340-358.

[27] 谢志鹏，汪涛. 产品也会皱眉头?产品的"侵略性表情"对消费者的影响[J]. 心理学报，2017，49（5）：680-691.

[28] Kim H C，Kramer T. Do materialists prefer the "Brand-as-Servant"？The interactive effect of anthropomorphized brand roles and materialism on consumer responses[J]. Journal of Consumer Research，2015，42（2）：284-299.

[29] 刘笛，王海忠. 基于人性本真性的拟人化广告的负面情绪与态度——愧疚感的中介作用[J]. 心理学报，2017，49（1）：128-137.

[30] 张力. 拟人化对品牌犯错的影响研究[D]. 武汉大学硕士学位论文，2014.

[31] Schwarz N. Feelings，fit，and funny effects：a situated cognition perspective[J]. Journal of Marketing Research，2006，43（1）：20-23.

[32] Khakimdjanova L，Park J. Online visual merchandising practice of apparel e-merchants[J]. Journal of Retailing and Consumer Services，2005，12（5）：307-318.

[33] 高忆，鲍敏. 视觉适应及其神经机制[J]. 心理科学进展，2015，23（7）：1142-1150.

[34] 潘运娴，葛列众，王丽，等. 视觉信息呈现材料对视线突显技术的影响作用[J]. 心理科学，2018，41（1）：8-14.

[35] Kerfoot S，Davies B，Ward P. Visual merchandising and the creation of discernible retail brands[J]. International Journal of Retail and Distribution Management，2003，31（3）：143-152.

[36] Sewell D K，Lilburn S D，Smith P L . An information capacity limitation of visual short-term memory[J]. Journal of Experimental Psychology Human Perception and Performance，2014，40（6）：2214-2242.

[37] 李义娜. 营销沟通中图像修辞及其影响[J]. 符号与传媒，2016，（1）：114-124.

[38] Turley L W，Milliman R E. Atmospheric effects on shopping behavior：a review of experimental evidence[J]. Journal of Business Research，2000，49（2）：193-211.

[39] Yoo J，Kim M. Online product presentation：the effect of product coordination and a model's face[J]. Journal of Research in Interactive Marketing，2012，6（1）：59-72.

[40] Sewak S S，Wilkin N E，Bentley J P. Direct-to-consumer advertising via the internet：the role of web site design[J]. Research in Social and Administrative Pharmacy，2005，1（2）：289-309.

[41] Steuer J. Defining virtual reality：dimensions determining telepresence[J]. Journal of Communication，1992，42（4）：73-93.

[42] Oppenheimer D M . The secret life of fluency[J]. Trends in Cognitive Sciences，2008，12（6）：237-241.

[43] Jahng J，Jain H，Ramamurthy K . The impact of electronic commerce environment on user behavior: the case of a complex product[J]. E-Service，2001，1（1）：41-53.

[44] Reber R，Winkielman P，Schwarz N. Effects of perceptual fluency on affective judgments[J]. Psychological Science，1998，9（1）：45-48.

[45] 林国耀，莫雷，王穗苹，等. 加工流畅性的作用机制：双系统模型及其应用[J]. 心理学探新，2014，34（4）：301-305.

[46] 冯文婷，汪涛，周名丁，等. 垂直线索对放纵消费的影响——基于道德隐喻的视角[J]. 营销科学学报，2016，12（2）：30-42.

[47] Corritore C L，Kracher B，Weidenbeck S. On -line trust：concepts，evolving themes，a model[J]. International Journal of Human-Computer Studies，2003，58（6）：737-758.

[48] Lee T. The impact or perceptions of interactivity on customer trust and transaction intentions in mobile commerce[J]. Journal of Electronic Commerce Research，2005，6（3）：165-180.

[49] 赵宏霞，王新海，周宝刚. B2C 网络购物中在线互动及临场感与消费者信任研究[J]. 电子商务与信息管理，2015，27（2）：43-54.

[50] 王晓明. 拟人化品牌形象对消费者购买意愿的影响——以食品为例[D]. 华中农业大学硕士学位论文，2018.

[51] 陈明亮，汪贵浦，邓生宇. 初始网络信任和持续网络信任形成与作用机制比较[J]. 科研管理，2008，29（5）：187-195.

[52] Pavlou A P，David G. Building effective online marketplaces with institution-based trust[J]. Information Systems Research，2004，15（1）：37-59.

[53] Liu H H，Chang J H . Relationship type，perceived trust，and ambiguity aversion[J]. Marketing Letters，2016，28（2）：255-266.

[54] 管荣伟. 基于消费者感知的网店卖家信任影响因素分析[J]. 企业经济，2013，（10）：89-95.

[55] Trope Y，Liberman N. Temporal construal[J]. Psychological Review，2003，110（3）：403-421.

[56] Kim K，Zhang M，Li X . Effects of temporal and social distance on consumer evaluations [J]. Journal of Consumer Research，2008，35（4）：706-713.

[57] Liberman N，Trope Y. The role of feasibility and desirability considerations in near and distant future decisions：a test of temporal construal theory[J]. Journal of Personality and Social Psychology，1998，75（1）：5-18.

[58] 贺爱忠，龚婉琛. 网上商店购物体验对顾客行为影响的实证研究[J]. 北京工商大学学报（社会科学版），2010，25（2）：43-47.

[59] Fiedler K. Construal level theory as an integrative framework for behavioral decision-making research and consumer psychology[J]. Journal of Consumer Psychology，2007，17（2）：101-106.

[60] Zhang M，Wang J. Psychological distance asymmetry：the spatial dimension vs. other dimensions[J]. Journal of Consumer Psychology，2009，19（3）：497-507.

[61] 许峰，李帅帅. 南疆地区目的地形象与旅游者行为意向——感知价值与心理距离的中介作用[J]. 经济管理，2018，40（1）：156-171.

[62] 宋乐平. 信息距离理论在网站易用性测度方面的应用思考——信息状态确定与复杂路径问题[J]. 情报科学，2011，29（4）：539-543.

[63] 满姗. 平坦性空间秩序的构成解析——匀质、并置与漫游的三种形态[D]. 大连理工大学硕士学位论文，2014.

[64] 陈辉. 传统吉祥图像在视觉传达中的应用——在视觉传达中的组合策略研究[J]. 艺术评论，2016，（8）：149-151.

[65] Serig D. A conceptual structure of visual metaphor[J]. Studies in Art Education，2006，47（3）：229-247.

[66] Chaxel A S. Why，when，and how personal control impacts information processing：a framework[J]. Journal of Consumer Research，2016，43（1）：179-197.

[67] Fortin D R，Dholakia R R. Interactivity and vividness effects on social presence and involvement with a web-based advertisement[J]. Journal of Business Research，2005，58（3）：387-396.

[68] 李雁晨，周庭锐，周琇. 解释水平理论：从时间距离到心理距离[J]. 心理科学进展，2009，17（4）：667-677.

[69] 黄丽怡. 心理距离对购买意愿的影响研究[D]. 广东外语外贸大学硕士学位论文，2016.

[70] Bhattacherjee A，Sanford C . Influence processes for information technology acceptance：an elaboration likelihood model[J]. Management Information Systems Quarterly，2006，30（4）：805-825

[71] 张初兵，李东进，吴波，等. 购物网站氛围线索与感知互动性的关系[J]. 管理评论，2017，29（8）：91-100.

[72] Sheng H，Joginapelly T. Effects of web atmospheric cues on users' emotional responses in e-commerce[J]. AIS Transactions on Human-Computer Interaction，2012，4（1）：1-24.

[73] Novemsky N，Dhar R，Schwarz N，et al. Preference fluency in choice[J]. Journal of Marketing Research，2007，44（3）：347-356.

[74] Chaudhuri A，Holbrook M B. The chain of effects from brand trust and brand affect to brand performance：the role of brand loyalty[J]. Journal of Marketing，2001，65（2）：81-93.

[75] 周飞，沙振权. 品牌拟人化对温暖和能力的影响：心理距离和成人玩兴的视角[J]. 当代财经，2017，（1）：79-87.

[76] Coyle J R，Thorson E. The effects of progressive levels of interactivity and vividness in web marketing sites[J]. Journal of Advertising，2001，30（3）：65-77.

[77] Preacher K J，Hayes A F. Asymptotic and resampling strategies for assessing and comparing indirect effects in multiple mediator models[J]. Behavior Research Methods，2008，40（3）：879-891.

[78] 陈瑞，郑毓煌，刘文静. 中介效应分析：原理、程序、Bootstrap 方法及其应用[J]. 营销科学学报，2013，9（4）：120-135.

[79] 方杰，温忠麟，张敏强，等. 基于结构方程模型的多重中介效应分析[J]. 心理科学，2014，37（3）：735-741.

[80] 董维维，庄贵军，王鹏. 调节变量在中国管理学研究中的应用[J]. 管理学报，2012，9（12）：1735-1743.

The Influence of the Vividness of Anthropomorphic Advertisement on Consumer Product Attitude：Based on Different Visual Object Structures

LI Wei，JIANG Yushi，MIAO Miao，WANG Yuling

（School of Economics and Management，Southwest Jiaotong University，Chengdu 610031，China）

Abstract Anthropomorphism is the personification of the objects to be represented，allowing the product to have the language，movements，thoughts and emotions of human beings. Anthropomorphic advertising image has an important impact on consumer product attitude. Based on information processing theory，social presence theory，Elaboration Likelihood Model and the principle of "Stimulus-Organism-Response"，a structural equation model was established through situational experiment. This paper studied the internal mechanisms and principle about the influence of the vividness of anthropomorphic advertising on consumer product attitudes. It was found that the vividness of anthropomorphic advertising has a positive effect on consumer product attitude. In particular，cognitive fluency，perceived trust，and perceived psychological distance mediated the effect of vividness of the anthropomorphic advertising on consumer product attitudes. Visual object structure plays a regulatory role in the relationship between vividness and cognitive fluency，perceived trust，and perceived psychological distance. Visual struct moderates the effect of the vidiness and cognitive fluency，perceived trust，psychological distance and product attitude.

Keywords Anthropomorphism，Visual object structure，Cognitive fluency，Perceived trust，Psychological distance

作者简介

李伟（1983—），男，西南交通大学经济管理学院博士研究生，河南郑州人，研究方向为网络广告与信息处理。E-mail：1033725699@qq.com。

蒋玉石（1979—），男，西南交通大学经济管理学院副教授，博士生导师，湖南衡阳人，研究方向为网络广告与信息处理。E-mail：906375866@qq.com。

苗苗（1980—），女，西南交通大学经济管理学院副教授，博士、硕士生导师，内蒙古乌兰浩特人，研究方向为网络广告与信息处理（通信作者）。E-mail：miaomiao6019@163.com。

王钰灵（1995—），女，西南交通大学经济管理学院硕士研究生，四川资阳人，研究方向为网络广告。E-mail：504514243@qq.com。

附录：实验材料

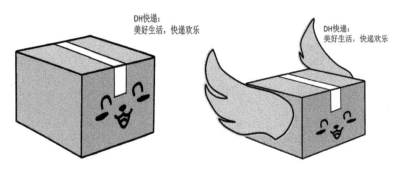

第一组：融合，低生动性拟人化形象　　　　　第二组：融合，高生动性拟人化形象

第三组：并置，低生动性拟人化形象　　　　　第四组：并置，高生动性拟人化形象

新创企业知识资本与产品国际化
——兼论互联网资本的调节作用*

赖长青，王舒扬，吴　蕊

（清华大学 经济管理学院，北京 100084）

摘　要　本文聚焦于新创企业的知识资本与产品国际化，并探讨互联网资本在二者关系中所扮演的角色。基于 2010~2015 年全球创业观察数据，研究发现：新创企业的知识资本对产品国际市场进入与产品高度国际化都具有正向影响；互联网资本对知识资本与产品高度国际化的正向关系具有负向调节作用。结果表明：对于知识资本缺乏的新创企业，在产品国际化时可考虑利用互联网资本来替代知识资本。

关键词　新创企业，知识资本，互联网资本，国际化

中图分类号　F273.1

1　引言

在"大众创业、万众创新"和经济全球化的新时期，一大批具有国际视野的新创企业不断涌现。一部分新创企业在创业企业家的领导下，研发出具有国际竞争力的产品，从而得以进入国际市场。国际市场更为广阔，需求更加差异化、多样化，国际化战略有利于新创企业搜寻更适合自己产品的目标市场，获取新知识，为企业的发展与成长奠定基础[1]。

一般的新创企业并不具有国际化的先天优势。而这些"后天"加入国际化行列的新创企业，它们应采用怎样的手段，凭借何种优势，进入更为广阔、需求更多元的国际市场？有学者提出，企业产品国际化能力并不会单一地受到企业年龄与规模的限制[2]。根据资源基础观，企业资源是企业竞争力的重要基础，新创企业的战略资源也可成为它们的有力武器，助力产品国际化[2, 3]。因此，尽管规模较小，但仍有大量的新创企业能走向国际市场。

李东红对企业国际化中反哺式知识转移过程进行研究的时候指出，企业对外出口商品或者劳务的过程是一种知识的转移过程[4]。可以说，新创企业在走向国际化的过程中，知识也随之转移。一些学者认为企业的知识也是一种资本，并对知识资本在社会或者企业发展中所起的作用进行了研究[5~8]。知识对企业国际化也存在影响，贺跻的研究就指出了知识异质性与企业国际化路径选择的关系[9]。而对于新创企业，其相比成熟企业，资金、关系网络等资源相对缺乏，包含创业者人力资本和产品创新资本在内的知识资本是企业发展的重要支撑。可见，知识资本是新创企业的重要资源基础，对于新创企业而言尤为重要。而对于知识资本对新创企业国际化发展的影响，前人的研究仍有一些局限。成熟

---

　　* 基金项目：清华大学自主科研计划"中国创业者个体特征研究：知识多样性与创业"项目（20151080394）、国家自然科学基金项目（71272031、71874099）。

　　通信作者：王舒扬，清华大学经济管理学院博士研究生。E-mail：sempaper2017@163.com。

企业各方面的资源相对充足，其国际化中可以借助的不仅仅是知识资本，还有资金、社会网络等。对于许多新创企业，其早期的资源主要是人和产品，其对知识资本的依赖会大大高于成熟企业。因此，对于新创企业产品的国际化，知识资本是否起作用，以及起了多大作用，乃至是否起重要作用，都是值得研究的。

同时，在新创企业缺乏知识资本的时候，它们是否也可以推动产品国际化？此时的替代方案是什么？这也是一个值得进一步探究的问题。近年来，互联网技术飞速发展，产品销售逐步向互联网渠道倾斜。互联网消除了空间与时间的界限，使得市场信息传播速度大大加快。在全球化进程中，国际互联网将世界各国的市场相互连接，大幅降低了产品进出口的难度[10]。李兵和李柔的研究表明，互联网显著促进了中国工业企业的出口，并提高了企业的出口密度[11]。互联网现如今已经从辅助工具转变成了某些企业的主要工具，依托互联网平台构建独有的营销渠道网。

邱泽奇等将"任何因既往投入形成的、具有互联网市场进入机会并可以通过互联网市场获益的资产"定义为互联网资本[12]。互联网资本的形成与发展相较其他资本（如人力资本、知识资本等）时间更短、成本更低[11, 13, 14]，其核心特征是将企业现存的资本互联网化，并通过互联网创造价值。但是互联网平台是一个广阔的开放系统，包含了海量的冗杂信息，运行机制、网络结构等较为复杂。与单纯的互联网使用不同，企业需要巧妙地利用互联网资源，构建企业特有的互联网资源利用机制与运行模式，从而在云端建立难以模仿、难以替代的战略优势。

李新春等在研究女性创业者社会资本在创业活动中所起作用的时候，发现人力资本对社会资本具有替代作用[15]。这是因为创业企业在资本积累过程中，由于资源的相对缺乏，面临两者不可兼得的情况。Mostafa等认为，互联网资本也应被视作企业产品国际化过程中的一种关键战略替代资源，为企业带来竞争优势[16]。对于互联网资本较高的新创企业，其产品国际化过程中对知识资本的依赖有可能降低，特别是对于知识资本较弱的新创企业，互联网资本可以一定程度上替代知识资本，促进新创企业的产品国际化。反之，对于互联网资本较低的企业，其产品国际化对于知识资本的依赖程度更高。综上，互联网资本在知识资本和产品国际化之间可能存在负向调节效应。

本文以新创企业的产品国际化为研究对象，并关注新创企业的知识资本及互联网资本。基于新创企业的资源特性，新创企业往往需要将有限的资源集中起来，并进行合理的配置。企业能力的塑造也应当遵循以上逻辑，扬长避短。因此，本文提出研究问题：一是对于资源缺乏的新创企业，知识资本是否在产品国际化中起重要作用。二是互联网资本能否替代知识资本，助力新创企业的产品国际化。

现有研究对知识与产品国际化绩效的影响做出了一定的贡献，同时也对互联网与产品国际化做了一定的研究，但是并未讨论互联网资本和知识资本共存的情况下，对产品国际化产生的影响。现有文献对此问题的讨论存在空白。本文在现有文献的基础上，首先探讨知识资本在产品国际化中扮演的角色；其次讨论互联网资本在两者关系之间起的作用，并采用实证方法对假设进行检验；最后在稳健性检验的基础上，对结果做进一步分析与讨论。

2　文献综述与理论分析

2.1　新创企业知识资本与国际市场进入

Sveiby认为企业所拥有的知识是一种宝贵的财富[17]。这种财富可以理解为一种以知识为基础的、具有一定价值的无形资产[18]。对于企业来说，知识资产具有一定的可增值性，是一种重要的资本。陈健等在研究海归创业者的外来者劣势的时候，指出了海归新创企业中知识资本的重要性，并将知识资本分为创业者人力资本和企业创新资本两类[19]。海归创业者所创办企业的知识资本一方面增强了创业绩效;另一方面可以作为调节因素,削弱海归创业者的外来劣势对于创业绩效的负向影响[19]。王艺霖和王益民基于国际双元视角研究了知识资产对国际化绩效的影响,并指出了在企业知识资产较少的阶段,知识资产对企业的国际化绩效具有正向影响[20]。在知识经济的新时代,企业的国际竞争日趋激烈。新创企业要想在国际化竞争中脱颖而出,需要更加注重对企业人力资本和创新资本等知识资本的积累。

新创企业的知识资本不如成熟的企业丰富,但在经济全球化影响和中国"走出去"战略的推动下,有一部分新创企业也考虑进入国际市场。在新创企业走出去的过程中,知识资本扮演了一个非常重要的角色。从人力资本的角度来看,具有更高人力资本的创业者,往往较普通创业者更具有国际视野和竞争意识,更可能带领新创公司研发出具有国际竞争力的产品。从创新资本的角度来看,国际市场对于产品的创新需求较高。新创企业如果能开发出具有新颖性的产品,将促进其走向国际市场。不是所有新创企业都会考虑国际化。但是对于拥有相对丰富的知识资本的新创企业而言,产品国际化能够促进企业的进一步发展。这部分企业积极进行产品(或者服务)的研发生产,在产品研发并投入生产后,会考虑将产品出口。

H_{1a}:新创企业知识资本(创业者人力资本)对产品进入国际市场有正向影响。

H_{1b}:新创企业知识资本(产品创新资本)对产品进入国际市场有正向影响。

2.2 新创企业知识资本与产品高度国际化

在中国"走出去"战略的引导下,中国广东省等部分地区积极推动"外向型"经济发展。发展"外向型"经济地区的许多企业对外出口收益的比重占企业总收益的比重较大。张骁等研究了创业导向与企业国际化程度的关系,并在理论分析中认为创业企业的创新性与国际化程度之间可能存在倒 U 型关系[21],张骁等所指的国际化程度反映了企业的国际化活动的广度,即一个企业进入的海外国家数量[21]。但是国际化程度未能反映企业海外收益占企业总收益的比重。一些企业可能进入的海外国家数量不多,但是其在海外市场收益占企业总收益的比重反而可能较高。全球创业观察(Global Entrepreneurship Monitor,GEM)开发的数据库里,引入了国际化导向(international orientation)的概念。

"走出去"是新创企业产品国际化的第一步,而第二步是实现产品的"高度国际化"。对于高度国际化导向的企业产品,其海外收益占总收益比例超过了 25%。知识资本对企业的国际市场的进一步扩张尤为重要。高知识资本的新创企业,更有可能选择加大海外出口比例,获得更高的海外收益。新创企业的知识资本与产品国际化程度存在重要的关系,那些产品高度国际化的新创企业势必离不开知识资本的积累。本文将产品高度国际化作为继产品国际市场进入后的又一重要概念,从这个角度研究企业产品国际化的"深度"。

H_{2a}:新创企业知识资本(创业者人力资本)对产品高度国际化有正向影响。

H_{2b}:新创企业知识资本(产品创新资本)对产品高度国际化有正向影响。

2.3 互联网资本的调节作用

国际市场广阔,对于产品需求的多样性较大。随着市场全球化程度的提高,不是只有技术含量高的产品才能在国际市场中流通。中国是出口大国,产品出口大多以技术含量偏低的再加工产品为主,由于劳动力、产能等优势,可以凭借低成本战略抢占国际市场份额。值得注意的是,尽管企业知识资本是产品国际竞争力的重要因素,但并不是唯一通路。企业也可以采用低成本等战略在国际市场中获取竞争优势，而这些途径对企业知识资本的依赖则相对较弱。此外，知识资本的积累需要投入较多的财力、物力与精力，周期较长且成本较高。对于部分新创企业，其先天知识基础较弱，想通过提升知识资本进而开展产品国际化可能较为困难。

在现代通信、互联网等技术的蓬勃发展背景下，新创企业应当搭上时代的顺风车，更多地利用互联网资源来探索国际市场机遇，并构建适合自己的产品国际化通路。互联网资本的塑造是新创企业除提升知识资本以外的另一种战略选择，并且可以将其与企业的其他优势结合使用（如低成本优势）。邱泽奇等将互联网资本定义为任何因既往投入形成的、具有互联网市场进入机会并可以通过互联网市场获益的资产[12]。本文依据此定义的内涵，将企业能够持续并有效利用的互联网资源，以及所拥有的互联网营销渠道（包括网络虚拟账户、网店等）均视为互联网资本。相较其他资本类型，互联网资本的获取速度更快、成本更低[11, 13, 14]。现有研究验证了互联网显著促进了企业国际化[11]，互联网为全球市场信息的传递提供了便利的渠道，消除了时间与空间的限制，增加了企业的国际市场机会；降低了海外市场信息搜集、传递的交易成本，进而降低贸易成本。同时也可以发现，互联网资本与企业知识资本并不是同一类资本，互联网资本强调对互联网资产的投入和获益；而知识资本强调对人和产品的投入和获益。

李新春等在研究女性创业者社会资本在创业活动中所起作用的时候，发现人力资本对社会资本具有替代作用[15]。这是因为新创企业在资本积累过程中，由于资源的相对缺乏，面临两者不可兼得的情况。本文认为，互联网资本也应被视作企业产品国际化过程中的一种关键战略替代资源，为企业带来竞争优势。

对于积累了较高互联网资本的新创企业，可以充分利用互联网相关的优势，让企业在出口时减少对知识资本的依赖，特别是对于知识资本稀缺的新创企业，积累互联网资本是合适且性价比很高的战略选择，有助于其打破知识资本不足的限制，走向国际市场，以及进一步扩大出口比例。因此，在企业具有较低知识资本的时候，互联网资本是一个很好的"替代品"。互联网资本的积累，让新创企业在产品出口时的知识资本的重要性一定程度上减弱了。然而，对于互联网资本不足的新创企业，企业产品出口及进一步扩大出口时，会更加注重知识资本的积累。知识资本较丰富的新创企业，其可直接依赖创业者的知识水平、国际视野，以及产品的创新性等，在国际市场中占有一席之地。

综上，互联网资本在一定程度上可以替代知识资本，负向调节知识资本对产品国际化的正向影响。

H$_{3a}$：互联网资本对新创企业知识资本（创业者人力资本）和产品进入国际市场之间的关系起负向调节作用。

H$_{3b}$：互联网资本对新创企业知识资本（产品创新资本）和产品进入国际市场之间的关系起负向调节作用。

H$_{4a}$：互联网资本对新创企业知识资本（创业者人力资本）和产品高度国际化之间的关系起负向调节作用。

H$_{4b}$：互联网资本对新创企业知识资本（产品创新资本）和产品高度国际化之间的关系起负向调节作用。

3　实证分析

3.1　样本与数据来源

本文采用了 GEM 中国数据库、中国统计年鉴、中国市场化指数等数据库[22~29]。GEM 数据是现在国内外广泛使用的创业数据。本文将 GEM 成人调查数据、中国统计年鉴和中国市场化指数合并，并进行数据整理，得到了 2 938 个有效的新创企业观察样本。每个样本均包含了新创企业的创业者基本信息、企业及其产品相关信息、企业所属行政区宏观统计信息等。本文还对数据进行了进一步处理，以求一定程度上减少同源方法误差，并降低反向因果可能导致的内生性。本文使用了多个纵向年度的数据，同时对于区域层面的一些控制变量，将其数据前置 1 年，即使用第 $t-1$ 年的区域控制变量（如地区金融市场化程度），对应第 t 年的因变量。样本数据时间跨度为 2010~2015 年，地理上涵盖了我国 31 个省级行政区（不包括港澳台地区）。

3.2 变量设置

3.2.1 因变量

本文的模型中，涉及 2 个因变量。

1. 产品国际市场进入

这是一个二分变量（0-1 变量，1 代表是，0 代表否），本文用该变量衡量新创企业是否进入了国际市场。在 GEM 数据库中，调查了新创企业的产品（或服务）在国外收益占总收益比例是否超过 1%。对于新创企业，其国外收益达到或者超过 1%，就认为该企业进入了国际市场。这个因变量用于模型对 H_{1a}、H_{1b} 和 H_{3a}、H_{3b} 的检验。

2. 产品高度国际化

这是一个二分变量。本文用该变量衡量新创企业的产品（或服务）是否具有高度国际化导向。在 GEM 数据库中，认为如果新创企业的产品（或服务）在国外收益占总收益超过 25%，就具有高度国际化导向；否则，则新创企业的产品不具有高度国际化导向。这个因变量用于模型对 H_{2a}、H_{2b} 和 H_{4a}、H_{4b} 的检验。

3.2.2 自变量

本文的模型中，自变量为新创企业的知识资本，根据现有文献和理论分析，把知识资本分成了人力资本和产品创新资本两类。

1. 新创企业知识资本（创业者人力资本）

程惠芳和陈超在研究开放经济下知识资本对全要素生产效率影响的时候，认为人力资本是知识资本里面非常重要的一部分[7]。陈健等在研究海归创业者的外来者劣势的时候，把知识资本分成创业者人力资本和创新资本两类，并用创业者的受教育程度来衡量其人力资本[19]。这种测量也被国内外许多学者采用。本文用创业者受教育年限来反映其受教育程度，以衡量人力资本。创业者受教育程度用年限衡量，其中未受教育为 0 年，小学累计 6 年，初中累计 9 年，高中累计 12 年，以此类推。

2. 新创企业知识资本（产品创新资本）

陈健等把知识资本分成人力资本和创新资本两类[19]，并从研发投入的方面测量创新资本。而由于投入和产出存在一定的差异，部分企业存在高额投入，却只有低创新产出的情况。此时从创新投入的角度来测量产品创新资本，并不足够准确。因此，由产出的视角评价的创新资本更为有效。并且，客户和市场的评价相比较于企业的自评更具有客观性，因此本文使用客户评价而不是企业自评。本文使用GEM数据库中企业产品创新新颖性和产品市场同类产品情况作为产品创新资本的衡量。这是一个5分变量（1代表创新资本很低，5代表创新资本很高），反映新创企业的产品创新资本的高低。5表示产品创新资本很高：所有消费者都认为这个产品新颖；4表示产品创新资本较高：部分消费者认为这个产品新颖；3表示产品创新资本一般：没有消费者认为产品新颖，但在市场上没有同类品；2表示产品创新资本较低：没有消费者认为产品新颖，且在市场上有少量同类品；1表示产品创新资本很低：没有消费者认为产品新颖，且产品在市场上有许多同类品。

3.2.3　调节变量

本文把互联网资本作为调节变量。

这是一个类别变量，反映新创企业互联网资本的高低程度。邱泽奇等提出了"互联网资本"这个概念，并从互联网资本的视角研究了数字鸿沟与红利，给出了对于互联网资本的定义[12]。邱泽奇等将互联网资本定义为任何因既往投入形成的、具有互联网市场进入机会并可以通过互联网市场获益的资产[12]。

本文认为企业如果要通过互联网市场获益，需要投入相关的互联网资产（如互联网设备、互联网账号、互联网营销渠道等），并可以通过利用这些资产对产品（或服务）进行销售从而获益。因此本文用新创企业是否能够利用互联网来销售产品，来衡量新创企业互联网资本的高低。在GEM的2014年的数据中，包含了调查新创企业是否使用互联网来销售产品的相关问项。在本文的测量中，将互联网资本分为高低两类。1为高互联网资本，0为低互联网资本。高互联网资本意味着企业能够利用互联网进行销售获益；低互联网资本意味着新创企业只是简单地接入互联网而无法利用网络进行销售获益，或者连网络也没有接入。

3.2.4　控制变量

为了控制其他可能影响新创企业产品国际化的因素的干扰，需要考虑相关的控制变量。如表1所示，本文从创业者、新创企业和创业地区三个不同的层次考虑相关控制变量。

表1　变量说明表

	变量名称	变量含义	变量类型	变量说明	数据来源或参考文献
因变量	产品国际市场进入	产品（或服务）是否进入国际市场	0-1变量，其中1为是，0为否	新创企业产品（或服务）在国外收益占总收益的比例是否超过1%	GEM数据库
	产品高度国际化	产品（或服务）是否为高度国际化导向	0-1变量，其中1为是，0为否	新创企业产品（或服务）在国外收益占总收益的比例是否超过25%	GEM数据库
自变量	知识资本（创业者人力资本）	创业者人力资本	数值变量	创业者受教育程度，用年限衡量，其中未受教育为0年，小学教育为6年，初中教育为9年，以此类推	GEM数据库、陈健等[19]、刘鹏程等[30]、李新春等[15]
	知识资本（产品创新资本）	产品（或服务）创新程度	数值变量	1~5表示产品创新资本由低到高	GEM数据库、陈健等[19]、程惠芳和陈超[7]
调节变量	互联网资本	新创企业互联网资本的高低程度	类别变量	1为高互联网资本，0为低互联网资本。高互联网资本意味着企业能够利用互联网进行销售获益；低互联网资本意味着企业只是简单地接入互联网而无法利用网络获益，或者连网络也没有接入	GEM数据库、邱泽奇等[12]

变量名称		变量含义	变量类型	变量说明	数据来源或参考文献
控制变量	创业者性别	创业者性别	类别变量	其中1为女性，0为男性	GEM 数据库
	创业者年龄	创业者年龄	数值变量	创业者年龄	GEM 数据库
	新创企业所属行业类型	企业所在行业类型	类别变量	3为信息与通信业；2为制造业；1为其他行业	GEM 数据库
	新创企业社会资本	企业的社会资本高低	类别变量	1表示企业社会资本高，企业与其他新创企业有社会关系（认识两年内创业的创业者）；0表示企业社会资本低，与周围新创企业无社会关系	刘鹏程等[30]、李新春等[15]
	新创企业的区位类型	企业所在区位的类型	类别变量	3为东部沿海地区；2为中部六省地区；1为西部及其他地区	郭国峰等[31]
	新创企业风险规避程度	企业的创业风险规避程度高低	数值变量	1表示企业风险规避程度高，害怕创业失败；0表示企业风险规避程度低，不害怕创业失败	GEM 数据库、刘鹏程等[30]、郑馨等[32]
	地区金融市场化程度	企业所在地区的金融市场化程度	数值	来自于中国市场化指数	王小鲁等[29]
	地区创业者地位	企业所在地区的创业者地位的高低	数值变量	使用GEM个人创业者地位聚合，并扩展到0~5的区间后得到。0~5，数值越大表示创业者地位越高	GEM 数据库

创业者性别这个控制变量在使用 GEM 数据库进行的研究中被广泛地使用了。刘鹏程等发现了在创业活动过程中存在的性别差异[30]。性别差异也有可能影响创业者对产品国际化的决策。创业者年龄的差异也可能影响产品的国际化。不同年龄段的创业者，存在个人精力、激情等方面的差异，年轻或者有激情的创业者更有可能选择进入国际市场。

新创企业所属行业类型会对产品国际化有较大影响。张天顶和邹强的研究发现行业技术差异会对中国制造业企业的国际化产生影响[33]。本文控制了制造业、信息与通信等行业类型的变量。新创企业社会资本指企业在本地的关系资本。在本地社会资本较高的企业，由于在本地具有一些关系优势，能够在本地发展得更好，降低了产品出口的动力。新创企业的区位类型对产品国际化也有一定的影响。改革开放以来中国东部沿海地区，凭借较好的地理位置和有较多的出口优惠政策，其更有可能促进产品的出口。产品国际化，在一定程度上是一种冒险。新创企业风险规避程度越高，企业越不愿意进入国际市场，也更不愿意实现产品的高度国际化。

地区金融市场化程度高的区域，企业更容易实现贷款或者融资，因此更愿意进行产品国际化。而地区创业者地位高的区域，本地的创业者受到认可，其品牌不会受到歧视，因此企业选择出口的可能性也降低了。

3.3 模型构建与相关性分析

本文使用 logit 模型来检验各个假设。logit 模型是在因变量为二分变量时常用的经济学模型[34]。在进行logit回归之前，对主要变量进行描述性统计和相关性分析。如表2所示，描述性统计和相关性分析的结果表明：本文使用的变量统计值都在合理范围内，并且变量之间不存在高度相关（相关性绝对值均小于 0.5）等情况。从表 2 中也可以看出，知识资本与互联网资本的相关性不高。这些变量的相关性不高，不会过多干扰 logit 回归的检验结果。

表2　变量描述性统计与相关性分析

变量	样本量	平均数	标准差	最小值	最大值	(1)	(2)	(3)	(4)	(5)	(6)	(7)	(8)	(9)	(10)	(11)	(12)
(1) 产品国际市场进入	2 938	0.21	0.41	0	1	1											
(2) 产品高度国际化	2 938	0.02	0.15	0	1	0.292***	1										
(3) 创业者性别	2 938	0.46	0.5	0	1	0.007	0.001	1									
(4) 创业者年龄	2 938	36.05	10.26	18	64	-0.047**	-0.004	-0.014	1								
(5) 新创企业所属行业类型	2 938	1.07	0.3	1	3	0.091***	0.079***	-0.029	0.014	1							
(6) 新创企业社会资本	2 938	0.78	0.41	0	1	0.008	-0.026	0.007	-0.077***	0.007	1						
(7) 新创企业的区位类型	2 938	2.15	0.84	1	3	0.075***	0.026	0.009	-0.004	-0.011	0.032*	1					
(8) 新创企业风险规避程度	2 938	0.36	0.48	0	1	-0.040**	-0.02	0.012	0.071***	-0.009	-0.053***	-0.057***	1				
(9) 地区金融市场化程度	2 938	7.43	1.86	2.06	11.07	0.145***	0.040**	0	-0.034*	0.002	-0.006	0.659***	-0.02	1			
(10) 地区创业者地位	2 938	3.78	0.61	0.11	4.96	-0.031*	-0.008	0.007	-0.013	-0.001	0.136***	0.164***	0.046**	0.117***	1		
(11) 知识资本（创业者人力资本）	2 938	9.07	3.6	0	16	0.194***	0.054***	0.008	-0.269***	0.083***	0.094***	0.125***	-0.052***	0.164***	0.031*	1	
(12) 知识资本（产品创新资本）	2 938	3.14	1.51	1	5	0.096***	0.048***	0	-0.046**	0.064***	0.057***	-0.053***	-0.044**	0.028	0.024	0.133***	1
(13) 互联网资本	481	0.3	0.46	0	1	0.247***	0.033	-0.031	-0.122***	0.104***	0.146***	0.013	-0.151***	0.021	0.084*	0.350***	0.083*

***表示$p<0.01$，**表示$p<0.05$，*表示$p<0.10$
注：互联网资本变量的样本量为481，其他变量的样本量均为2 938

对于控制变量和因变量（变量 1 至变量 12），其样本数量有 2 938 个，时间跨度为 2010~2015 年。而对于互联网资本，由于 GEM 只在 2014 年对互联网主题进行了调查，该变量观察值只有 481 个。

基于研究假设，借鉴以往学者的研究模型，构建以下 logit 待检验模型[30, 33]。

$$Entry = \partial + \beta_1 KnowledgeCapital + \sum_i \alpha_i \times Control_i + \varepsilon \tag{1}$$

$$StrongInter = \partial + \beta_1 KnowledgeCapital + \sum_i \alpha_i \times Control_i + \varepsilon \tag{2}$$

$$Entry = \partial + \beta_1 KnowledgeCapital + \beta_2 InternetCapital$$
$$+ \beta_3 KnowledgeCapital \times InternetCapital + \sum_i \alpha_i \times Control_i + \varepsilon \tag{3}$$

$$StrongInter = \partial + \beta_1 KnowledgeCapital + \beta_2 InternetCapital$$
$$+ \beta_3 KnowledgeCapital \times InternetCapital + \sum_i \alpha_i \times Control_i + \varepsilon \tag{4}$$

其中，Entry 表示产品国际市场进入；StrongInter 表示产品高度国际化；KnowledgeCapital 表示知识资本；InternetCapital 表示互联网资本；Control 表示控制变量。式（1）、式（2）、式（3）、式（4）分别对应验证假设 1（H_{1a}、H_{1b}）、假设 2（H_{2a}、H_{2b}）、假设 3（H_{3a}、H_{3b}）、假设 4（H_{4a}、H_{4b}）。

4 结果分析

4.1 知识资本对产品国际市场进入的影响

对于 H_{1a}，如表 3 的模型 2 和模型 4 所示，H_{1a} 得到了支持。新创企业的知识资本（创业者人力资本）对产品国际市场进入具有正向影响，其系数为 0.531（$p<0.01$）。对于控制变量来讲，可以看到企业的行业类型（信息与通信业）对产品国际市场进入也有正向影响，其系数为 1.404（$p<0.01$）；地区金融市场化程度对产品国际市场进入的影响系数则为 0.198（$p<0.01$）。

表 3　知识资本对产品国际市场进入的影响（logit 回归）

自变量	产品国际市场进入				产品高度国际化			
	模型 1	模型 2	模型 3	模型 4	模型 5	模型 6	模型 7	模型 8
创业者性别	0.070 0	0.067 8	0.072 1	0.072 0	0.121	0.118	0.115	0.113
	（0.09）	（0.10）	（0.09）	（0.10）	(0.26)	(0.26)	(0.26)	(0.26)
创业者年龄	−0.010 0**	0.001 23	−0.009 63**	0.001 12	−0.004 19	0.002 77	−0.003 96	0.001 86
	（0.00）	（0.00）	（0.00）	（0.00）	(0.01)	(0.01)	(0.01)	(0.01)
新创企业所属行业（2.制造业）	0.434**	0.306	0.384*	0.270	1.278***	1.182***	1.224***	1.147***
	（0.21）	（0.21）	（0.21）	（0.22）	(0.40)	(0.41)	(0.40)	(0.41)
新创企业所属行业（3.信息与通信业）	1.680***	1.448***	1.615***	1.404***	1.656***	1.456**	1.526**	1.368**
	（0.37）	（0.37）	（0.36）	（0.37）	(0.63)	(0.65)	(0.61)	(0.63)
新创企业社会资本	0.038 3	−0.016 7	0.018 1	−0.029 0	−0.566*	−0.611**	−0.613**	−0.649**
	（0.12）	（0.12）	（0.12）	（0.12）	(0.29)	(0.29)	(0.29)	(0.29)
新创企业的区位类型（2.中部地区）	−0.311**	−0.255*	−0.309**	−0.257*	−0.715	−0.672	−0.709	−0.675
	（0.14）	（0.14）	（0.14）	（0.14）	(0.46)	(0.45)	(0.46)	(0.45)
新创企业的区位类型（3.东部沿海地区）	−0.314*	−0.328**	−0.243	−0.272	0.280	0.269	0.377	0.358
	（0.16）	（0.17）	（0.16）	（0.17）	(0.42)	(0.42)	(0.43)	(0.43)
新创企业风险规避程度	−0.156	−0.156	−0.143	−0.148	−0.284	−0.296	−0.268	−0.278
	（0.10）	（0.10）	（0.10）	（0.10）	(0.28)	(0.28)	(0.28)	(0.28)

续表

自变量	产品国际市场进入				产品高度国际化			
	模型 1	模型 2	模型 3	模型 4	模型 5	模型 6	模型 7	模型 8
地区金融市场化程度	0.252***	0.211***	0.234***	0.198***	−0.001 68	−0.032 0	−0.027 4	−0.051 9
	（0.05）	（0.05）	（0.05）	（0.05）	（0.13）	（0.13）	（0.13）	（0.13）
地区创业者地位	−0.200***	−0.224***	−0.204***	−0.224***	−0.036 9	−0.061 6	−0.058 1	−0.072 8
	（0.07）	（0.07）	（0.07）	（0.07）	（0.16）	（0.16）	（0.16）	（0.17）
年份（2010~2015 年）								
主效应：								
知识资本 （创业者人力资本）		0.553***		0.531***		0.363**		0.313**
		（0.06）		（0.06）		（0.16）		（0.16）
知识资本 （产品创新资本）			0.214***	0.169***			0.376**	0.342**
			（0.05）	（0.05）			（0.15）	（0.15）
常数	−1.534***	−1.463***	−1.478***	−1.425***	−3.438***	−3.311***	−3.288***	−3.196***
	（0.41）	（0.42）	（0.41）	（0.42）	（1.09）	（1.10）	（1.12）	（1.12）
Pseudo R^2	0.048 9	0.076 7	0.055 4	0.080 6	0.079 3	0.087 4	0.090 6	0.096 5
chi2	139.4	192.8	160.4	206.5	76.90	82.56	82.13	86.65
chi2 类型	Wald	Wald	Wald	Wald	Wald	Wald	Wald	Wald
Log pseudo likelihood	−1 435	−1 393	−1 425	−1 387	−287.3	−284.7	−283.7	−281.9
样本量	2938	2 938	2 938	2 938	2 938	2 938	2 938	2 938

***表示 $p<0.01$，**表示 $p<0.05$，*表示 $p<0.10$

注：括号里为标准误差

从表 3 的模型 3 和模型 4 可以看到，H_{1b} 也得到了支持。新创企业的知识资本（产品创新资本）对产品国际市场进入具有正向影响，其系数为 0.169（$p<0.01$）。说明对于产品是否进入国际市场来说，产品创新非常重要。

4.2　知识资本对产品高度国际化的影响

对于 H_{2a}，从表 3 的模型 6 和模型 8 可以看到，H_{2a} 得到了支持。由前面的 H_{1a} 我们已经知道人力资本对产品国际市场进入具有正向影响，进一步来看，人力资本对产品在进入国际市场之后扩大海外出口比例也有正向影响，能促进产品的高度国际化（系数为 0.313，$p<0.05$）。而对于产品创新资本，从模型 7 和模型 8 可以看出，H_{2b} 得到了支持。产品创新也能促进产品的高度国际化。创新的产品，不但能够走出国门，而且能产生有较高比例的海外收益。

与 H_{1a} 所得的结论不同，对于 H_{2a} 和 H_{2b}，制造业对于产品高度国际化也存在影响。对于制造业的产品，更可能扩大出口比例。社会资本对产品高度国际化存在负向影响，这是一个有趣的发现。说明在本地具有较好关系网络的创业者，在本地更容易获得收益，而不需要过多依靠海外销售。

4.3　互联网资本对新创企业知识资本与产品国际市场进入之间关系的负向调节作用

从表 4 的模型 9 可以看出，H_{3a} 得到了支持。模型 9 中，互联网资本和知识资本（创业者人力资本）的交互项的系数为 −0.307（$p<0.05$）；互联网资本的影响系数为 0.484（$p<0.01$）；创业者人力资本的影响系数为 0.638（$p<0.01$）。可以看出，互联网资本对知识资本（创业者人力资本）与产品国际市场进入之间的关系具有负向调节作用。

表 4　互联网资本的调节效应（logit 回归）

自变量	产品国际市场进入（H₃ₐ，H₃ᵦ）		产品高度国际化（H₄ₐ，H₄ᵦ）	
	模型 9	模型 10	模型 11	模型 12
创业者性别	−0.211	−0.221	0.343	0.363
	(0.24)	(0.24)	(0.49)	(0.49)
创业者年龄	0.014 1	0.013 9	0.000 343	0.003 73
	(0.01)	(0.01)	(0.03)	(0.03)
新创企业所属行业（2.制造业）	0.727	0.738	0.818	1.114
	(0.53)	(0.53)	(0.89)	(0.85)
新创企业所属行业（3.信息与通信业）	−0.542	−0.506	<0.001	<0.001
	(1.19)	(1.21)	(0)	(0)
新创企业社会资本	0.096 8	0.200	0.004 12	0.366
	(0.33)	(0.32)	(0.69)	(0.67)
新创企业的区位类型（2.中部地区）	−0.451	−0.449	0.169	0.447
	(0.62)	(0.62)	(1.09)	(1.03)
新创企业的区位类型（3.东部沿海地区）	0.174	0.248	0.290	0.783
	(0.68)	(0.67)	(1.40)	(1.34)
新创企业风险规避程度	0.135	0.169	−0.006 37	0.137
	(0.25)	(0.25)	(0.53)	(0.51)
地区金融市场化程度	−0.018 9	−0.038 8	−0.198	−0.347
	(0.17)	(0.17)	(0.38)	(0.36)
地区创业者地位	−0.152	−0.139	0.763	0.905
	(0.17)	(0.17)	(0.56)	(0.57)
年份（2014 年）				
主效应：				
知识资本（创业者人力资本）	0.638***	0.639***	0.204	0.241
	(0.17)	(0.17)	(0.34)	(0.33)
知识资本（产品创新资本）	0.104	0.106	−0.060 3	−0.101
	(0.12)	(0.12)	(0.25)	(0.25)
调节效应：				
互联网资本	0.484***	0.402***	0.196	0.035 0
	(0.13)	(0.12)	(0.26)	(0.28)

续表

自变量	产品国际市场进入 （H₃ₐ，H₃ᵦ）		产品高度国际化 （H₄ₐ，H₄ᵦ）	
	模型 9	模型 10	模型 11	模型 12
互联网资本×知识资本（创业者人力资本）	−0.307**		−0.830***	
	(0.16)		(0.31)	
互联网资本×知识资本（产品创新资本）		0.001 26		−0.490**
		(0.12)		(0.25)
常数	−1.037	−1.112	−4.891**	−5.202**
	(1.07)	(1.05)	(2.49)	(2.47)
Pseudo R^2	0.118	0.111	0.085 6	0.063 7
chi2	61.65	57.82	13.67	10.18
chi2 类型	LR	LR	LR	LR
Log pseudo likelihood	−230.2	−232.1	−73.02	−74.77
样本量	481	481	477	477

***表示 $p<0.01$，**表示 $p<0.05$
注：括号里为标准误差

根据模型中创业者人力资本、互联网资本及其交互项的相关系数，我们画出了对应的调节效应图。如图 1 所示，首先我们可以看到这是一个负向调节，互联网资本把创业者人力资本对产品国际市场进入的正向影响减弱了，并且，减弱后的斜率依然为正。

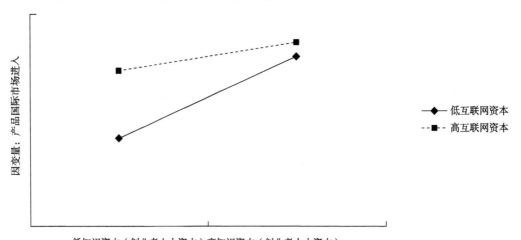

图 1　互联网资本对知识资本（创业者人力资本）与产品国际市场进入之间关系的负向调节示意图

虽然这是一个负向调节，但是不能因此说互联网资本不好。因为从图 1 中可以看到，不管企业的创业者人力资本是低还是高，有更高互联网资本的新创企业，其产品进入国际市场的概率总是更高（因变量的值更大）。这说明互联网资本在一定程度上可以弥补企业知识资本不足的劣势。同时，从图 2 中可以看到，特别是对于知识资本较为缺乏的新创企业，互联网资本有很好的补充作用。这个调节效应虽然是负向的，即其降低了创业者人力资本对产品进入国际市场的影响程度，但是说明了互联网资本的存在和知识资本能够产生正向的叠加，进一步促进产品进入国际市场。

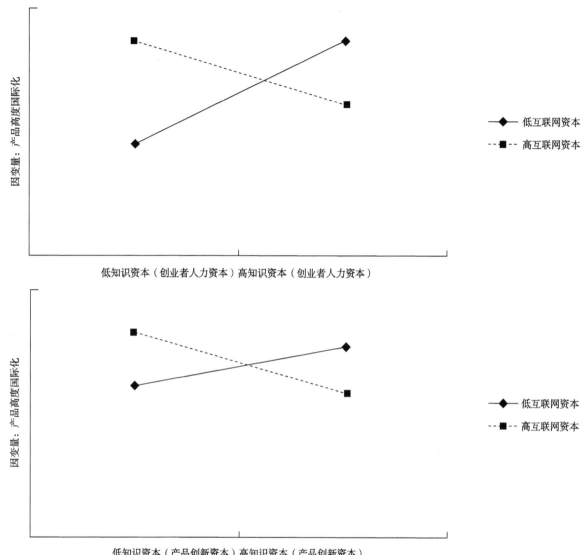

图 2　互联网资本对知识资本与产品高度国际化之间关系的负向调节示意图

对于 H_{3b}，从表 4 的模型 10 可以看到，互联网资本和知识资本（产品创新资本）的交互项系数不显著，H_{3b} 没有得到支持。分析其原因，可能与互联网资本的"双刃剑"效应有关。在互联网的环境中，企业产品创新性的缺点和优点都会被"放大"。当企业使用互联网进行宣传或者销售产品时，其产品更容易被国内外消费者用于和其他类似产品进行比较。当产品缺乏创新或者存在不足时，互联网环境会把消费者的"负面评价"放大。这时候，新创企业可能不愿意冒险进入国际市场。这时候互联网对产品缺乏创新资本的补充就消失了。此时，H_{3b} 就不成立。

4.4　互联网资本对新创企业知识资本与产品高度国际化之间关系的负向调节作用

从表 4 的模型 11 可以看到，互联网资本与知识资本（创业者人力资本）的交互项系数为-0.830（$p<0.01$），并根据模型 11 中的各项系数，画出了调节示意图。从图 2 可以看出，低互联网资本的新

创企业，其创业者人力资本对产品的高度国际化起了正向影响；高互联网资本的新创企业，其创业者人力资本对产品的高度国际化起了负向影响（其斜率为负）。因此，这是一个负向调节作用，H_{4a} 得到了支持。

在低互联网资本的情况下，更高创业者人力资本的新创企业，其更有可能实现产品的高度国际化。在高互联网资本的情况下，更低创业者人力资本的新创企业，其产品高度国际化的可能性更大。因此，互联网资本和创业者人力资本之间出现了一个替代效应。当新创企业创业者人力资本低的时候，可以更多依靠互联网资本，一样可以提高产品高度国际化的可能性。

从表 4 的模型 12 可以看到，互联网资本与知识资本（产品创新资本）的交互项系数为-0.490（$p<0.05$）。和对 H_{4a} 的分析同理，H_{4b} 也得到了支持。

产品缺乏创新的情况，高互联网资本是优于低互联网资本的，可以通过使用互联网来扩大出口。如图 2 所示，互联网资本对知识资本（产品创新资本）与产品高度国际化之间关系具有负向调节作用，并且互联网资本与知识资本具有替代效应。

与前面产品进入国际市场的情况有所不同，当产品具有高创新资本时，在互联网环境下，其消费者的口碑较好，其很可能在国内非常畅销，因此其也会导致企业不选择过多扩大产品的出口比例。

5　讨论与总结

5.1　稳健性检验

probit 模型是常用的检验因变量为二分变量时的经济学模型。刘鹏程等在研究企业家精神的性别差异时，就使用了 probit 模型[30]。现有研究中，有学者使用 probit 模型对 logit 模型的结果进行稳健性检验。如表 5 所示，经过 probit 回归，得出的结论与前文一致。

表 5　probit 和 logit 检验假设的支持情况对比

检验方法	H_{1a}	H_{1b}	H_{2a}	H_{2b}	H_{3a}	H_{3b}	H_{4a}	H_{4b}
logit 回归	支持	支持	支持	支持	支持	不支持	支持	支持
probit 回归	支持	支持	支持	支持	支持	不支持	支持	支持
结论是否相同	是	是	是	是	是	是	是	是

5.2　讨论与进一步研究

在前面的研究中，我们的样本为 2010~2015 年参与了 GEM 数据调查的中国创业者，并以此为研究对象，得到了新创企业知识资本与产品国际化之间关系的一些结论。在创业者之中，有一部分创业者能够识别未来的创业机会，对创业机会更为敏感。本文把这部分群体划分为机会敏感型创业者。对于这类机会敏感型创业者，其有可能识别知识中的机会，以及利用知识资本促进产品出口和高度国际化。因此，这时候知识资本对产品国际市场进入及产品高度国际化也是起正向调节作用。而对于互联网资本，其负向调节作用也值得进一步研究。

使用与前文类似的方法，我们以机会敏感型创业者这个群体为子样本（占全样本的 47.38%），得到了其 logit 的回归结果。如表 6 的模型 13、模型 14、模型 16、模型 17 所示，对于机会敏感型创业者，其创业者人力资本和产品创新资本均对产品国际市场进入（或产品高度国际化）有正向影响。而对于互联网资本的调节作用，其与全样本有所差异。互联网资本仅在知识资本对产品高度国际化的关系中起了负向调节作用。在互联网资本的调节下，其他假设不再成立的原因，首先可能是样本量相对全样本偏少（如模型 15 的 214 个样本或模型 19 的 175 个样本）；也有可能是对于这部分机会敏感型创业者，其能够实现互联网资本和知识资本的"兼得"，因此其没有出现替代效应。

表 6　子样本为机会敏感型创业者的回归结果（logit 回归）

自变量	产品国际市场进入			产品高度国际化			
	模型 13	模型 14	模型 15	模型 16	模型 17	模型 18	模型 19
创业者性别	0.007 73	0.014 4	−0.294	−0.042 3	−0.022 2	−0.628	−0.686
	（0.14）	（0.14）	（0.37）	（0.35）	（0.35）	（0.75）	（0.74）
创业者年龄	0.000 259	−0.010 8	0.033 1	0.001 68	−0.007 50	−0.013 6	0.001 40
	（0.01）	（0.01）	（0.02）	（0.02）	（0.02）	（0.04）	（0.04）
新创企业所属行业（制造业）	0.395	0.524*	1.916*	0.755	0.816	2.719	2.553
	（0.32）	（0.30）	（1.16）	（0.62）	（0.62）	（1.68）	（1.61）
新创企业所属行业（信息与通信业）	1.349***	1.484***	<0.001	1.235	1.170	<0.001	<0.001
	（0.49）	（0.50）	（0）	（0.79）	（0.74）	（0）	（0）
新创企业社会资本	−0.334*	−0.263	0.445	−0.626	−0.609	<0.001	<0.001
	（0.19）	（0.19）	（0.73）	（0.45）	（0.43）	（0）	（0）
新创企业的区位类型（中部地区）	0.033 9	0.019 4	−1.798	−1.160	−1.139	<0.001	<0.001
	（0.21）	（0.21）	（1.57）	（0.72）	（0.73）	（0）	（0）
新创企业的区位类型（东部沿海地区）	−0.254	−0.109	1.161	0.262	0.492	−0.014 3	−0.123
	（0.26）	（0.26）	（1.39）	（0.53）	（0.58）	（2.71）	（2.36）
新创企业风险规避程度	−0.104	−0.090 6	0.549	−0.334	−0.305	0.663	0.849
	（0.15）	（0.15）	（0.39）	（0.41）	（0.41）	（0.80）	（0.78）
地区金融市场化程度	0.248***	0.243***	−0.083 3	−0.119	−0.156	−0.257	−0.216
	（0.07）	（0.07）	（0.35）	（0.15）	（0.17）	（0.78）	（0.67）
地区创业者地位	−0.163	−0.169	−1.141**	−0.320	−0.366*	0.152	0.012 9
	（0.12）	（0.12）	（0.46）	（0.20）	（0.22）	（1.13）	（1.05）
年份（2010~2015 年）							
主效应：							
知识资本（创业者人力资本）	0.539***		1.028***	0.371*		−0.502	0.185
	（0.09）		（0.31）	（0.22）		（0.72）	（0.55）
知识资本（产品创新资本）		0.228***	0.080 2		0.532**	−0.250	−0.375
		（0.08）	（0.20）		（0.23）	（0.37）	（0.40）
调节效应：							
互联网资本			0.441**			−0.310	−0.718
			（0.22）			（0.47）	（0.53）

续表

自变量	产品国际市场进入			产品高度国际化			
	模型 13	模型 14	模型 15	模型 16	模型 17	模型 18	模型 19
互联网资本×知识资本（创业者人力资本）			−0.164			−1.801**	
			（0.28）			（0.71）	
互联网资本×知识资本（产品创新资本）							−0.753
							（0.47）
常数	−1.699**	−1.434**	1.386	−1.335	−0.811	−1.033	−1.460
	（0.66）	（0.67）	（1.99）	（1.58）	（1.74）	（3.41）	（3.09）
Pseudo R^2	0.079 2	0.061 8	0.234	0.096 1	0.108	0.180	0.114
chi2	90.75	85.79	58.95	40.22	52.25	13.83	8.709
chi2 类型	Wald	Wald	LR	Wald	Wald	LR	LR
Log pseudo likelihood	−669.2	−681.8	−96.54	−154.3	−152.3	−31.42	−33.98
样本量	1 392	1 392	214	1 392	1 392	175	175

***表示 $p<0.01$，**表示 $p<0.05$，*表示 $p<0.10$

注：括号里为标准误差，全样本中有 47.38%的人为机会敏感型创业者

5.3　总结

本文基于 2010~2015 年 GEM 中国数据库、中国统计年鉴、中国市场化指数等数据库，通过使用 logit 回归方法，研究了新创企业知识资本对企业国际化的影响及互联网资本的调节作用。本文的发现对理论与实践均有一定的贡献。

以往学者的研究多专注于企业在国际化过程中的知识转移或者知识溢出，忽视了企业本身知识资本的作用[4]。而本文说明了新创企业自身所具备的知识资本能够对企业走进国际市场及企业高度国际化起正向调节作用，丰富了相关的理论。此外，以往的研究大多偏重于成熟企业在国际化中的表现，本文的研究对象聚焦在新创企业。新创企业相较于成熟企业，其"走出去"过程中遇到的困难可能更多，其知识资本的早期积累非常重要。

企业在出口中面临各种市场选择，对资源的取舍及整合是一个重要问题[35]。将互联网资本与知识资本整合讨论是本文的创新点。本文发现，在新创企业的产品国际化中，互联网资本对于知识资本存在替代效应。这说明知识资本可以降低新创企业对于互联网资本的依赖性；另外，缺乏知识资本的新创企业可以依靠互联网资本进行产品国际化。现有研究对于以上两种资本对产品国际化的影响有所讨论，但并未研究二者的关系，本文的结果很好地填补了研究空白。在当今的互联网社会背景下，互联网资本对于企业而言越发重要，明确互联网资本与其他资本之间的关系有利于企业合理分配资源，更好地利用互联网工具，制定合乎自身的战略。除关于知识资本的讨论以外，今后的研究可以讨论其他资本究竟如何与互联网资本相融合。

关于在新创企业知识资本不足时，互联网资本所起的替代效应，我们提出了进一步的解释与猜想。对于互联网技术发达的国家，国内互联网平台的发展更为迅速，为国内企业提供了便利的信息传递渠道与销售渠道，提高了国内市场的产品销售，尤其对于中国市场，中国市场体量巨大、需求多元，国内市场对于新创企业的吸引力同样巨大。因此，如果企业的产能可以基本被本土市场所覆盖，加以互联网资本的运用，或许会降低企业的产品国际化导向，将资源更多地配置在挖掘国内市场中。

本文研究的重点是新创企业的产品国际化，而并未讨论新创企业的产品国际化获利（如出口额、出口利润率等）。对于新创企业产品国际化的获利水平，互联网资本能否替代知识资本也仍有待研究。

本文对政府和新创企业有相关实践启示：对于政府，制定相关"走出去"政策和促进企业国际化的政策时，应该加强对新创企业知识资本积累的引导，使新创企业具备更好的知识基础；此外，引导互联网平台的搭建也尤为重要，这可以为知识资本相对较低的新创企业提供产品国际化的通道。对于新创企业，在企业国际化的过程中，要注重人力资本和创新资本等知识资本的积累。然而，知识资本的提升较为困难，需要付出一定的时间和成本。因此，本文建议缺乏知识资本的新创企业可以尝试开发互联网资本，依托互联网走向国际市场。

本文也存在一些理论和方法上的局限。理论上而言，国内对互联网资本定义和进行实证的文献较少，本文在这方面的探索及实证研究可以参考的标准较少，因此其定义和测量也可能存在一定的不足。方法上，本文由于数据所限，未能在控制变量和解决内生性方面做到尽善尽美，也有一定的局限。未来的研究，本文认为可以探讨产品国际化过程中，新创企业的知识资本和互联网资本是否能在一定时期后由替代关系转化为互补关系。

参 考 文 献

[1] Ramasamy B, Yeung M, Laforet S. China's outward foreign direct investment: location choice and firm ownership[J]. Journal of World Business, 2012, 47（1）: 17-25.
[2] Westhead P, Wright M, Ucbasaran D. The internationalization of new and small firms: a resource-based view[J]. Journal of Business Venturing, 2001, 16（4）: 333-358.
[3] Barney J. Firm resources and sustained competitive advantage[J]. Journal of Management, 1991, 17（1）: 99-120.
[4] 李东红. 企业国际化中反哺式知识转移：模型与应用[J]. 国际经济合作, 2012, （1）: 41-46.
[5] Carr D L, Markusen J R, Maskus K E. Estimating the knowledge-capital model of the multinational enterprise[J]. American Economic Review, 2001, 91（3）: 693-708.
[6] 陈晓红, 雷井生. 中小企业绩效与知识资本关系的实证研究[J]. 科研管理, 2009, 30（1）: 97-106.
[7] 程惠芳, 陈超. 开放经济下知识资本与全要素生产率——国际经验与中国启示[J]. 经济研究, 2017, （10）: 21-30.
[8] 彭灿. 知识资本、社会资本与研发团队的有效性——关系模型与理论假设[J]. 技术经济, 2010, 29（10）: 28-33.
[9] 贺跻. 知识异质性与企业国际化路径选择[D]. 苏州大学博士学位论文, 2014.
[10] Ricci L A, Federico T. Productivity, networks, and export performance: evidence from a cross-country firm dataset[J]. Review of International Economics, 2012, 20（3）: 552-562.
[11] 李兵, 李柔. 互联网与企业出口：来自中国工业企业的微观经验证据[J]. 国际货币评论, 2017, 40（9）: 47-67.
[12] 邱泽奇, 张樹沁, 刘世定. 从数字鸿沟到红利差异——互联网资本的视角[J]. 中国社会科学, 2016, （10）: 93-115.
[13] 盛丹, 包群, 王永进. 基础设施对中国企业出口行为的影响："集约边际"还是"扩展边际"[J]. 世界经济, 2011, （1）: 17-36.
[14] Yadav N. The role of internet use on international trade: evidence from Asian and Sub-Saharan African enterprises[J]. Global Economy Journal, 2014, 14（2）: 189-214.
[15] 李新春, 叶文平, 朱沆. 社会资本与女性创业——基于 GEM 数据的跨国（地区）比较研究[J]. 管理科学学报, 2017, 20（8）: 112-126.
[16] Mostafa R H A, Wheeler C, Jones M V. Entrepreneurial orientation, commitment to the internet and export performance in small and medium sized exporting firms[J]. Journal of International Entrepreneurship, 2006, 3（4）: 291-302.
[17] Sveiby K E. The New Organizational Wealth, Managing and Measuring Knowledge-Based Assets[M]. San Fransisco: Berrett-koehler Publishers, 1997.
[18] 吴先明. 我国企业跨国并购中的逆向知识转移[J]. 经济管理, 2013, 35（1）: 57-69.
[19] 陈健, 柳卸林, 邱姝敏, 等. 海归创业的外来者劣势和知识资本的调节作用[J]. 科学学研究, 2017, 35（9）:

1348-1358.

[20] 王艺霖，王益民. 知识资产对国际化绩效影响的实证研究——基于国际双元视角[J]. 山东大学学报（哲学社会科学版），2016，（2）：70-78.

[21] 张骁，李欣，章咪. 创业导向与企业国际化程度的关系研究——基于分维度的探讨[J]. 南京大学学报（哲学·人文科学·社会科学），2015，52（2）：36-44，159.

[22] 国家统计局. 中国统计年鉴[M]. 北京：中国统计出版社，2009.

[23] 国家统计局. 中国统计年鉴[M]. 北京：中国统计出版社，2010.

[24] 国家统计局. 中国统计年鉴[M]. 北京：中国统计出版社，2011.

[25] 国家统计局. 中国统计年鉴[M]. 北京：中国统计出版社，2012.

[26] 国家统计局. 中国统计年鉴[M]. 北京：中国统计出版社，2013.

[27] 国家统计局. 中国统计年鉴[M]. 北京：中国统计出版社，2014.

[28] 国家统计局. 中国统计年鉴[M]. 北京：中国统计出版社，2015.

[29] 王小鲁，樊纲，余静文. 中国分省份市场化指数报告（2016）[M]. 北京：社会科学文献出版社，2017.

[30] 刘鹏程，李磊，王小洁. 企业家精神的性别差异——基于创业动机视角的研究[J]. 管理世界，2013，（8）：126-135.

[31] 郭国峰，温军伟，孙保营. 技术创新能力的影响因素分析——基于中部六省面板数据的实证研究[J]. 数量经济技术经济研究，2007，（9）：134-143.

[32] 郑馨，周先波，张麟. 社会规范与创业——基于62个国家创业数据的分析[J]. 经济研究，2017，52（11）：59-73.

[33] 张天顶，邹强. 行业技术差异、选择效应与我国制造业企业国际化[J]. 世界经济研究，2016，（11）：112-123.

[34] 李萌. Logit模型在商业银行信用风险评估中的应用研究[J]. 管理科学，2005，18（2）：33-38.

[35] 陈勇兵，李梦珊，赵羊，等. 中国企业的出口市场选择：事实与解释[J]. 数量经济技术经济研究，2015，32（10）：20-37.

Knowledge Capital and Product Internationalization of New Ventures—the Moderating Effect of Internet Capital

LAI Changqing，WANG Shuyang，WU Rui

（School of Economics and Management，Tsinghua University，Beijing 100084，China）

Abstract This paper focuses on the knowledge capital and product internationalization of new ventures，and discusses the role of Internet capital in the relationship between them. Based on the data of global entrepreneurial monitor from 2010 to 2015，empirical results show that：knowledge capital of new ventures positively impacts international market entrance and high level product internationalization；Internet capital has a negative moderating effect on the positive relationship between knowledge capital and product internationalization. The result shows that new ventures lacking knowledge capital can use Internet capital to supplement knowledge capital when their products are highly internationalized.

Keywords New ventures，Knowledge capital，Internet capital，Internationalization

作者简介

赖长青（1991—），男，广东韶关人，第一作者，清华大学经济管理学院创新创业与战略系博士研究生，研究方向为知识基础与新企业创立。E-mail：laichq.14@sem.tsinghua.edu.cn。

王舒扬（1992—），男，山东济南人，通信作者，清华大学经济管理学院创新创业与战略系博士研究生，研究方向为创新与创业管理。E-mail：sempaper2017@163.com。

吴蕊（1978—），女，北京人，清华大学经济管理学院创新创业与战略系副教授，研究方向为企业战略、合作创新。E-mail：wur@sem.tsinghua.edu.cn。

高科技初创企业融资成功关键因素分析*

刘　婕，余　艳

（中国人民大学 信息学院，北京 100872）

摘　要　随着技术进步，智能产业蓬勃发展，大众创业面临新的机遇，风险投资随之兴起。从投资人视角来看，某些关键因素会决定他们是否会给企业投资。本文在回顾以往创业要素模型的基础上提炼出适合于中国高科技创业企业的融资因素模型，通过对 200 家企业的实证分析，发现在不同阶段，高科技创业企业的某些特质会起到差异化的影响，以此构造出融资体系模型。本文的实证分析突显了高科技初创企业的创业能力，特别是技术创新力，是融资成功的第一关键要素。本文经实证分析所推演出的融资成功的阶段性要素模型将对创业者和融资者均有管理启示。

关键词　高科技企业，创业，融资，融资体系模型

中图分类号　F062.4

1　引言

创业行为是一种复杂现象，涵盖各种领域，包括经济学、心理学、管理学[1]，创业行为在满足个人价值和社会价值的同时也伴随着财务、精神和社会的风险。对于创业现象的研究从 20 世纪 80 年代就已经开始，而我国针对创业活动的研究则于 21 世纪初兴起，近年来随着创业活跃度不断攀升，相关研究也亟待展开。清华大学经管学院中国创业研究中心于 2017 年底发布了《全球创业观察（GEM）2015/2016 中国报告》，根据该报告[2]提供的数据，中国早期创业活动指数为 12.84%，在各国中处于比较活跃的地位，比大多数创新驱动国家，如美国（11.88%）、德国（4.70%）和日本（3.83%）更活跃[2]。我国的创业热情持续高涨，创业这种新且特殊的社会活动，其蓬勃的生命力也获得了社会各界的关注。《全球创业观察（GEM）2015/2016 中国报告》[2]指出，目前我国创业动机以机会型创业为主，64.29% 的创业者为机会型创业者，相对于十年前提高了 11 个百分点。但是，我国创业数量和质量呈现负相关，在创业质量方面我国技术创业的质量明显低于创新驱动型经济体。该报告[2]进一步表明中国 91.3% 的创业者资金主要来自于家庭和朋友，而通过银行贷款、风险投资、政府项目和众筹等渠道的资金来源比例仍然低于大多数创新驱动型经济体。

在我国，高科技企业创业呈现高增长趋势。与过去的创业企业不同，高科技企业对资金的需求较高。高科技企业一般需要高比例的企业专业技术人员，研发投入较高，技术要素处于核心地位，因此高科技初创企业获得产品市场竞争优势的主要途径就是提升自身技术创新能力，他们必须选择相对激进的财务策略来保证足够的资金投入研发[3]。然而，高科技企业属于机会型创业者，所需资金高于依赖成本优势的生存型创业者[2]，这类资金需求较大的高科技企业，若在创业初期无法募集到足够资金

---

* 基金项目：国家自然科学基金项目（71571184，71331007，91846204）、北京市社会科学基金（17GLC056）。

通信作者：余艳，中国人民大学信息学院副教授。E-mail：yanyu@ruc.edu.cn。

来满足项目净需求，将难以继续发展。已有研究表明科技型初创企业的技术创新成长能力与融资结构呈正相关关系[3, 4]。由于高科技创业企业的灵魂在"科技"，一方面技术创新或产品创新将能给这些初创企业带来特异性，另一方面也恰恰是这种创新增加此类创业企业的不确定性和风险，如科技转化率低、商业模式不清晰、研发投入长等，反而可能成为企业融资层面的绊脚石[5, 6]。统计数据[7]显示，截至 2016 年底，中国风险投资管理资本总量达到 8 277.1 亿元，增幅为 24.4%，风险投资在规模上与美国日趋接近，但相比于国外，国内创投资本积压，一方面创业者需要资金，另一方面投资者没有找到适合的企业，融资效率不高[7, 8]。目前创投基金采取委托管理的模式日益盛行，越来越多的基金将其日常管理与投资功能委托给专业的融资服务机构进行管理，2007~2016 年，融资服务机构由 52家增加到 624 家，增长超过 10 倍[9]。融资服务商正成为初创企业获得融资的重要渠道，他们通过不同的环节，发掘出投资人青睐的企业。

　　基于此，我们从中间商人手，研究高科技创业企业融资的特异质因素，发掘融资要点，促进创投资本落地。本文在经典的创业模型基础上，结合融资过程，构造出面向高科技初创企业的创业要素与过程模型，试图识别和分析高科技创业企业哪些特质将影响他们在融资过程中的不同阶段及最终的融资结果。本文通过某融资顾问公司采集了 200 家高科技初创企业数据，对指标进行维度分类和对数据进行回归分析，从融资服务机构的角度构造出一套融资体系模型，进而发现创业企业融资成功要素，以期为正在资本市场奔走的高科技创业企业提供参考，帮助其在新的投资环境下度过"青春期"[10]，同时为相关政策的制定和完善，以及后续的学术研究提供理论模型参考和实证依据。

2　文献回顾与理论分析

　　已有学者对创业企业融资成功要素进行了研究。周纲和田增瑞[11]在上海调研了 313 家创业企业和 83 家创业投资企业，总结出风险投资机构在进行投资决策时，主要考虑的要素按重要程度排序为市场前景、管理团队、财务状况、技术因素、公司治理结构、股权价格、投资地点。同时，康林在研究高创业融资成功率要素时提出，创新的商业模式、领先的技术优势、广阔的发展空间、稳定的创业团队是项目融资的四大必要前提[12]。而李民与王雄伟在研究中小科技企业获得风险投资家青睐的因素时提出，技术成果专利、竞争优势、技术后劲、技术商业化能力等因素在获得风险投资家青睐时起到关键作用。除此之外，企业诚信和团队形象是风险资本很重视的方面[13]。在项目地域方面区域投资具有"马太效应"[14]。而关心如和李远勤分析了 1993~2013 年我国风险投资事件，指出风险投资在行业、地区方面表现出偏好性[15]。从学者们对创业企业融资的研究可看出，风险投资关注的因素主要集中在市场定位、创业团队、技术成果、商业模式、竞争优势、项目地域等方面。

　　以往学者针对企业融资成功关键因素的分析，有一些共同的结论，但也有争端。对于科技型创业企业来说，管理与组织能力、财务、融资能力都正向影响企业的成长，尤其是财务和融资能力影响力度最大[4]。另外，对风险企业的价值评估决定性地影响了投资决策[16]。早在 20 世纪中后期美国的风险投资就基本形成了相对成熟、科学的理论体系和操作方法，1983 年圣塔克拉拉大学（Santa Clara University）的两位教授提出了一套较为完整的评价风险企业价值的框架，并构建投资决策模型，将风险投资公司考虑的因素分成四类：市场吸引力、产品差异度、管理能力、对环境威胁的抵制能力[17]。如今风险投资管理公司等融资服务机构业务流程有所变化。可以看出之前的模型注重商业化和市场，对风险的评估也未考虑到技术风险，相比于之前的资本推动型企业，高科技初创企业初期资金少、风险大、资金需求大，之前的模型不完全适用于高科技创业企业初期融资和成功发展的评估。

但是通过借鉴对风险投资管理公司的研究方法，我们可以用类似的方法，将对创业企业的评估与融资因素相关联，通过创业模型来建立新的、适用于大数据、人工智能、机器学习、VR 等高科技初创企业的融资评价模型。

2.1　创业要素回顾

对于创业现象的研究，国外有很多专家学者提出了创业模型，不少经典模型已经成为创业研究领域重要的理论工具，也有一些研究创新创业的学者基于这些经典创业模型有针对性地聚焦部分要素开展相关研究[18]。通过对众多创业模型的研究、分类和对比，发现要素均衡型模型和要素主导型模型是创业模型中最主要的两种分类[18]。

2.1.1　要素均衡型模型

要素均衡型模型的主要特点是模型中的各个要素互相协调、均衡发展，共同影响创业。在众多要素均衡型模型中 Timmons 和 Spinelli[19]、Sahlman[20]所创模型较为典型，其中 Timmons 和 Spinelli 主要针对创业团队进行了辨析，而 Sahlman 则强调了创业能力中商业能力的重要性。

具体来说，Timmons 和 Spinelli 尝试从机会、资源、团队、个人四个方面构建创业模型。在 Timmons 和 Spinelli 创业过程模型中，每个要素在整个模型中的地位是均等的，它们相互影响来促进创业的进行。商机（机会）、资源、创业团队是 Timmons 和 Spinelli 模型中最重要的驱动因素，但是对于创业团队，他们进行了细分，区分了创业团队与创业者的不同作用，认为在创业初期组建的创业团队，是实现成功创业的关键组织要素。同时 Timmons 和 Spinelli 强调的商机和资源属于外部资源，贺小社和柯大纲曾发文研究过高科技项目投资机会价值[21]，另外胡玲玉等从创业环境的角度对个体创业意向进行考察发现，市场资源环境和制度规范环境显著正向影响个体创业意向[22]，因此市场资源也是创业环境的一部分，由此可以判断 Timmons 和 Spinelli 模型中机会、资源表示创业环境，个人和团队表示创业团队。

Sahlman 模型也属于要素均衡型模型。Sahlman 在创业模型中强调四要素互相协调，与以上的模式有相同点，也包括了人（people）、外部环境（external context）、机会（opportunity），但是很大的不同是：第一，这里的人不仅仅包括了创业者本身的技能、经验和知识，还包括了其他相关的服务人员等；第二，Sahlman 创业模型的中心元素不再是创业者而是环境因素；第三，多了一个交易（deal）行为，这里的交易行为是指创业者与各方利益相关者之间的关系，强调了创业能力，并且引入了社会网络对创业成功的影响。Sahlman 强调环境重要性，认为人物因素、机会因素和交易因素受环境的影响，并且环境也会反过来受上述因素影响。所以结合上述讨论可以判断 Sahlman 模型中人表示创业团队，机会、环境表示创业环境，交易行为表示创业能力。

2.1.2　要素主导型模型

Wickham 创业模型[23]虽说是要素主导型模型，实则是对以上的一个结合，该模型强调机会、创业者、资源和组织四种要素。Wickham 创业模型非常注重创业者在创业活动中的中心地位，创业者对创业过程中的资源进行合理有效的配置，对面临的机会要进行争取和把握，对整个新建企业组织也有更大的责任。Wickham 创业模型与 Timmons 和 Spinelli 模型一样细化创业团队构成，由此也强调创业者和创业组织是相对独立的，着重强调创业组织的能力，在下文维度分类时将着重讨论这点。该模型也引入了学习型组织的概念，也从侧面说明了创业过程是一个循环往复的过程，强调不断学习的重要性，并且创业者根据机会来调动资源，领导适应变化，取得成功。Wickham 创业模型的组织表示创业能力，机会、资源表示创业环境，创业者表示创业团队。

综上，三个模型都强调人和能力等内部资源，同时也非常关注环境等外部资源，且通过分析各个因素的指向，以上可以大致归类为创业能力、创业环境和创业团队三要素（图 1）。进一步分析研究需要更详细的维度划分。

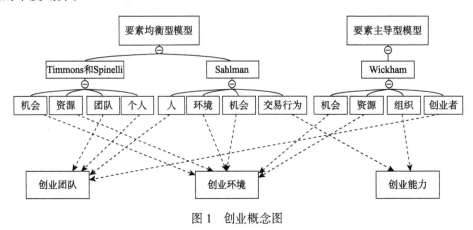

图 1　创业概念图

2.2　创业过程回顾及企业融资过程

许多国外学者认为创业过程研究应该成为现代创业理论研究的重要主题[24~26]。叶明海等认为创业过程的研究和创业模型的研究有一定相似性，但是不同点是创业过程研究不仅可以梳理创业活动中的各项关键要素，也可以寻找创业成功的一般性规律，构造关键路径，探索成败主要因素，同时全面概括和分析创业能力、创业环境、创业团队与创业成功的相关性，帮助初创企业更好地经营，提高成功的可能性[27]。金融机构是创业生态系统的重要组成部分[28, 29]，很显然创业过程离不开融资过程，美国专家学者在进行企业寻访的时候也总结出企业融资过程[17]，包括项目来源、项目审查和筛选、项目评估、中间撮合、投资协议、投资后的控制、风险资本的撤出，该模型的前三项是初期选择阶段，后三项是投资成功后的跟踪阶段，中间撮合过程没有详细描述。

中间撮合过程正是本文的研究切入点。在资本助推创业的过程中，中间撮合公司扮演重要的角色，这类公司前期通过线上平台将需要融资的创业企业推送给投资人，称为曝光。企业也会根据投资人的需求进行一部分的筛选且不同的企业进入曝光环节的先后次序不同，曝光量也就不同，因此曝光数可以很好地反映融资企业进入投资人视野的程度，曝光是撮合过程的第一步。当投资人发现感兴趣的企业，点击进入详情页面浏览时，收集到的数据即浏览数，该数据可以体现投资人初期感兴趣的企业，通过对该数据进行分析能够发现一些特定因素的存在。没有浏览也就没有后续的跟进，因而本文认为浏览环节是撮合过程的第二步。在投资人深度浏览某企业的资料后，投资人若想投资的话会线下约会面谈，约会是投资人进一步了解企业的过程，这时收集到的数据是约会数，约会是投资人决定是否投资的关键一步，因此本文认为约会是撮合过程的第三步。

目前，从该风险投资管理公司用于内部管理的数据平台中，可以提出近 30 个可指标化的因素，这些因素均来自于该公司的融资顾问在访谈和调查后收集到的信息，系统会收录关于企业的所有数据、投资人行为数据，包括融资信息在投资人处的曝光量、融资企业被投资人浏览次数、投资人约会数都会被记录。据了解，一般情况下高科技创业企业融资信息在公司融资平台上保留 3 个月后，投资行为数据如融资企业信息、曝光量、浏览量、约会数会相对稳定，此时计算出的数据能很好地体现投资人对于融资企业的青睐度，与企业最终融资成功可能有正相关性，但是最终是否融资成功，需要更长时间的观察和等待。综上我们可以将上文提到的企业融资过程[17]和融资顾问公司业务流程相结合来总结出一套详细的企业融资过程模型（图 2）。该模型总共分为四步，我们将对其中第二步和第三步进行详细研究。

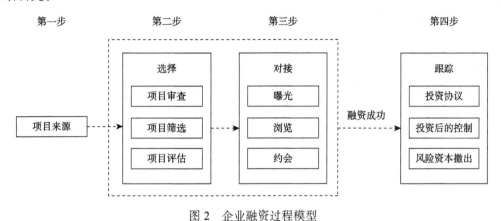

图 2　企业融资过程模型

3　模型构建与假设

根据上文研究可以从投资管理公司和高科技初创企业角度整理出适用于投资管理公司的创业要素及融资过程模型（图 3），共分为三大方面，且以创业模型和过程为基础进行提炼，三大方面可细化为一些具体因素，具体内容详见下文分析。

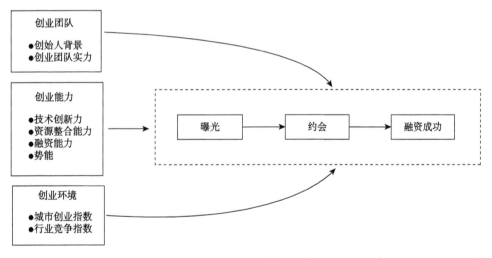

图 3　创业要素及融资过程模型

3.1　创业团队方面

夏立军等曾以中国民营 IPO 公司为对象，考察了创始人担任公司关键职务（董事长或总经理）对企业业绩的影响，研究发现对于团队来说创业者素质是至关重要的，创始人亲自管理，企业成功可能性更大[30]，创始人背景如学历、项目经验、成功经历等能很好地体现创业者素质。但是，这些还不能体现创业团队的实力，如研发能力、市场能力，这些主要体现在团队中，在 Wickham 模型与 Timmons 和 Spinelli 模型中，创业团队都被细化为创业者和团队组织，孙海法和伍晓奕也指出创业团队绩效会直接或间接地受到高层管理团队的运作过程的影响[31]，所以高层创业团队的实力也非常重要。然而科技型公司的高层管理团队有别于成熟型企业，往往团队人员较少且为技术人员。最后吕东等[32]研究证明了在不明确企业创业环境下，以交易行为为核心的商业模式创新更有利于科技型初创企业实现复杂适应性成长。所以把技术和商业的矛盾归为创业团队实力，其影响作用有待考察。综上，创业团队方面可以分别通过创始人背景和创业团队实力两方面来衡量。本文做出以下假设。

H1a：创始人背景正面影响融资过程。

H1b：创业团队实力正面影响融资过程。

3.2　创业能力方面

创业能力是一个很大的范围，由于本文研究的是高科技创业企业，对于技术研发及创新实力的考量必不可少，一般我们认为，科技公司的技术创新是公司的核心价值，投资人也会看中这点，但是冒乔玲和许敏研究发现，技术研发及创新实力与公司利润增长速度关系不显著[33]。Wickham创业模型强调了资源整合能力，通过领导人和团队的不断学习动态调动资源。叶明海等的创业过程模型ORSO（opportunity，resource，strategy，outcome）也将创业资源归为创业团队能力的一部分，认为其占有举足轻重的地位[27]。因此将资源整合能力归为创业能力的一部分。高科技创业企业的研发资金的需求量很大，资金来源主要是初期融资，有学者认为融资能力对企业绩效是显著的[34]，但融资能力是否能作为企业再次拿到融资的因素有待考察，从心理角度上来说天使投资人并不是跟风模仿者，他们更善于发现能力较强、新奇的创业公司，而往往这些创业公司并没有什么关注度和融资能力，本文认为融资能力也是创业能力中需要考察的一部分。企业势能是指企业开始创立到目前所积累形成的优势或特点，有学者认为企业势能越高，企业创业能力越高，但是也有学者认为，并非所有的企业势能都是企业发展过程中的必需，甚至有可能某些企业势能还是战术运用的障碍。企业势能的确是积累而来的宝贵财富，但对于创新来说，企业势能究竟能不能吸引投资人目光有待考察，因此创业能力可分别通过技术创新力、资源整合能力、融资能力和企业势能来衡量。本文做出以下假设。

H2a：技术创新力正面影响融资过程。

H2b：资源整合能力正面影响融资过程。

H2c：融资能力正面影响融资过程。

H2d：企业势能正面影响融资过程。

3.3　创业环境方面

创业项目选择在哪个城市落地，就选择了该区域的法律环境、创业相关政策、资本市场、创业教育培训和创业服务体系，这几个因素可以直接归纳为城市创业指数（图4），对于这个指数有专门的机构做了深入的研究，可以直接引用。另外，市场资源环境和制度规范环境显著正向影响个体创业意向[21]，同时参考Wickham模型与Timmons和Spinelli模型的资源指向，因此市场资源也是创业环境的一部分，概括描述为行业竞争指数。创业环境方面可分别通过行业竞争指数和城市创业指数[35]来衡量。本文做出以下假设。

H3a：城市创业指数正面影响融资过程。

H3b：行业竞争指数正面影响融资过程。

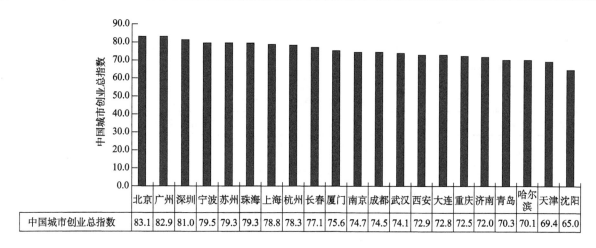

图 4　中国城市创业总指数

资料来源：袁卫，吴翌琳，张延松，等，中国城市创业指数编制与测算研究[J]. 中国人民大学学报，2016，30（5）：73-85

3.4　融资过程方面

本文研究关注第三方投资管理公司的对接过程，包括曝光、浏览、约会三个步骤。初创企业想获得融资，必须经过这三个步骤。有关融资企业的曝光量、融资企业被投资人浏览的次数、投资人约会数都会被记录。根据迭代递推的过程，可以用这三个数据计算出融资企业的浏览曝光比、约会浏览比，其中浏览曝光比是用浏览次数除以曝光量，约会浏览比是用约会数除以浏览次数，用比例是为了让数据更准确，因为考虑到不同批次的企业曝光量不一样，曝光对象也不一样。浏览曝光比能体现投资人的线上关注度，约会浏览比能体现出投资人的线下关注度，约会是比浏览更加接近企业的过程，因此约会浏览比越大，企业获得融资可能性越高。业内人士认为线下关注度是比初期的线上关注程度更深的一种青睐，与最后融资是否成功有正相关性，同样浏览曝光比的数值越大也越能促成约会。因此，本文做出以下假设。

H_{4a}：浏览曝光比正面影响约会浏览比。

H_{4b}：约会浏览比正面影响最终融资是否成功。

4　研究方法

本文数据来源于业绩优秀且具有模范带头作用的新型融资顾问公司。该公司为大量高科技初创企业服务，配有专业的融资顾问，面向融资轮次为天使轮到 A 轮的企业，涵盖 VR、大数据、人工智能、智能硬件、机器人、无人机、其他高科技等多个细分领域。本文从该公司的商业数据库中随机抽取了 200 条融资数据，所涉及的企业启动融资时间为 2016 年 6 月到 2016 年 12 月。这 200 条融资数据的样本企业全部来自信息领域，分布于大数据、人工智能、物联网和云计算等领域，且上述企业所在城市的创业指数均来自于《中国城市创业指数》[35]。

本文回溯了企业融资的三个阶段：曝光、浏览、约会，数据集完整覆盖融资过程，从融资顾问接触公司开始，整个过程都有完整记录，其中专业融资咨询顾问打分过程是采取多人商讨取最终值的方式。基于前文构建的创业要素及融资过程模型（图 3），本文以模型总结出的三大类和 8 个指标为标准，再次进行分析和细化，并且将从投资行为数据中提取的因素进行量化编码，使之能够尽数填入这8 个指标中，最终选取出 24 个因素。关于因素的量化，本文采取专业融资咨询顾问的建议和评分，详见评价指标评分标准（表 1），分成创业团队、创业能力、创业环境三大类，除了第一个创始人背景是七个因素得分相加之外，其余的都是将各类因素评分相乘，其主要目的是考虑各方面因素之间的交叉影响关系，使维度评分更准确。

表 1　融资因素评价标准

评价指标	细分维度	细分维度评分标准	
创业团队实力	技术力	3：技术负责人是所在竞争环境最厉害的、"千人计划"成员、行业巨头、企业技术资深人员； 2：技术团队有比较相关的背景； 1：其他	
	商业力	3：商业负责人曾经负责过重大的商业项目并获得重大成果； 2：曾负责过一般的商业项目； 1：其他	
技术创新力	技术团队	3：技术负责人是所在竞争环境最厉害的、"千人计划"成员、行业巨头、企业技术资深人员； 2：技术团队有比较相关的背景； 1：其他	
	获得专利	3：获得数十项专利；	2：获得数项专利；
		1：其他	
	技术成果	3：有技术壁垒；	2：自研新技术；
		1：其他	
资源整合能力	资源稳定性	3：团队内部自带资源； 2：外部合作资源	1：其他
	资源数量	3：巨头公司量级资源； 2：产业链上下游小公司资源/政府资源； 1：其他	
	外部资源获取	6：自有资源/战略入股； 4：深入合作； 2：达成合作意图；	5：战略合作/独家合作； 3：建立合作关系； 1：其他
势能	先发优势	2：行业首家；	1：其他
	产品优势	2：技术领先/模式创新/进度领先/地位领先； 1：其他	
	市场优势	2：市场份额；	1：其他
融资能力	机构种类	4：VC； 2：产业链小公司/个人；	3：上市公司/巨头公司； 1：其他
	机构知名度	3：一线/知名； 1：其他	2：普通；
城市创业指数	城市创业指数	《中国城市创业指数编制与测算研究》	
行业竞争指数	市场丰度	3：千亿级或更大市场； 1：其他	2：百亿级市场；
	竞争性	3：无竞争对手； 1：有很多竞争对手	2：有一些竞争对手；
	进入壁垒	2：有技术或其他进入壁垒；	1：其他
创始人背景	以下七个因素：相关行业工作经验、担任行业高管、有创业经验、创业成功/连续创业、学历背景、海外学习/工作经历、行业内名企工作经验，若满足一项加一分		

（1）创始人背景：国外学者 Wiersema 和 Bird 提出创业团队受教育水平和受教育专业与创业企业绩效呈正相关[36]，因此良好的学历背景和海外从业经验也决定了创业团队的知识和见解。考察团队成员过去是否在相关行业有从业甚至管理经验，以及是否有创业经验，对于评判此次的创业项目是否会有更好的管理起决定性作用。如果在行业内的知名企业工作过，也是一种信誉背书。所以，根据团队是否有相关行业工作经验、是否担任行业高管、是否有创业经验、是否有创业成功或者连续创业经

验、学历背景是否好、是否有海外学习或工作经历、是否有行业内名企工作经验这七个因素来为创业者素质评分。

（2）创业团队实力：初创期间，商业力也是对技术能力的一种延伸，两者相辅相成，商业人才和技术人才相互作用才能体现创业团队实力，也更能获得投资人认可。所以创业团队实力从技术力和商业力两个方面来测算。

（3）技术创新力：对于高科技初创企业来说技术产品化就是商业核心，所以技术和产品密不可分，此处采取上文研究框架[17]中的 patentability of product（产品专利性）、technical skills（技术能力）、uniqueness of product（产品独特性）三个方面。其中投资公司负责人表示前文提到的核心技术团队也能体现出技术创新力，此外获得的专利等技术证明是一种优势，可以增强投资人的投资兴趣和信心，以及辅助他们判断现有研发技术能否抵御外部竞争，或者是自己研发设计的新技术也是融资过程中的加分项。所以可以从技术团队、获得专利、技术成果三个方面评分。

（4）资源整合能力：高科技创业企业初创期没有明显的销售收入，但是项目内部或者外部可以整合的资源，让投资人看到项目未来发展的预期。对于资源稳定性，团队内部自带资源肯定比外部合作资源更好；巨头公司量级资源比产业链上下游小公司的资源或者政府资源量级更大；外部合作资源获取则可以从资源的合作方式判断。综上可以从资源稳定性、资源数量、外部资源获取三个方面给资源评分。

（5）势能：此处参考 Sahlman 模型[20]和美国评价风险企业价值的框架[17]，它们都提到了类似于竞品、代替者、竞争保护等。创业企业如果是首家进入行业的企业，具有很强的先发优势，或者已经占据了大部分市场份额，可以博取客户和投资人的关注。产品在技术或模式上相对其他竞争者有一定优势，也是一方面的竞争力。我们可以从先发优势、产品优势、市场优势三个方面来量化初创企业势能。

（6）融资能力：融资能力对企业绩效是显著的[34]，并且投资管理公司融资顾问表示风险投资人相对更偏好由知名风险投资者或者行业内知名上市公司投资过的创业企业，融资成功率可能因此增加。目前对融资能力的测算只能通过该企业是否获得过融资且获得的是哪种融资来评判，可以从机构种类和机构知名度两个方面评分。

（7）城市创业指数：中国人民大学调查与数据中心发布了《中国城市创业指数编制与测算研究》，综合分析了北上广深等 21 个城市的文化环境、市场环境、政策环境和创业者活动，可以综合体现创业外部环境，得到了中国城市创业总指数[35]。此处可直接引用相关数据（图 4）。

（8）行业竞争指数：本文中行业竞争指数表示外部环境，外部环境则分为市场和竞争。市场丰度体现了创业项目未来的发展空间和发展方向，通过专业人士评估可直接得出指标值，竞争性是指如果在这个细分行业没有其他的竞争者，则该市场是相对较好的状态。因此可以从市场丰度、竞争性还有进入壁垒三个方面评判。

5 数据分析与假设检验

此次根据前文的分析，将创业者、创业能力、创业环境三个方面 24 个指标作为自变量，投资人行为数据：浏览曝光量、约会浏览量、融资是否成功三个数据分别作为因变量，假设所有自变量与因变量都有相关关系，利用 SPSS Statistics 22.0 对数据进行回归分析，将 24 个指标归为创始人背景、创业团队实力、技术创新力、资源整合能力、融资能力、势能、城市创业指数、行业竞争指数这 8 个维度，详见表2。

表2　融资因素数据分析结果

变量名	N	范围	平均值	Sd	创始人背景	创业团队实力	技术创新力	资源整合能力	融资能力	势能	城市创业指数	行业竞争指数	浏览曝光比	约会浏览比	融资是否成功
创始人背景	200	[0, 7]	3.16	1.36	1										
创业团队实力	200	[2, 18]	6.73	3.33	0.225**	1									
技术创新力	200	[1, 18]	5.12	3.45	−0.053	0.346**	1								
资源整合能力	200	[1, 36]	7.58	10.96	0.080	−0.015	0.052	1							
融资能力	200	[1, 12]	1.84	2.63	0.031	0.111	−0.004	0.134	1						
势能	200	[1, 8]	2.24	0.95	−0.010	−0.055	−0.054	0.003	−0.052	1					
城市创业指数	200	[60, 83]	79.98	3.87	0.089	0.177*	0.098	0.054	−0.002	0.092	1				
行业竞争指数	200	[1, 12]	3.84	2.61	−0.031	0.029	0.139*	−0.007	0.042	0.020	0.047	1			
浏览曝光比	200	[0.05, 0.39]	0.127	0.047	0.055	0.180*	0.173*	−0.044	−0.109	0.019	0.106	−0.044	1		
约会浏览比	200	[0.01, 0.19]	0.083	0.035	0.058	0.181*	0.088	0.088	−0.185**	0.032	0.187**	−0.066	0.477**	1	
融资是否成功	124	[0, 1]	0.38	0.487	0.094	0.394**	0.391**	0.068	0.229*	0.012	0.118	0.081	0.182*	0.158	1

**表示在置信度（双侧）为0.01时，相关性是显著的；*表示在置信度（双侧）为0.05时，相关性是显著的

　　根据表2可以看出，样本中的200个高科技创业企业，创业团队实力也有弱有强，分布相较于创始人素质基本评分波动大一点。值得注意的地方是，在200个样本中，资源整合指标的均值较小，标准差较大，说明很多高科技创业企业在初创期获得的资源很少，但是也有一部分企业有大量的内部或外部资源。同样，融资能力指标的均值很小，标准差略大，说明大部分企业，都是第一次面向资本市场融资，但是也有一部分企业融资成果优异。

　　三个月后，200个样本中有124个创业企业已经得到比较明确的结果，其中有47个创业企业融资成功，有77个创业企业没有融资成功，另外有76个创业企业前程未知。表2显示了各指标间的相关系数，表3展示了各指标在创业融资三个不同阶段的逐步回归分析的详细结果。

表3　回归分析结果

要素模型	指标因素	浏览/曝光	约会/浏览	融资成功
创业团队	创始人背景	0.032（0.664）	0.004（0.950）	0.091（0.610）
	创业团队实力	0.149（0.046）	0.098（0.124）	0.186（0.017）
创业能力	技术创新力	1.642（0.104）	−0.029（0.665）	0.219（0.003）
	资源整合能力	−0.038（0.590）	−0.037（0.554）	0.009（0.676）
	融资能力	−0.130（0.064）	−0.137（0.028）	0.199（0.016）
	势能	0.022（0.751）	0.010（0.872）	0.174（0.444）

续表

要素模型	指标因素	浏览/曝光	约会/浏览	融资成功
创业环境	城市创业指数	0.070（0.332）	0.139（0.025）	0.000（0.998）
	行业竞争指数	−0.064（0.362）	−0.050（0.418）	0.056（0.509）
融资过程	浏览曝光比		0.448（0.000）	1.652（0.739）
	约会浏览比			10.140（0.180）
F（sig）		5.068（0.007）	23.58（0.000）	40.053（0.000）
R^2		0.049	0.265	
ΔR^2		0.039	0.254	
Nagelkerke R^2				0.376
Cox&Snell R^2				0.276

注：括号内为 p 值

　　本文研究总体发现创业团队实力、技术创新力、融资能力、城市创业指数、浏览曝光比，这些因素在分析过程中有显著性，还有些因素在不同阶段发挥着不同的作用，且对每个阶段的解释度（R^2）有所不同，其中浏览曝光阶段的 R^2 最小，且第二阶段不加入约会浏览比和浏览曝光比的 R^2 应该也很小，是因为根据孵化器 Y-Combinator 显示的数据，创业公司的成功率不高于 0.4%，创业成功率本身就很低，所以解释力度偏小。以下根据融资过程的三个环节（表3）来解释分析过程及发现。

　　在浏览/曝光的环节，以 8 个指标因素作为自变量，浏览曝光比作为因变量，进行向后线性回归分析。创业团队实力和融资能力两个指标有显著性，其中创业团队实力（β=0.149，$p<0.05$）的显著性较强，说明在投资人第一步接触到高科技创业项目的时候，最关注的是团队情况。融资能力（β=−0.130，$p<0.07$）也表现出较强的显著性，但是与浏览曝光比呈现负相关关系，与之前的假设及业内人士沟通的情况不符。

　　在约会/浏览的环节，以 8 个指标因素和浏览曝光比作为自变量，约会浏览比作为因变量，进行向后线性回归分析。发现浏览曝光比、融资能力及城市创新指数这三个指标比较显著。浏览曝光比（β=0.448，$p<0.001$）显著性非常强，会正向影响约会浏览比，说明企业业务流程对于促进融资有一定作用，投资人浏览过的企业获得被排会与约谈的可能性很大。城市创业指数（β=0.139，$p<0.05$）显著性较强，业内人士认为，很多投资机构的办公室都设置在北上广深等城市创业指数较高的一线城市，项目地址在这些城市的高科技创业企业，自然可以获得更多的约会数，同时好的创业环境也会得到投资人的青睐。

　　在最终融资环节，以8个指标因素、浏览曝光比和约会浏览比作为自变量，融资是否成功作为因变量，采用二元逻辑回归分析。发现创业团队实力（β=0.186，$p<0.02$）、技术创新力（β=0.219，$p<0.003$）和融资能力（β=0.199，$p<0.02$）这三个指标的显著性非常高。在以浏览曝光比、约会浏览比作为因变量时，创业团队实力显著性也比较高，证明这个指标确实是影响最终融资是否成功的关键因素。读者可以发现，在以浏览曝光比与约会浏览比两个数据作为因变量时，融资能力指标呈现出负相关；而以融资是否成功作为因变量时，融资能力指标呈现出正相关。实际上，业内人士表示大部分投资人在浏览的时候会关注融资较少的企业，但是最终投资的时候都比较青睐被知名 VC 投资过的企业。

　　综上证明 H_{1b}：创业团队实力正面影响融资过程；H_{2a}：技术创新力正面影响融资过程；H_{2c}：融资能力正面影响融资过程；H_{3a}：城市创业指数正面影响融资过程；H_{4a}：浏览曝光比正面影响约会浏览比是正确的，其中创业团队实力、技术创新力、融资能力对最终融资是否成功有正相关性。我们可

以得出融资体系模型（图 5）：高科技创业企业初创期融资成功的关键因素是创业团队实力、技术创
新力、融资能力。创业团队实力是关键的因素，贯穿融资过程，分别影响浏览曝光比和最终融资是否
成功，且技术创新力在创业企业融资过程中起到了关键性的作用，最后分析结果也显示 8 个维度的因
素顺应融资流程，以从左向右的顺序影响融资过程，但最终结果还是要参考关键因素而不是过程。

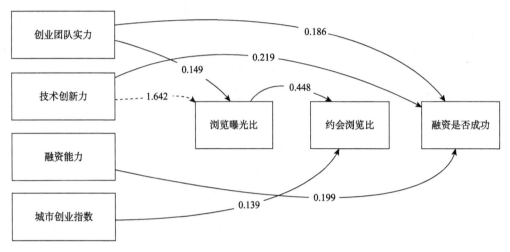

图 5　融资体系模型

6　研究意义与局限

本文在梳理高科技创业企业融资成功影响因素的基础上，结合高科技与初创期的特点和创业要素
模型，再结合风险企业价值框架[17]，建立了适用于投资管理公司的创业要素模型。然后对融资顾问
公司服务的融资企业的 200 组数据进行了回归分析，构建了融资体系模型（图 5）。在经典模型
Wickham 创业模型[23]中创业者占据主导地位，创业能力没有得到充分重视。此外，以往研究主要关
注企业的组织能力，而非企业在早期发展时所彰显出来的创业能力，而 Wickham 创业模型也没有对
创业能力进行细化。本文研究则凸显了创业能力在创业融资过程中的重要作用，以弥补现有研究在该
项能力上的缺失。已有研究表明创业能力有更广泛的内涵，如蔡莉等发现创业能力在创业学习与新企
业绩效之间重要的中介作用[37]。

本文发现，在创业要素及融资过程模型（图 3）的三个主要方面和融资过程中，创业能力最为重
要，其中对最终融资是否成功有正相关性的是技术创新力和融资能力两个因素；创业团队其次，其中
对最终融资是否成功有正相关性的是创业团队实力；结果显示创业环境和融资过程则对最终融资没有
发挥显著的影响。以上三个因素中技术创新力对最终融资是否成功影响最大，其次是创业团队实力，
以往模型[23]表明创始人处于核心地位，而本文发现，更应看重创业团队的综合实力，创业团队实力
分别正向影响约会浏览比和融资是否成功，而不仅仅是依靠创始人本身。此外，以往文献指出良好的
创业环境对于创业来说是至关重要的[38]，但是本文研究发现城市创业指数对约会浏览比有正向影
响，对最终融资没有发挥显著的影响，这可能是因为本文选择的是互联网中较热门的五大行业，且这
些行业大都聚集在上海、北京、广州等创业指数较高的城市，城市差距不大，城市数据方差小，但是
对于约会浏览比来说，城市带来的便捷好处居多，投资人在相对便捷的情况下更倾向于线下实际考
察。数据还显示约会浏览比对最终融资是否成功没有显著影响，因此提示创业者还应把主要精力配置
在技术创新上，而非路演等环节，毕竟融资是一个漫长的过程，城市环境为公司在创业早期提供更多

机会，然而创业成功最终是建立在技术与实力的基础之上。

本文的理论意义在于，首先本文提出一套相对完备化和具体化的创业要素及融资过程模型（图3），相比于以往的典型创业要素模型，该模型不仅涵盖以往模型的几大重要方面，而且往下细分，将创业团队细化为创始人背景和创业团队实力，将创业能力细化为技术创新力、资源整合能力、融资能力和势能，将创业环境细化为城市创业指数和行业竞争指数。另外以往模型没有提到过程，本文结合创业要素及融资过程模型总共分为8个维度，将融资公司提供的26个因素数据概念化，建立了融资因素评价指标（表1），该评价指标将融资公司的业务流程理论化，并且通过指标因素的分析发现在融资的不同阶段，企业的某些因素对过程有差异化的影响，不仅丰富了过程模型而且为后续实际应用提供理论依据。

本文的实践意义在于构建了融资体系模型。融资体系模型是对研究成果的提炼和总结，该模型服务于高科技创业企业和融资服务商。从模型中可以看出，创业团队实力贯穿融资过程，首先影响浏览曝光比，且最终正向影响融资是否成功，而创业团队实力分为技术力和商业力，初创团队一般规模较小且主要为技术人员，而商业力更多的是指商业管理能力、技术商业转化能力。技术创新力表现的是核心技术团队体现的技术创新，主要是技术团队、获得专利、技术成果三个方面的结合。此外，融资能力也是投资人关注的一点，优质的前期投资人对融资是否成功会产生正向影响。

技术创新力影响最大，融资能力其次，最后是创业团队实力，所以高科技创业企业可以先从技术创新力入手提高融资率，优质的融资能力也会反馈给企业新的融资筹码，以此形成良性循环。浏览和城市创业指数对约会有促进作用，一方面是因为浏览增加了约会的可能性，另一方面是投资人潜意识里会选择较近的企业去了解和约会，所以对于初创企业来说提高创业团队实力和选择发展指数较高的城市作为落脚点，有利于企业融资和发展。但是对于融资是否成功影响最大的是技术创新力，对于高科技初创企业来说，技术是一切的根本。不仅是在融资过程中，投资人会重视技术创新力，对于整个创业企业的发展，技术都是核心部分，只有真正具有强大的技术研发实力的创业团队，才能获得投资人的青睐。与此同时融资体系模型构建的框架能帮助服务商将业务体系化，该融资模型的适用对象是高科技创业企业，由于该类企业的特殊性和一定的时代性，融资服务商势必要将模型中的四个主要因素设为重点考察项目，有针对性地对初创企业进行分类及安排与投资人会谈等撮合活动。

此外，本文研究有一定局限性。首先，200个样本企业全部为信息技术领域的高科技初创企业，分布在大数据、人工智能、物联网、云计算这四个领域，并不涉及其他领域，如生物技术、材料技术，这类领域研发周期更长，因此模型适用范围有待扩充。其次，本文考察的样本企业是在创业的早期阶段，融资处于较早轮次，我们应该对其后续融资结果继续进行跟踪。

参 考 文 献

[1] 张健，姜彦福，林强. 创业理论研究与发展动态[J]. 经济学动态，2003，（5）：71-74.
[2] 清华大学经管学院中国创业研究中心.《全球创业观察2015/2016中国报告》发布[J]. 中国就业，2017，（3）：16.
[3] 胡彦斌，钟田丽. 企业技术创新能力与融资结构理论与实证——来自中国创业板面板数据[J]. 工业工程与管理，2013，18（6）：106-114.
[4] 宋清，胡雅杰，李志祥. 促进科技型创业企业成长的孵化要素实证研究[J]. 科学学与科学技术管理，2011，32（5）：108-114.
[5] Minola T, Giorgino M. Who's going to provide the funding for high tech start-ups? A model for the analysis of determinants with a fuzzy approach[J]. R&D Management, 2008, 38（3）: 335-351.
[6] Vasilescu L, Tudor S. External financing for EU SMEs—challenges, measures and trends[J]. Ovidius University Annals, Series Economic Sciences, 2015, 15（2）: 565-569.

[7] 张俊芳，郭戎. 中国风险投资发展的演进、现状与未来展望[J]. 全球科技经济瞭望，2016，31（9）：34-43.

[8] 张玉利. 创业研究现状探析及其在成果应用过程中的提升[J]. 外国经济与管理，2010，32（1）：1-7.

[9] 张俊芳，张明喜. 中国风险投资发展的特征与形势分析[J]. 全球科技经济瞭望，2017，32（2）：22-30.

[10] Bruderl J, Schussler R. Organizational mortality: the liabilities of newness and adolescence[J]. Administrative Science Quarterly, 1990, 35（3）: 530-547.

[11] 周纲，田增瑞. 影响中小企业创业成功的复杂因素——上海市创业投资企业和创业企业调研分析[J]. 研究与发展管理，2008，20（6）：82-87.

[12] 康林. 提高创业融资成功率三要素[J]. 企业科技与发展，2008，（11）：32.

[13] 李民，王雄伟. 中小科技企业如何获得风险投资家的青睐[J]. 经济师，2007，（6）：197.

[14] 龚刚，聂晶. 区域投资的优化选择与马太效应[J]. 开发研究，2003，（5）：3-6.

[15] 关心如，李远勤. 风险投资偏好研究[J]. 财会通讯，2016，（20）：3-7.

[16] 尹淑娅. 风险投资中的创业企业价值评估模型及其运用[J].中国软科学，1999，（6）：79-80，94.

[17] Tyebjee T T, Bruno A V. A model of venture capitalist investment activity[J]. Management Science, 1984, 30（9）: 1051-1066.

[18] 董保宝，葛宝山. 经典创业模型回顾与比较[J]. 外国经济与管理，2008，30（3）：19-28.

[19] Timmons J A, Spinelli S. New Venture Creation: Entrepreneurship for the 21st Century with Power Web and New Business Mentor CD[M]. Boston: McGraw-Hill Irwin, 2003.

[20] Sahlman W A. Some Thoughts on Business Plan, the Entrepreneurial Venture[M]. Boston: Harvard Business School Publication, 1999.

[21] 贺小社，柯大纲. 基于实物期权的高科技项目投资机会价值和投资决策研究[J]. 改革与开放，2010，（2）：78-79，81.

[22] 胡玲玉，吴剑琳，古继宝. 创业环境和创业自我效能对个体创业意向的影响[J]. 管理学报，2014，11（10）：1484-1490.

[23] Wickham P A. Strategic Entrepreneurship[M]. New York: Pitman Publishing, 1998.

[24] Low M B, MacMillan I C. Entrepreneurship: past research and future challenges[J]. Journal of Management, 1988, 14（2）: 139-161.

[25] Jack S L, Anderson A R. The effects of embeddedness on the entrepreneurial process[J]. Journal of Business Venturing, 2002, 17（5）: 467-487.

[26] Baum J R, Frese M, Baron R A. The Psychology of Entrepreneurship[M]. Mahway: Erlbaum, 2006.

[27] 叶明海，王吟吟，张玉臣. 基于系统理论的创业过程模型[J]. 科研管理，2011，32（11）：123-130.

[28] Isenberg D. The Entrepreneurship Ecosystem Strategy as a New Paradigm for Economic Policy: Principles for Cultivating Entrepreneurship[R]. Presentation at the Institute of International and European Affairs, Dublin, 2011: 1-13.

[29] Isenberg D. Introducing the entrepreneurship ecosystem: four defining characteristics[J]. Forbes, 2011, （5）: 25-31.

[30] 夏立军，郭建展，陆铭. 企业家的"政由己出"——民营IPO公司创始人管理、市场环境与公司业绩[J]. 管理世界，2012，（9）：132-141，155，188.

[31] 孙海法，伍晓奕. 企业高层管理团队研究的进展[J]. 管理科学学报，2003，6（4）：82-89.

[32] 吕东，云乐鑫，范雅楠. 科技型创业企业商业模式创新与适应性成长研究[J]. 科学学与科学技术管理，2015，36（11）：132-144.

[33] 冒乔玲，许敏. 技术创新驱动企业成长的绩效分析——基于创新型上市公司的实证研究[J]. 企业经济，2012，31（4）：17-23.

[34] 陈超，赵武阳，潘晶晶. 研发投入、融资能力与公司业绩——来自中国工业企业的大样本证据[J]. 研究与发展管理，2014，26（3）：1-11.

[35] 袁卫，吴翌琳，张延松，等. 中国城市创业指数编制与测算研究[J]. 中国人民大学学报，2016，30（5）：73-85.

[36] Wiersema M F, Bird A. Organizational demography in Japanese firms: group heterogeneity, individual dissimilarity, and top management team turnover[J]. Academy of Management Journal, 1993, 36（5）: 996-1025.

[37] 蔡莉，汤淑琴，马艳丽，等. 创业学习、创业能力与新企业绩效的关系研究[J]. 科学学研究，2014，32（8）：1189-1197.

[38] 吴一平，王健. 制度环境、政治网络与创业：来自转型国家的证据[J]. 经济研究，2015，（8）：45-57.

Key Factors of Successful Financing for High-tech Startups

LIU Jie，YU Yan

（School of Information，RUC，Beijing 100872，China）

Abstract　With the advancement of technology, the smart industry is booming, and mass entrepreneurship faces new opportunities, and venture capital has arisen. From an investor's perspective, certain key factors will determine whether they will invest in the business. Based on the review of the previous entrepreneurial factor model, this paper extracts the financing factor model suitable for China's high-tech entrepreneurs. Through the empirical analysis of 200 companies, it is found that certain characteristics of high-tech startups has different impacts on its success along different stages. Accordingly, the financing system model is validated. The empirical analysis of this paper highlights the entrepreneurial capabilities of high-tech start-ups, especially technological innovation, which is the first key element of their financing success. The conclusions of this paper will be instructive to entrepreneurs and financiers.

Keywords　High-tech enterprise, Entrepreneurship, Financing, Financing system model

作者简介

刘婕（1995—），女，中国人民大学信息学院 2017 级硕士研究生，研究方向为高科技企业研究。E-mail：ljieaimee@163.com。

余艳（1980—），女，中国人民大学信息学院副教授、硕士生导师，研究方向包括企业知识管理、开放创新、数字转型、社会媒体影响力。E-mail：yanyu@ruc.edu.cn。

互联网营销领域的行为价格研究综述[*]

宋红娟[1, 2]，杨　强[2]，蒋玉石[2]

（1. 海南热带海洋学院 旅游学院，三亚 572022；

2. 西南交通大学 经济管理学院，成都 610031）

摘　要　行为价格通过从心理学角度探索消费者对价格的反应来扩展传统的价格理论。随着这一研究领域的不断发展，本文回顾了消费者对价格信息的处理过程和消费行为的相关文献，着重分析普适性行为价格理论的同时突出了互联网时代行为价格的实证研究。以 ISI Web of Science 数据库为数据源，将传统文献综述和文献计量分析方法相结合，重点综述和讨论排名前 20 的营销期刊公开发表的有关行为价格的文献，对行为价格的研究进行概念化，确定研究主题网络，并讨论该领域多产的研究作者、研究机构和学术期刊。

关键词　行为价格，信息处理，文献计量分析，文本挖掘

中图分类号　F014.31

1　引言

在互联网市场上，与大多数传统市场一样，卖家通常不会准确地了解客户的需求。因为网络环境具有高不确定性，即消费者可以随时随地购物，随时随地进行品牌转移或网络商店转移。线上卖家可以忽略菜单成本，根据不同的情境随时变更价格，但寻找合理的、可以实现利润最大化的价格是他们在网络中生存的核心。因此企业考虑消费者对定价策略的响应（包括参考价格、动态定价和概率销售等）是非常重要的，以便能够清楚地了解在线营销的有效性和精准性。

传统的价格研究源于经济学和金融学。本文综述的价格研究文献集中于市场营销领域，特别是消费者相关的价格行为研究，即"行为价格"的话题。行为价格研究从心理学角度探讨消费者对价格的反应，它着重于消费者对价格感知、评估和记忆的个人进程及其消费行为[1~3]。行为价格有助于解释基于微观经济原理的传统价格理论无法解释的现象[4, 5]。行为价格研究对于价格管理至关重要，因为价格决策的质量和定价策略的设计对企业利润会立即产生影响[6]。

行为价格把心理学和行为科学引入价格研究中，并使用社会认知和行为决策理论进行研究。多年来，营销领域价格研究包含了价格中的许多不同方面，如价格策略[7]、经济基础理论[8]或市场价格研究的影响力[9]等。先前一些研究者对行为价格的文献进行了综述，但主要集中在 20 世纪[5, 10, 11]，或具体到某一个情境，如酒店管理[12]，仍然没有明确行为价格的研究核心是什么。尽管行为价格自 20 世纪 70 年代以来才有所发展，但它现在被认为是一个成熟的研究领域。2005 年，Homburg 等发表了行为价格研究的全面综述，总结了综合框架范围内的实证研究结果[2]。从那时起，研究领域发生了很

---

* 基金项目：国家自然科学基金项目（71572156）。

通信作者：蒋玉石，西南交通大学经济管理学院博士生导师。E-mail：jys_a@sina.com。

大变化,大量涉及价格相关主题的出版物记录了其动态进展。因此,与十年前相比,今天的文献有各种发展,这些发展对消费者获取、评估和存储价格信息的知识产生了重大影响。本文将这些发展结构分为三类:概念发展、新理论的采用及新关系和定价现象的分析。

随着市场新概念的出现,新的理论和新的市场现象也逐渐在更新,如关注价格研究中曾被广泛忽视的价格方面的情感过程。此外,随着互联网技术的发展,许多创新的定价机制已经演变,如Priceline公司推出的支付你想要的价格(pay what you want,PWYW)和价格由你定(name your own price,NYOP)网络拍卖。这些概念逐渐改变消费者与市场的关系,同时也影响营销研究人员在理论和实证方面的更新。一个理论可以使命题表明变量之间的因果关系,以解释或预测一组现象。例如,为了解释与价格情绪相关的影响,评估理论(最初用于普通情绪)用于研究价格相关情绪如何从评估价格刺激中产生;结合新的市场定价机制带来的不确定性,引入不确定决策理论解释行为价格的现象。这些概念和理论的发展已经引起了各种新的关系及与对价格相关的概念的决定因素和结果的实证分析,如价格促销的安慰剂效应[5]。这些发展已经被证实、扩展甚至发现与先前知识相矛盾的地方,特别是互联网时代产生相互矛盾的结果来挑战据称具有确定性影响的行为价格理论值得密切关注。因此,将这些新见解与现有研究结合起来非常重要,在这样的背景下,行为价格理论最新的研究综述显得非常必要。

本文的主要目的是基于以往的文献确定行为价格的相关概念,构建行为价格研究的理论结构,并介绍该领域的主要研究成果。为了实现这些目标,本文采用传统文献综述和文献计量分析相结合的方法。首先,利用传统的文献综述方法确定行为价格的研究主题以定义该领域的关键概念。研究回顾的主要目的是获知文献"大纲"[13]。文献计量分析法主要是使用现代搜索引擎、电子科学数据库和复杂的文本挖掘工具对文献进行系统的梳理,在大量文献中聚类研究主题。传统文献综述中的参考文献数量可能是数百篇,而文献计量分析的研究文献可能高达20 000篇[14]。

本文研究由四个主要部分组成。首先讨论了以往文献中行为价格的研究领域;其次,介绍了本文的研究方法;再次,结果分为两部分:介绍行为价格研究的主题网络,以及研究国家、研究作者和学术期刊;最后,对结论和未来研究思路进行了总结。

2 文献概述

Miyazaki将行为价格定义如下:"行为价格构成了价格研究的一个广泛子集,主要关注人们如何趋向、感知、处理并评估价格信息,以及如何确定特定物品的出售或购买价格"[3],但对于行为价格的定义、研究范围,研究者们一直不是很清晰。行为价格研究领域多产作者Cheng和Monroe对行为价格的定义进行了明确界定,认为行为价格研究核心变量是"价格"(price)而不是"定价"(pricing)[1]。另外,虽然心理学仍然是行为价格研究领域的主要部分,但它比价格心理学更为广泛[15],还包括文化、社会和经济方面人们如何看待、处理和应对价格信息[16]。

以前一些综述性文章已经回顾了消费者市场中行为价格的相关研究[5, 10, 12, 17, 18],这些综述主要讨论了表1所列的主题。

表 1　目前现有的行为价格文献综述中的研究主题

行为价格文献讨论主题	Monroe[11]	Winer[5]	Gijsbrechts[10]	Parsa 和 Njite[12]	Liu 和 Soman[17]	Koschate-Fischer 和 Wüllner[18]
价格搜索						√

续表

行为价格文献讨论主题	Monroe[11]	Winer[5]	Gijsbrechts[10]	Parsa 和 Njite[12]	Liu 和 Soman[17]	Koschate-Fischer 和 Wüllner[18]
价格存储	√		√		√	√
价格—质量关系	√	√	√	√		√
参考价格	√	√	√	√	√	√
价格公平				√		√
价格情绪						√
支付意愿（willingness to pay，WTP）			√	√		√
参与定价机制						
支付方式						√

注：“√”表示作者研究包含的内容

以前的文献大多数集中在"行为价格"领域的几个主题，只有 Koschate-Fischer 和 Wüllner 从更广泛的角度综述了行为价格，主要从认知心理学角度讨论了消费者获取、评估、存储价格信息和消费行为的认知过程[18]，但他们基于传统文献方法，没有从系统的角度解决行为价格的研究核心，也忽略了互联网技术时代新的市场现象对传统理论的挑战。

综上所述，本文作者参考 Homburg 等的研究主题分类方法[2]，主要从消费者价格信息处理及其消费行为两个阶段，整理了 1995 年至 2018 年 1 月营销领域的行为价格文献，发现从概念、理论和研究方法方面都有了新的发展。根据整理文献，本文研究将行为价格领域分为四个子主题：价格获取、价格评估、价格存储和消费行为，前三个子主题都属于价格信息处理过程，并且此过程影响消费行为。

3 数据和方法

本文研究使用两种方法：传统文献综述与文献计量分析法。传统文献综述的目的是描述研究领域的关键概念，回顾现有的相关文献，对未来研究提出建议和研究思路[19]。传统文献综述可以在狭窄的范围内涵盖有关该专题的相关文献，集中分析主导期刊的理论和实践贡献。

相比之下，文献计量分析法回答了"谁在何时、何地做了什么"的问题[13,14]。谁是多产的作者？他们的具体研究课题是什么？哪个机构进行相关研究？什么是热点话题？什么时候进行的研究？使用简单的高频词、共现网络图、热点图为以上问题提供答案。此外，文本挖掘工具可以使用文本数据进行高级统计分析（相关和聚类分析），并使用多维缩放可视化结果。这样的视觉分析可以帮助理解那些概念聚类，加强对研究核心的理解[13]。因此，本文使用文献计量分析法拓展了传统文献综述法，采用现代搜索引擎、电子科学数据库和复杂的文本挖掘工具综述了一个更大体量的话题。

传统文献综述法与文献计量分析法的主要区别如表 2 所示。

表 2 传统文献综述法与文献计量分析法的主要区别

传统的文献综述法	文献计量分析法
微观聚焦（以单篇文献为基础）	微观聚焦（相关文献作为一个整体系统）
范围狭窄（如 20~200 篇文献）	范围广泛（如 20~20 000 篇文献）

续表

传统的文献综述法	文献计量分析法
紧扣研究主题	围绕主题+相关领域
文本讨论	文本、数字和图形描述

文献计量分析法的过程包括收集数据、分析和设计、选择三个阶段[14]。收集数据包括问题识别、信息来源的选择、搜索细化、数据检索及数据清理；分析和设计包括基础和高级分析；选择包括解释和利用研究结果。接下来，本文讨论收集数据和分析思路。

3.1 数据

3.1.1 数据源

文献主要来源于ISI Web of Science数据库的出版物。选择ISI Web of Science数据库是因为它被认为是最科学的数据库之一，包括全面的学术期刊的条款；被学术界广泛使用；研究人员和全球政府机构用其评估国家研发业绩。2018年1月，笔者以搜索词"行为价格"或"价格"、文献类型为"期刊"进行了搜索，得到不同学科的文献共325 487篇。

3.1.2 文献选择

文献筛选范围主要包括来自前20种主要营销和商业期刊的文章①。所有在ISI Web of Science数据库中包含超过10篇行为价格文章的一般营销期刊都被选中。另外，增加了刊物《产品与品牌管理杂志》（*Journal of Product and Brand Management*），因为这本杂志是唯一专注价格的营销杂志。此外，还包括四个一般的商业期刊，因为它们从营销的角度出版了许多关于价格的文章。这些期刊是《哈佛商业评论》（*Harvard Business Review*）、《商业研究杂志》（*Journal of Business Research*）、《商业杂志》（*Journal of Business*）和《麻省理工斯隆管理评论》（*MIT Sloan Management Review*）。本文研究综述了这些期刊在营销领域中关于行为价格的文章，这20种营销杂志的行为价格文章截至2018年1月总数为3 106篇。

接下来，从3 106篇行为价格文献中手动筛选在标题、关键字或摘要中讨论了表1中所确定主题的所有文章。进一步排除定价策略、价格竞争、产业或BOB定价等主题的文章及其他营销应用的研究文章。行为价格中选定的主题是价格搜索、价格—质量关系、参考价格、价格公平、价格情绪、价格存储（意识/知识）、支付意愿、参与定价机制和支付方式，分析中包含的最终文章数为428篇。由于选择过程的主观性，本文研究可能不包括所有讨论行为价格的发表文章，但研究的目的是研究该领域的主要内容，而不是进行普查，包括大部分已发表文章的数据集即使可能不包括所有文章也是足够的。在这项研究中，传统文献综述的目的是描述这一领域的关键概念。因此，综述只集中在每个主题的几个主要贡献，而文献计量分析包含了428篇文章。

3.1.3 数据清理

选择最终数据集后，其他所有数据都被清除。数据清理的目的是识别那些相同且重复的主题词，

---

① 期刊排名来自 VHB-JOURQUAL 3. http://vhbonline.org/service/jourqual/vhb-jourqual-3/teilrating-mark/.

如 Monroe K 和 Monroe Kent。此外，清理过程旨在捕获复数和拼写错误。一般使用标题、关键字和摘要中的信息来研究文章的内容，然而，并不是所有的文章都可以找到所有的信息，如在 ISI Web of Science 数据中关键词仅在 1990 年以后发表的文章中发布。因此，我们选择使用这三个字段中的每一个，因为至少有一个可用于所有的文章。为此，标题和摘要部分得到进一步处理。第一，使用自然语言处理（natural language processing，NLP）将标题和摘要文本分成离散的单词和短语。第二，删除了"和""的"停止词。第三，删除了"作者""研究"等微小的英文和研究相关词。然后将标题词、摘要词和作者提供的关键词组合成一个字段。这个字段被清理为词干，如我们将单词"段"和"分段"组合为"分段"。在最终数据集中，我们也删除了原始搜索词"价格"和"定价"，因为它们存在于所有文章中。此外，一般行为价格术语"消费者"、"市场"和"类别"被删除。在下面的文本中，这些组合数据集被描述为"关键术语"，其中一篇文章中可能出现在标题、摘要和关键词中的相同术语只计算一次。

3.2　分析

在结果部分，首先简要介绍本文所确定的行为价格研究主题。此后使用 CiteSpace 和 VOSviewer 软件进行高级分析，确定每个研究子领域中讨论的主要术语并呈现为聚类映射（不同的颜色表示不同的聚类）。聚类映射的主要目的是显示在收集的文献中出现哪些相同关键术语[20]。

在本文研究中，我们还使用自相关矩阵来表征自相关图，以便可视化关键术语之间的联系。计算 Pearson 相关系数（r）以测量在同一记录中使用的任何两个关键术语的共现。例如，关键词的自相关矩阵通过 pathfinder（寻径算法）将经常一起使用的关键术语生成可视化地图。pathfinder 简单地将 N 维简化表示为二维，从而寻求维持相互接近的高相关性的关键术语。一般来说，彼此离得越近的关键词越相似；任何两个关键术语之间的线（和线的粗度）可以测量相似关键词的接近程度，线条越粗意味着它们之间的相关性越高。我们以一个例子对相关性进行说明，假设关键术语 A 和 C 高度相关，而且关键术语 A 和 B 也是相关的。在这种情况下，关键术语 A 和 B 及关键术语 A 和 C 在地图上显得很近，它们之间有联系。然而，关键术语 B 和 C 也必须相对接近，因为它们都接近于关键术语 A，尽管它们之间的联系较弱。节点的大小表示包含关键词文章的数量。随后的研究分析包括多产作者、机构和区域分布。

4　互联网营销行为价格重点研究领域

接下来，作者将介绍本文确定的互联网营销行为价格中的每个研究子领域。首先讨论了子主题领域中的先前系列文献；其次识别该子领域使用的关键术语，为每个子领域提供了一个词义网络图，显示了关键术语的相对频率及术语如何相互关联。

4.1　价格获取

价格获取阶段的中心概念是消费者的价格搜索[21]。价格搜索可以通过时间维度（搜索不同时间点同一商店中的商品价格，也称为"店内搜索"）和空间维度（比较不同零售商之间的产品价格，也称为"店间搜索"）来表征。在实证研究中，价格搜索研究主题主要涉及经济方面，特别是成本与价格搜索强度之间的关系[22]和定价策略对价格搜索的影响[23]。

如图 1 所示，价格获取的关键术语主要包括成本（cost）、利润（profit）、信息搜索（information

search）、数量（amount）、搜索引擎（search engine）等。关于成本与价格搜索强度之间的关系，研究发现：搜索成本较低的网络环境中，价格搜索强度低于线下实体店，这主要是由于网络购物存在较高的交易风险及在线定价较低和卖家信誉较低[23]。这些新发现挑战了基于经济效用理论关于搜索成本和价格搜索强度之间的负线性关系的传统假设[24]，对未来研究中的价格搜索建模也有影响。由于搜索成本对搜索强度影响的性质取决于搜索成本水平、成本类型及搜索渠道，因此应明确地将这些因素纳入建模中。Maity 等的研究也表明，消费者搜索应该更适合用收益模型来代替搜索成本[25]。研究结果表明：电子零售商需要重新考虑网络消费者在搜索行为和利润贡献方面的划分，验证了潜在的负利润不是搜索成本最低的消费者，而是那些机会成本—预期收益相等的消费者。因此，零售商可以开展促销以降低成本—效益比，从而阻止商店之间的分拆，或至少将其商店转换为第一家商店，其中利润贡献就会更加均衡。

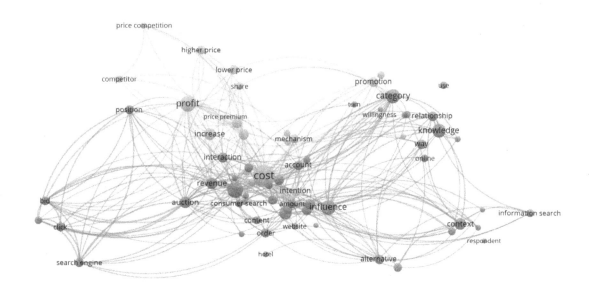

图 1　价格搜索的研究主题网络

　　关于网络定价策略，最近的研究以更加差异化的方式研究了低价格担保（low price guarantees，LPG）和每日低价（everyday low pricing，EDLP）对价格搜索强度的影响。如果消费者在给定的时间内在市场上找到价格较低的产品[26]，LPG 就是零售商的退款差价。EDLP 是一种定价策略，其特点是在各种产品上都具有稳定的低价格，而不是某些产品或类别的临时价格折扣（如 Hi-Lo 定价策略中的情况）。此外，从网站获取的线上价格信息可以在后期购物情况下作为上下文参考价格。例如，线上价格信息在离线购物时可能影响消费者的价格评估[27]。目前，价格获取的代表性研究如表 3 所示。

表 3　价格获取的代表性研究

作者	主要自变量	主要因变量	主要发现
Richards 等 [28]	网络杂货店产品多样性；效用多样性	网络搜索成本	当忽略了产品多样性影响时，搜索成本和搜索频率在单一产品情境中会有偏差；当忽略效用多样性效应时，搜索成本的估计是偏上的，而搜索频率是偏下的

续表

作者	主要自变量	主要因变量	主要发现
Bodur 等[27]	线上零售商评级（高/低）；线上价格水平（高/低）	线下价格评估	有利的价格比较网站（price comparison sites, PCS）零售商评级增加了与该零售商相关价格的感知有效性，从而增强了 PCS 价格对离线价格评估的影响。当 PCS 零售商评级相似时，意味着相关价格的相似有效性，较低的 PCS 价格及 PCS 价格分布中出现频率较高的那些产品会产生更大的影响。当 PCS 零售商评级是可变的（一些高和一些低）时，PCS 价格分配效应仅在 PCS 零售商评级提供关于价格有效性的一致信息时才出现，即最高价格由具有更有利评级的零售商提供
Monga 和 Saini[29]	当前搜索费用的货币（时间/金钱）；搜索成本的大/小（高/低）	网络搜索意愿	搜索的"货币"成本（时间与金钱）调节了搜索成本的大小和搜索意愿之间的关系，使得消费者在花时间而不是金钱时对搜索成本的变化较不敏感

4.2　价格评估

4.2.1　价格—质量关系

许多研究探讨了价格和质量之间的关系。当人们可以通过价格判断质量时，这种行为是合理的。它简单反映出一种信念，即供给和需求的力量将导致产品基于价格的"自然"排序，导致价格和产品质量之间的强烈的正向关系。

如图 2 所示，与价格质量研究相关的关键术语主要包括产品（product）、质量（quality）、信息（information）、感知（perception）、选择（choice）、判断（judgment）、品牌（brand）和消费者学习（consumer learning），其他关键术语在收集的价格质量文章中更随机地相关。大部分文献探讨了价格—质量主观感知关系，对感知质量的研究通常经过建模（model）对理论进行普适化。在解释模型过程中除了传统的经济理论之外，一些研究者引入了解释水平理论（construal level theory，CLT）[30]，以验证价格与感知质量之间的关系。人们对事件的解释会随着对事件心理距离（时间距离、空间距离、社会距离、真实性）的知觉而发生系统改变，从而影响人们的反应[31, 32]。具体来说，当感知事件的距离较远时，人们使用抽象、本质和总体的特征对事件进行表征（高水平解释）；当感知距离较近时，人们倾向于以具体、表面和局部的特征对事件进行表征（低水平解释）[30]。在价格—质量关系的背景下，解释水平决定了消费者是否将产品的价格解释为货币牺牲或品质线索。因此，解释水平理论有助于确定价格—质量更加明显的关系。互联网降低了传统市场中的一些购物成本，如搜索成本、时间成本和运输成本，但同时也造成在线市场上其他独特的交易成本，包括等待成本、运输和处理成本及质量不确定性的成本，其中大多数是感知距离的直接函数。

4.2.2　参考价格

参考价格是消费者用其来比较产品或服务提供的价格[33]，这意味着消费者对于绝对价格不会有什么反应，反而对参考价格有反应。这些比较可以帮助消费者判断市场出价的高低[33]。

参考价格研究的关键术语如图 2 所示。根据关键词，参考价格研究中最受关注的领域是参考价格的形成和不对称参考价格的影响。其中内部参考价格、外部参考价格和知觉的术语通常用于研究参考价格的形成；品牌选择、面板数据、选择模型、损失厌恶、判断等术语用于研究非对称参考价格效应和损失厌恶。

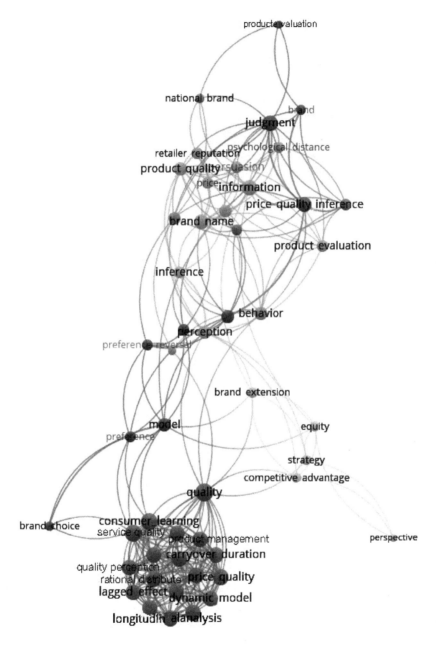

图 2　价格—质量研究主题网络

1. 参考价格的理论依据

研究人员采用心理学和行为经济学的理论观点研究消费者如何构建和使用参考价格。Helson 首次引用适应水平理论[34]来解释参考价格，该理论后来又被范围理论[35]和范围频率理论[36]进行了扩充。另外一些文献提出或引入韦伯—费希纳（Weber-Fechner）定律[37]、同化-对比理论[38]和前景理论[39]用来深入研究参考价格。

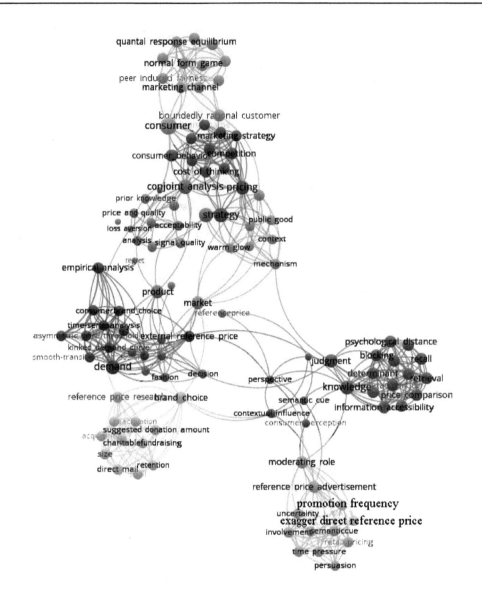

图 3　参考价格研究主题网络

　　这些理论在参考价格研究中具有以下特点：第一，个人使用标准（参考价格）来比较产品或服务
的市场价格。这一结论符合适应水平理论、同化-对比理论和前景理论。范围理论和范围频率理论增
加了参考价格的概念化，认为参考价格是相对于特定价格的价格范围。第二，根据适应水平理论，影
响参考价格的线索包括焦点、情境和有机体。随着刺激的变化，参考价格的范围在不断变化。第三，
参考价格是一个区间，使得这个区间的价格数字有变化而主观感知上却没有变化，该区间被称为接受
域或可接受的价格范围，这符合同化—对比理论和韦伯—费希纳定律。第四，感知价格差异与参考价
格成正比。这种现象通常被称为"货币幻觉"[40]，这一结论与韦伯—费希纳定律是一致的。第五，
根据前景理论，参考价格与评估价格之间的负差异和正差异分别被认为是收益和损失。个人价值收益
的函数（高于参考价格的价格）是凸的，而损失（低于参考价格的价格）是凹的，表明 S 形的价值函
数是基于收益和损失的。第六，对损失的反应比获益更为陡峭，这种现象被称为不对称参考价格效应
和损失厌恶。

2. 参考价格的实证研究

参考价格一直是一个活跃的研究领域,以上许多理论已经被两个相对独立的学术流派进行实证研究。这两个学术流派分别是实验方法流派和计量经济学派[41]。

实验方法流派对参考价格的形成具有深远的影响。即使有些计量经济学研究间接考虑了参考价格的形成,也只有其中的几个明确测试了不同线索对参考价格形成的影响[42]。这些研究表明,情境线索是参考价格形成的重要因素。情境线索可能是在产品类别中其他产品的价格、过去购买场合遇到的价格、广告价格和广告参考价格[42, 43],但影响参考价格形成的有机线索研究明显很少。少数新的研究[44]认为这是一个有希望的新研究领域。

在网络环境下,广告参考价格效应可能不同于线下研究的结果,因为线上和线下环境之间存在差异[45]。在互联网上,消费者可以轻松获得丰富的价格信息,并且可以轻松比较不同零售商的同一产品价格,因此他们可能不容易受到广告参考价格的影响。在网络市场中,在 NYOP 方法的少数研究中,Chernev 的研究强调了参考价格在消费者价格启发中的重要性。消费者的判断和选择在很大程度上取决于情境变量,如相关信息的可用性和框架。参考价格是购买环境中的重要情境变量[46]。Chernev 的研究假定消费者只使用内部参考价格(从记忆或经验中获得的价格)或外部参考价格,但没有考虑他们可能使用两者的可能性[46]。然而,一些研究人员已经表明,消费者同时使用这两种参考价格,价格可以共同影响消费者的价值诱导[47]。此外,Chernev 的研究将参考价格的概念定义为一系列价格,包括最高价格和最低价格。研究人员还表示,消费者使用各种类型的参考价格,如同类产品的平均价格、经常设定的价格、跨店价格和跨屏价格[46]。

学者通过对面板数据进行经济计量建模研究对称的参考价格影响和损失厌恶。结果是混合的,一些观点支持损失厌恶,而其他人则发现对称或获益追求行为[48~51]。然而,混合结果也可能是由于在选择模型中包括了不同变化的元素[42]。此外,一般研究在价值方面模拟损失厌恶,而价格阈值、货币幻觉和 S 形价值函数在营销方面的研究较少。

4.2.3 价格公平

Xia 等将价格公平视为消费者评估对比价格(卖方价格和竞争对手的价格)是否合理、可接受或公正引发的相关情绪[52]。

价格公平研究中使用的主要术语如图 4 所示,关键术语包括价格公平(price fairness)、信息(information)、认知(perception)和行为(behavior)等。公平/不公平被认为是消费者的观念,经常被用来测量购买情况下的定价背景。价格公平似乎更关心价格上涨而不是降低,这似乎是很自然的,因为价格上涨造成的价格不公平对公司可能比价格下降造成的价格公平更为重要。关键术语"成本(cost)"也包含在术语网络中,这表明消费者在评估价格公平/不公平时考虑公司利润的重要性。

人们并不总是关心公平,公平判断是由负面评估结果引发的。Xia 等认为公平和不公平是概念上的不同构造[52]。公平判断过程可能导致结果是公平的,这可以促使消费者以积极的态度评估结果。人们可能认为被判断的价格是高于参考价格但不是不公正[21]。例如,一个不可避免的增税成本增加可能使高价格可以接受[53]。然而,并不是所有的成本增加人们都可以接受,如管理决策成本上涨带给人们的负面感觉就远远高出外部造成的成本上涨[54]。公平判断过程也可能得出价格是不公平的,这将导致消极的情绪反应。Maxwell 通过神经经济学方法研究表明,对价格感知不公平的反应具有情感性,并且因人而异[55]。负面的情感效价可能导致失望、愤怒、仇恨等情绪,这些情绪可能导致无行动、自我保护或报复[52]。在不采取行动的情况下,感觉到的价格不公平并不显著影响人们的行为

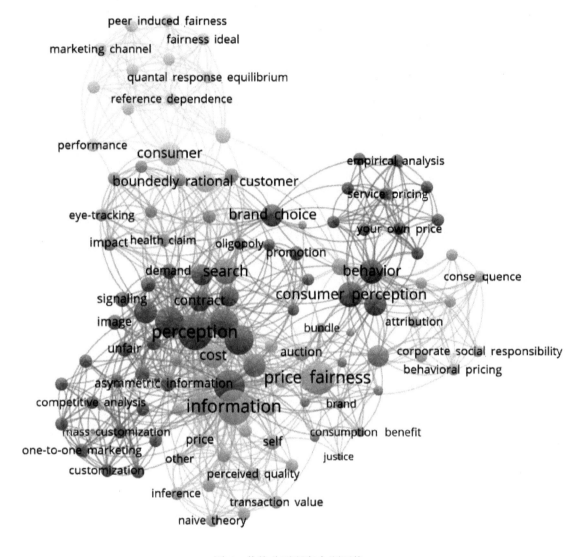

图 4　价格公平研究主题网络

意向。当人们失望或愤怒时，他们可能想抱怨，要求退款或传播负面的评论以保护自己。强烈的负面情绪导致了一种倾向性的侵略行为，如联系媒体或可能会对卖家提起诉讼。

随着信息技术的快速发展，在线价格的个性化变得越来越普遍。在新一代算法的帮助下，网上零售商能够根据需求和消费者的个人特征（如服务使用的时间与频率、忠诚度等）随时改变同一产品的价格。例如，2000 年，亚马逊公司（Amazon）根据客户画像和购买历史记录以不同的价格向不同的客户销售相同的 MP3 播放器和 DVD 电影[56]。此外，一家童装店通过软件每 15 分钟更换一次产品价格。这些动态定价方式虽然提高了线上企业的利润，但增强了部分消费者的价格不公平感[57]。

参考价格概念的研究为理解价格公平提供了一个框架。另外，大量的价格公平性文献集中在探索公平评价的原因，以及不同变量对公平评价的影响。然而，较少的研究探讨感知价格不公平引发的情感反应，这一点可以从关键词网络中没有涉及它们的术语加以确定。价格公平的研究方法主要包括实验方法和问卷调查法。

4.2.4 价格情绪

"价格情绪"指与价格相关的情绪、感觉和心境[58]。价格情绪可以广泛地定义为由价格刺激的认知评估引起的心理状态[59]。迄今为止，在价格情绪方面已经采用了两种概念方法：维度方法和差别方法。维度方法是基于不同种类的情绪不能准确分离的假设[60]。因此，情绪通过几个维度来描述，其中最突出的是二维模型结构化效价：积极情绪/负面情绪。因为许多学者认为，正面和负面情绪并不代表一个双相连续体，二维方法通常基于两个独立的维度来获得正面和负面的情绪。广泛使用的三维概念化是效价—唤醒—主导模式[61]。效价的维度是指情感（愉快/不愉快）的价值，唤醒是指生理活动的程度（高/低），主导是指控制程度（优势/潜质）。差异方法考虑到情绪特异性，而不是通过使用基本情绪（也称为离散情绪）将它们聚合到正/负级别。按照差异化方法进行的价格研究通常采用 Izard[62]的十种基本情绪分类：兴趣、享受、惊喜、痛苦、愤怒、厌恶、恐惧、蔑视、耻辱和内疚。根据他的理论，所有其他的情绪都可以通过组合两种或多种基本情绪来形成。这两种方法在营销文献中都是常见的，应用于不同的研究问题。二维方法主要应用于心理效应研究，但效价—唤醒—主导模式在广告和感官营销研究中占主导地位。

如图 5 所示，价格情绪的主要关键术语包括信息（information）、情绪（emotion）、竞争（competition）、不确定性（uncertainty）、态度（attitude）、行为（behavior）和优化（optimization）。不同类型的价格信息会在消费者中引起情绪反应。关于绝对价格水平，研究一直表明，较高的价格诱导更多的负面情绪和减少积极的情绪[63, 64]，从而证实了 O'Neill 和 Lambert 的初步探索性研究结果[65]。

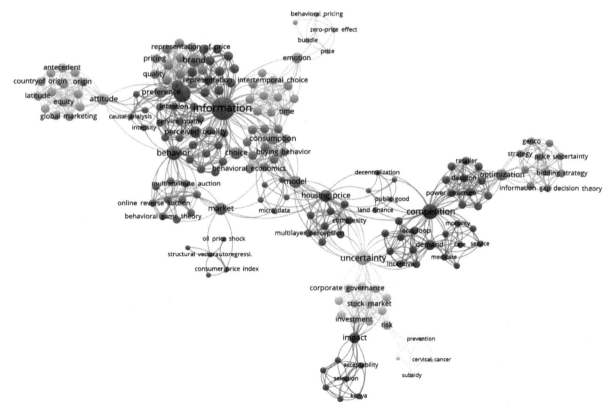

图 5　价格情绪研究主题网络

　　关于价格差异，本文主要关注消费者价格歧视、竞争对手之间的价格差异及价格变化。当消费者为同一产品或服务支付多于另一消费者时，对弱势不平等的看法通常会导致消极情绪[66]。同样，得到比竞争对手更高的价格引发更强烈的负面情绪和更弱的积极情绪。此外，一些研究者测试各种模型对价格认知、价格情绪和消费者行为的作用。价格认知由价格公平的概念表示，公平判断需要努力处理信息（显式过程），而与价格相关的情绪是自发触发的（隐式过程）。他们发现，价格公平和价格情绪作为价格上涨与消费者行为之间的调解者，即价格信息的认知处理触发了自发的情绪反应，从而影响消费者行为。这个发现似乎与其他将价格公平化为价格情绪结果的研究相矛盾[67]，这可能是心理双过程相协调的结果，也表明认知和情绪是相互依存的[68]。根据心理双过程模型，认知引起的情绪也可能导致新的认知或修改现存的认知（反馈环路原理）。Strack 等区分了显式过程发生的推理系统（基于知识，主要是认知）和隐含处理发生的冲动系统（自动和自发，大多是情绪化），这两个系统并行而不是顺序地形成情绪、判断和态度。关于价格情绪对判断和行为的后果，不同的研究方法导致研究结果存在差异[69]。采用情绪维度方法时，研究表明积极情绪对价格公平性[70]（特别是当认知资源有限制时）、产品价值[68]、购买意向[69]等有显著影响。然而，当采用基本情绪的差异化方法时，许多效应不显著[70]。对于网络市场，研究者主要关注在线评论、社交媒体等对消费者情绪的影响，很少研究直接关注线上价格情绪。Ding 等将情绪纳入基于 NYOP 方法的消费者投标行为的调查中，他们发现兴奋或挫折等预期情绪会影响消费者的出价策略[71]。

　　价格评估作为消费者信息处理的重要阶段，主要包括价格—质量关系、参考价格、价格公平和价格情绪四个子领域，每个领域的代表性研究详见表 4。

表 4　价格评估的代表性研究

作者	主要自变量	主要因变量	主要发现
价格—质量关系			
Cai 等[72]	价格水平（高/正常）；心情（正/负）	感知质量；购买意向	当消费者处于负面（正面）心情（情绪调节）时，他们更有可能将高价格解释为质量线索。因此，当产品的价格高于平均水平时，消极情绪的消费者购买意向比积极情绪的消费者更高，而价格适中时恰恰相反
Cho[73]	网站主页展示（一个垂直菜单栏/多个垂直菜单栏）；订单采购质量感知	价格感知；订单完成质量感知	互联网零售商在其主页上具有多个垂直菜单栏可以显著提高消费者价格感知（对价格的满意度）。价格感知和服务质量感知在互联网零售服务互动的多个阶段相互影响
Guadalupi[74]	价格水平（高/低）；网络口碑（好/坏）	感知质量	高质量的垄断者通过低入门价格（低于垄断价格）表示高质量，低质量的垄断者收取垄断价格。对于高质量的卖方，预期价格（数量）随着时间的推移而增加（减少）；而对于低质量的卖方则相反。此外，当消费者不太关注同行的报告而更多关注过去价格时，信号变得更加困难
Martín-Herrán 等[49]	零售商的行为（近视/远见）	感知价格；利润	一个近视零售商忽视了其定价策略影响消费者对产品质量认知的可能性及其内部参考价格对自身和制造商产生较低的利润（渠道观点）
Suri 等[75]	替代品的排序（品牌/价格）；处理信息的动机（高/低）；相对价格水平（高/低）	感知价格；感知价值	在较高的价格环境中，通过按品牌名称而不是价格对品种进行分类，可以提高产品质量和价值。消费者处理信息的动机会缓和这种影响
Yan 等[76]	包装尺寸（大/小）；单价（\$1/盎司/\$0.5/盎司）	产品质量	当判断不同尺寸包装的产品质量时，由于假设单价较高，所以较小包装的产品更容易被购买。因此，在形成质量判断时，单价信息比绝对价格更具判断性

续表

作者	主要自变量	主要因变量	主要发现
价格公平			
Huang 等[77]	互联网定价机制；随机折现、优惠券	价格公平	受访者认为互联网上的各种定价机制是公平的，包括拍卖、团购折扣、Priceline 模式和谈判；对忠实客户的折扣和使用窗口弹出是两种可接受的折扣方法，其他折扣方法被认为是不公平的
Kachersky[78]	定价策略劝说知识水平（高/低）；利润率增加（内容减少/总价格上涨）	价格公平；品牌态度；零售商态度	当定价策略说服知识相对较低时，总价格上涨增强了对价格的不公平感和对零售商不利的态度，而在定价策略说服知识较高时，内容减少会对产品品牌产生不利的态度
Habel 等[79]	消费者的利益认知；价格信号推论	价格公平性	企业社会责任参与对消费者价格公平的评价及对客户忠诚度等后续结果的影响是混合的；消费者的价格认知严重依赖于消费者的社会责任归因
Pillai 和 Kumar[80]	优惠券倾向；价值意识；教育	定价策略的准确性；劝说知识（PTPK）；PTPK 的信心；PTPK 的校准	PTPK 的校准是指符合 PTPK 的准确性和消费者对此知识的信心。优惠券倾向与 PTPK 的准确性、置信度和校准负相关，而价值意识和教育与它们呈正相关
参考价格			
Hardesty 和 Suter[81]	参考价格（线上/线下）	购买数量；交易价格	消费者认为互联网上的价格相对于实体零售商要低一些，实体零售商的外部参考价格的出现使在线购物者的价格预期朝着上升的方向发展
Martin 等[42]	动机（获取高参考价格/低参考价格）；信息可得性（过去价格/仅依赖记忆）	不同参考价格的权重	参考价格的权重取决于情景变量。具体而言，参与者分配给买方（而不是卖方）的角色及依赖记忆（而不是获取历史价格）同样会增加中期和近期价格的权重，但会降低早期和高价格的权重
价格情绪			
Coulter 和 Roggeveen[82]	价格包含消费者的生日数字（是/否）；价格包含消费者的姓名（是/否）	价格喜好；购买意向	"隐性自我主义效应"：当价格包含对消费者有意义的数字（如以分数表示的生日数字）或共享名称信件（如"五十五美元"）时，价格喜好和购买意向可以增强"消费者的姓名"（以"F"开始时更喜欢），这是由于隐含的过程：个人姓名和日期定义了一个人的自我概念，它们被认为带有积极的影响，转移到评估价格
de Pechpeyrou[83]	价格条件（常规/50%折扣/物理捆绑/虚拟捆绑）	价格情绪；感知单价；消费水平	比较货币折扣与奖金包和 EDLP 策略的情感影响，表明货币折扣比其他策略引发更强烈的积极情绪，特别是当奖励包以最低购买要求为条件时（如买二赠一）
Peine 等[84]	月分期付款（降序/常数/升序）	价格情绪；价格评估	降序的月分期付款会导致更积极的情绪，并且比常规或上升序列更有利
Janakiraman 等[85]	网络退款（货）处理（时间、金钱、努力、范围和交换）	价格情绪；购买意向	宽大处理引发积极情绪，增加了购买而不是退货。金钱和努力宽大增加购买；范围宽大增加了退货，而时间和交换宽大减少退货

4.3 价格存储

这一阶段的核心概念是消费者的价格知识，代表了在未来价格评估任务中评估价格吸引力的基础[86]。图 6 显示了价格知识研究中使用的主要关键词如何相互关联。最重要的术语包括知识（knowledge）、感知（perception）、存储（store）和回忆（recall），还包括市场、面板数据、有机食物、行为等问题。这些术语表明一个受欢迎的应用领域是消费者日常消费行为。消费者特征、价格意识和专业知识也是价格知识领域中经常讨论的话题。

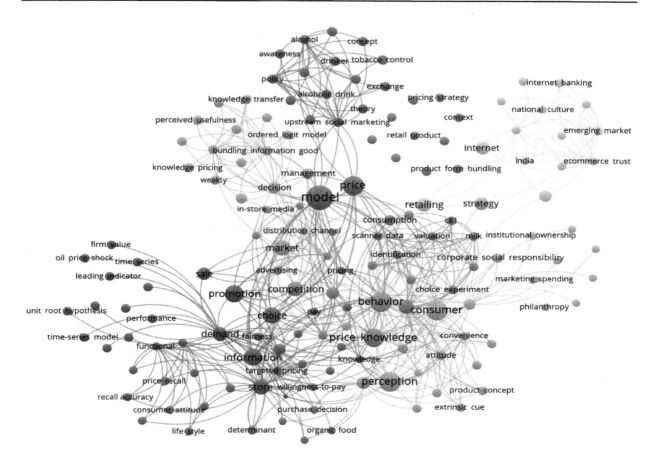

图 6　价格存储研究主题网络

Monroe 和 Lee 认为，明确的价格知识需要与隐含的价格知识区别开来。明确的价格知识包括在购买情况下有意识地获取支付或遇到的价格，而隐含的价格知识是指无意识存储的而不会明确地回忆的信息[87]。因此，消费者有可能不记得付出的准确价格，但可以判断给定的价格是好还是坏。再次提到心理双重过程模型，这一发现说明了显式和隐式过程对价格判断的不同影响，也是解释冲动系统中价格信息隐性处理的重要依据。虽然许多研究人员认为明确和隐性价格知识之间的区别是合理的[88]，但大多数研究集中在有意识地回忆价格，而忽略了隐性价格的重要方面。只有少数研究同时考虑了明确和隐性的价格知识[89]。

关于消费者特征，价格知识随着购买频率和价格搜索的活跃性增加而增加，但也随着购买环境中的意外暴露[90]而增加。此外，价格意识高的消费者倾向于更彻底地处理价格信息，从而导致更准确的回忆[25]。Homburg 等验证了消费者满意度对显性和隐性价格知识的影响，发现不满意的消费者对消费者支付的价格回忆更好[89]。然而，这种杠杆作用仅限于明确的价格知识，因为作者没有发现隐含价格知识的显著影响[88]。

传统的价格研究假设消费者知道他们支付的价格和该价格是购买决定的重要组成部分，然而价格知识的大量研究表明消费者回忆价格比预期差。在元分析中，Estelami 和 Lehmann 阐述了以前的价格回忆研究，他们估计可以准确回顾具体产品价格的消费者范围为 5%~50%[91]。消费者的价格知识与产品有关类别和购买频率[92]、消费者对该产品的一般知识[93]和消费者对未来交易的了解[94]紧密相关。Aalto-Setälä 和 Halonen 认为消费者价格记忆的弱势至少有一部分可由市场价格变动来解释[95]。网络信息爆炸时代，消费者价格知识悖论产生，即消费者对自己熟悉的价格缺乏信心和准确判断，而对不熟悉的价格可以获得准确回忆，这主要是因为企业借助算法和文案创新对价格信息进行特殊化的处理，引发消费者对其进行更好的编码[96]。价格存储的代表性研究详见表 5。

表 5　价格存储的代表性研究

作者	主要自变量	主要因变量	主要发现
Luna 和 Kim[97]	价格的音节长度（价格发音所需的音节数）（高/低）；消费者关注度（高/低）	总价估算的准确性；价格知识	总篮子价格估计的准确性受篮子价格长度（音节）的影响，因此当价格音节长度较高时估计准确性较低。这是由于工作记忆的时间有限。当单词很长时，个人可以在工作记忆中保留较少的信息。此外，消费者对单一价格的关注越多，专注于处理工作记忆中的价格的资源就越多，而且总体价格估算更准确（即使"长"价格）
Mägi 和 Julander[98]	店外价格搜索；店铺数量；市场居住时间；价格意识	主观价格知识（消费者认为他/她知道什么）；客观价格知识（测量的准确度）	店外价格搜索、购物门店数量和市场居住时间增加价格知识；价格意识对主观价格知识比客观价格知识有更大的积极影响
Jensen 和 Grunert[99]	消费者购物时间（访问商店之前/期间/之后）	价格回忆；价格识别；交易协定	参考价格在访问店面之前占主导地位，但记忆中价格知识仍然可以在离开商店时产生影响；绝大多数消费者在杂货店购物期间有意识或无意识地了解价格；价格知识随着消费者购买频率的增加和积极的价格搜索的增加而增加，同时随着购买环境中价格的意外暴露而增加

4.4　消费行为

价格对消费行为影响的相关研究主要术语如图 7 所示，主要包括 WTP、参与定价机制（拍卖、PWYW、NYOP）和支付方式。WTP 的估计主要采用选择实验和条件评估方法进行。关于消费者价格信息处理的行为结果，我们首先关注 WTP，WTP 是实际支出行为的估计[100]。其次，我们探讨与 WTP 概念密切相关的参与式定价机制的新研究领域，讨论现有的关于网络市场中 PWYW 和 NYOP 等参与式定价机制的研究成果，并特别关注评估这些新的参与式定价机制的营利能力[101, 102]。最后，我们简要介绍不同支付方式对消费行为的影响[103]。

4.4.1　支付意愿（WTP）

在正确的水平下设置产品价格、开发新产品、制定竞争战略时，零售商需要估计消费者的 WTP[104, 105]。消费者愿意为产品或服务支付的价格通常与所提供的预期收益相关联[106]。但是，Amir 等认为，WTP 和价值的概念是不同的，尽管 WTP 主要侧重于购买产品的交易，但这个概念未能说明拥有或消费产品的预期乐趣[107]。为了说明 WTP 和经验值之间的分离，请考虑下面的例子：你想去你最喜欢歌手的音乐会，愿意为音乐会的票支付多少可能取决于上下文信息，如你对音乐会的预期乐趣不会受到制作音乐会的成本信息的影响，相反，肌肉酸痛可能会影响你对音乐会的乐趣但不是你的门票的 WTP，这些差异只能通过 WTP 和价值观念来解释[107]。

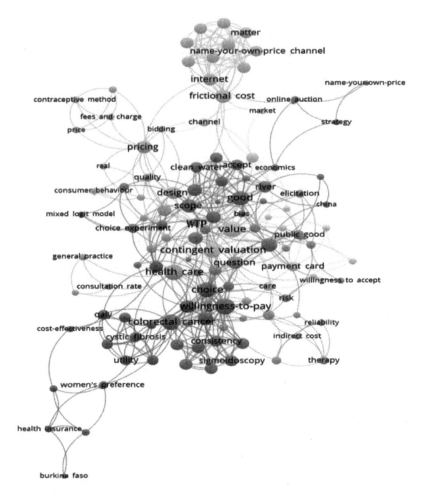

图 7　消费行为研究主题网络

　　此外，类似于内部参考价格的概念化，一些研究人员同意将 WTP 概念化为范围估计的想法。例如，Schlereth 等将 WTP 概念化为一个点估计（消费者在购买和不购买产品之间无差别的价格），作为考虑到消费者购买概率的这一点的上下阈值。通过选择不确定性加权计算上述这个区间的 WTP，也就是说，它取决于消费者对偏离其陈述的 WTP 如何反应。当他们非常确定他们的 WTP 时，超出他们陈述的 WTP 的结果就是他们不会购买产品。但是，当他们不清楚他们的 WTP 时，即使超出他们陈述的 WTP，也不会对其购买决策产生显著的影响[108]。Schlereth 等将这种新方法称为吸引力指数，因为它可以识别出最具吸引力的消费者，这些消费者不一定具有最大的 WTP 点估计值，但具有 WTP和购买概率的最佳组合[108]。另外，消费者 WTP 的高低在很大程度取决于定价机制，如网络私人定制，消费者只愿为定制的产品付费，不愿为定制带来的额外费用买单。

4.4.2　参与式定价机制

　　参与式定价机制的特征在于一个或多个买方与一个或多个卖方的互动。因此，买方在确定产品的最终价格方面发挥积极作用[109]。参与式定价机制，特别是网络拍卖、PWYW 和 NYOP 机制，最近才被行为价格研究者关注。在拍卖的情况下，多个买方竞相提高或降低产品的出价。PWYW 定价机制（与 NYOP 相反）涉及卖方完全放弃对买方价格的控制，从而承担买方利用其权利并支付非常低甚至零价格的风险[110]。当公司采用 NYOP 机制时，它们可以设定通常不会向买方传达的最低价格[91]，企业至少可以确保与报价相关的成本以得到收益保障。

对互联网拍卖的研究表明，两个因素可以影响投标行为：初始投标和现在以固定价格购买的选项。总之，初始投标和最终投标是正相关的，而拍卖时间并没有显著提高中标率[111]。根据参考价格理论，提供现买价格大多会提高出价。此外，当更多类似项目与焦点项目同时列出并且潜在买方参与更广泛的搜索时，出价会降低。当更多相似的项目与重点项目同时列出，潜在买家进行更广泛的搜索时，出价会更低。拍卖过程中的消费者目标在竞价行为中也起着重要作用。那些不太注意价格就为赢得拍卖而出价的消费者往往比注重物品价格的消费者出价更高[112]。此外，投标人的社会环境会影响其投标行为，如人与人之间或通过在线社区共享信息的消费者更容易中标。

根据前景理论，失去拍卖的情绪反应比赢得拍卖的喜悦更强[113]。关于颜色与拍卖的关系，在 eBay 拍卖的实地实验研究中显示，红色背景导致更积极的投标行为，如更高的出价跳跃和更高的最终出价[114]。关于营利能力的预测，实地调查分析表明消费者平均支付的价格明显高于零但低于正常售价[115]。例如，在餐厅（定期售价为 7.99 欧元）的自助午餐支付的平均价格为 6.44 欧元，下降了 19.37%。然而，由于销售数据较高，预计 PWYW 定价机制将使收入增长 32.35%，从而获利。在其他产品环境（如电影票、热饮料）方面，销售数据无法补偿所支付的较低价格，因此，低于此价位的 PWYW 定价机制会遭受损失[95]。消费者的支出行为往往受到 PWYW 定价机制两个方面的动机的影响：一方面，消费者遵循经济交易理论，尽量通过低价格实现效用最大化；另一方面，相关部门的定价涉及社会因素，体现为公平、互惠和内疚的感觉。因此，买方倾向于尊重卖方的社会规范，但同时包括了其他消费者支付的假设[116]。这意味着卖方应该尽量减小与消费者的社交距离，以增加他们的 WTP[115]。此外，只要参考价格不被视为限制消费者的定价能力，传达参考价格（如报价成本或建议价格）可能会提高价格。总体而言，PWYW 定价机制与企业营利能力的高风险相关联，并不适用于每个产品类别。Kim 等表示在向市场推出新产品时，PWYW 定价机制和免费领礼品会触发消费者更高的关注和回购[102]。

关于 NYOP 定价机制，研究者主要探讨了与固定价格相比公司的 NYOP 定价优势及这种机制的最佳设计，同时没有关注消费者对 NYOP 定价机制的观点[117]。NYOP 定价机制的主要优点在于价格公平性，允许企业在消费者之间区分价格，而不会影响他们对价格公平性或满意度的看法[117]。

4.4.3　支付方式

有文献发现相对于现金支付，消费者用信用卡愿意支付更多的钱，信用卡效应得到进一步的支持[103]。解释此效应的心理理论表示，支付现金可以指引消费者对价格的关注，而用信用卡支付使消费者关注产品[103]。然而，Kamleitner 和 Erki 则认为，消费者对于使用信用卡支付时对产品不太关注[116]。反直觉地，消费者在可用信用额度低时增加支出，但在信用卡未被还款时限制消费。这个结果可以由消费者的自我控制水平来解释，具有较高自我控制能力的消费者具有强烈的预防重点，一旦违反了这一目标就会减少。

随着移动互联网技术的发展，传统的支付方式受到了挑战。移动支付成为网络购买的主要支付方式，因此可以与当前的 POS 支付手段（如现金、支票和信用卡、借记卡和预付卡）相互竞争或补充。移动支付还为基于账户的支付服务（如网上银行支付和银行账号支付）提供了一个新的访问渠道[118]。多种 APP 和手机的高市场渗透率将会促使移动支付可能成为非常受欢迎的支付手段[115]。消费者行为包括 WTP、参与定价机制和支付方式，其代表性研究见表 6。

表 6　消费者行为的代表性研究

作者	主要自变量	主要因变量	主要发现
WTP			
Gregg 和 Walczak[119]	企业网络形象（正面/负面）；产品类型（新/旧）	WTP；价格溢价	积极的企业网络形象增加了消费者与企业进行交易的意愿，在拍卖和价格溢价中获得价值；产品类型调节企业网络形象对价格溢价的影响。当企业的网络形象为正面时，旧产品会产生价格溢价
Gleim 等[120]	信息类型（文字/数字）；信息数量（高/低）；信息细节（高/低）	WTP；购买意向	详细的文本信息和关于绿色产品的大量信息有助于消费者克服购买抑制，从而增加购买意愿和 WTP
Haumann 等[121]	消费者满意度；消费者—公司标识	WTP；消费者的忠诚度	高消费者满意度和高消费者—公司识别对 WTP 和消费者满意度具有积极影响。消费者满意度比消费者—公司标识对 WTP 的识别具有更强的短期影响，但从长远来看，消费者—公司识别的积极影响更持久
Loureiro 和 Haws[122]	情感状态（正/负）；处理资源（受限/无约束）；费用模糊（高/低）	费用分类；消费支出的预期感受	当消费者心情愉快且处理资源不受约束（受约束）时，他们不太可能（更可能）将费用灵活分类到心理账户中，从而证明支出是合理的。这种影响是由费用导致的情感状态的预期负面变化所驱动的
参与定价机制			
Hardesty 和 Suter[111]	初始出价；当前以固定价格购买的选项	网络 WTP	初始出价和最终出价呈正相关关系，而拍卖时长并未显著提高出价
Bagchi 和 Cheema[113]	网络拍卖页面背景色	报价行为	关于颜色，研究表明在 eBay 拍卖的现场实验中，红色背景会导致更激进的竞价行为，如更高的跳跃出价和更高的最终出价
Soster 等[123]	情绪性图片（竞技体育/家庭儿童/空白）；情绪控制	网络报价	当参与者接触到引发竞争情绪的图片而不是引发合作情绪的图片时，参与者的出价明显较低。这种关系受到投标人情绪控制的调节，参与者试图压制他们对所呈现图像的情绪反应越强，他们在竞价行为中受到的影响就越大
支付方式			
Chatterjee 和 Rose[103]	信用卡；现金	消费额度	消费者使用信用卡比现金支付额度高；现金支付引导消费者对价格的关注，而信用卡支付则将消费者引向关注产品
Trütsch[115]	移动支付	支付方式选择	移动支付不能取代实物支付卡（借记卡和信用卡），但很可能会在使用阶段取代纸质支付方式，如现金和支票；移动支付在统计上并不会显著影响支付手段的选择，而支付工具的使用与支付方式、个人习惯和自动化的感知特征有关

5　进一步的研究概况

图 8 显示了行为价格研究区域的热点分布（颜色越深表示研究区域越重点），行为价格领域的大多数研究机构主要分布在美国、德国、英国、加拿大等北美洲和西欧国家，澳大利亚等大洋洲国家的研究机构最近和它们进行了合作，发表了一些文章。而东方国家的行为价格研究相对较少，不过韩国

的研究机构开始关注行为价格的问题，新加坡的研究机构和英国、德国的研究机构有紧密合作。

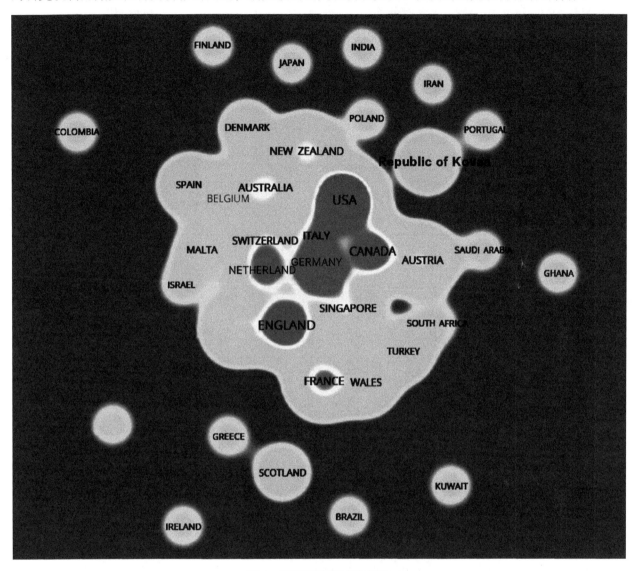

图 8   研究机构区域分布图

    有关行为价格研究的多产作者、机构和期刊列于表 7。K. B. Monroe 是该领域最有成就的学者，其次是 A. Biswas 和 D. Grewal。前 10 名单中的所有研究机构都是美国的大学。行为定价研究出版物的典型期刊是研究消费者行为的期刊（*Journal of Consumer Research* 和 *Journal of Marketing Research*），行为价格相关文献大多数来自这两个期刊。零售业领域也吸引了行为价格研究，因为很多文章研究零售环境中的杂货产品。《产品与品牌管理杂志》（*Journal of Product & Brand Management*，JPBM）尤为活跃，这个期刊是唯一专门关注定价的期刊。

表 7   行为价格研究领域前 10 名的研究作者、研究机构和期刊

前 10 名作者	前 10 名机构	前 10 名期刊
K. B. Monroe	宾西法尼亚大学（University of Pennsylvania）	《消费者研究杂志》 *Journal of Consumer Research*
A. Biswas	佛罗里达大学（University of Florida）	《零售杂志》 *Journal of Retailing*

续表

前 10 名作者	前 10 名机构	前 10 名期刊
D. Grewal	伊利诺伊大学（University of Illinois）	《营销研究杂志》 *Journal of Marketing Research*
D. R. Lichtenstein	卡耐基梅隆大学（Carnegie Mellon University）	《产品与品牌管理杂志》 *Journal of Product & Brand Management*
R. M. Schindler	路易斯安那州立大学（Louisiana State University）	《商业研究杂志》 *Journal of Business Research*
S. P. Raj	锡拉丘兹大学（Syracuse University）	《市场营销杂志》 *Journal of Marketing*
G. J. Tellis	迈阿密大学（University of Miami）	《营销科学》 *Marketing Science*
W. O. Bearden	南加利福尼亚大学（University of Southern California）	《心理学与销售学》 *Psychology & Marketing*
S. Burton	巴布森学院（Babson College）	《市场科学学会杂志》 *Journal of the Academy of Marketing Science*
D. M. Hardesty	纽约大学（New York University）	《商业杂志》 *Journal of Business*

6　结论和未来研究方向

本文的主要目标是从系统上确定互联网营销领域行为价格的研究核心主题。我们系统地回顾了2018 年 1 月之前发表的行为价格研究的文献。从大量文献出发，我们提出了行为价格领域演变的结构框架。行为价格的研究重点主要集中在价格评估阶段，尤其是价格—质量关系和参考价格两个方面的研究相对成熟，价格搜索次之，而价格存储和消费行为方面的研究相对较少。通过梳理和述评，本文研究进一步发现行为价格理论在概念拓展、理论发展和研究方法三个方面有了新的进展。

第一，网络环境中行为价格概念上的发展大大增加了对消费者价格行为的理解。关于不同情境下的概念变化，Homburg 等证明商业环境中的价格搜索模式不同于消费者环境中的价格搜索模式[124]。这一发现表明：未来的研究应该关注在不同情境下的价格效应。例如，公司面临数字市场价格透明度日益提高的新挑战。因此，探索消费者如何处理和评估在线价格信息是值得的。对于线上和线下交易情境，指示性差异化效应具有显著性，即由于交易风险较高且在线卖方的可信度较低，消费者在网上搜索较低价格的强度弱于线下实体店[125]。研究还表明：因为交易承担更多风险，网上零售商发行的低价担保（low-price guarantees，LPGs）策略往往效率较低[126]。因此，揭示线上和线下价格信息处理之间的差异将是行为价格未来富有成效的研究领域。

第二，行为价格的相关概念有了进一步的拓展，但概念之间的相互关系缺乏关注。例如，价格评估阶段中的价格情绪，作为新概念引起了研究者的关注。关于价格情绪的两个典型研究问题：①与包含情绪成分的其他概念的相关性；②与价格认知相比对行为的相对影响。关于价格相关概念的相互作用，我们的文献回顾发现价格相关概念的相互关系目前尚不清楚，特别是分享共同概念维度的概念之间的相互作用，如价格情绪中的情感层面和价格公平性。本文文献综述显示：价格公平被认为既是原因，也是不同研究中价格情绪的后果。由于价格情绪是一种情感结构，价格公平既有认知能力又有情感因素，这两个概念对判断和消费行为的影响可能会重叠。为了有效地得出关于价格相关情绪具有解释力的结论，未来的研究需要分析两种结构中每一种解释的方差份额。Amir 等通过讨论认知和情绪之间的区别，并解释了何时有助于区分两个过程，而不是建立一个更全面、整体的认知和情绪模型[107]，这个研究为研究认知和情绪的相关关系问题提供了一个起点。

另一个新的研究领域涉及网络 PWYW 的概念。目前为止，这一创新性定价策略的营利能力分析显示出巨大变化，从利润增长超过 30%到实质性损失。剩余资金是 PWYW 定价有利可图的条件，研究者试图确定产品价值和购买频率等决定性因素，然而假设的关系尚未获得支持。Schons等建立了动态增长模式，证明了随着时间的推移支付的价格下降，普适价格不适合购买频率高的产品[127]。相反，PWYW 定价增加了新引入产品的试购，并且收益高于折扣和免费样本。除了这些发现之外，还需要确定支持使用 PWYW 定价的附加产品和类别特征。

第三，采用新理论来解释价格相关概念及其相互关系。本文研究综述表明，新的理论方法主要通过产生补充结果为文献做出贡献。因此，社会心理学的理论，特别是解释水平理论和社会比较理论，增强了对消费者价格反应的理解。此外，我们鼓励行为价格研究人员将最近的心理学发展作为理论发展的来源。由于行为价格侧重于个人进程，心理研究（如认知心理学、情感心理学、社会心理学、组织心理学）的各个方面构成了理论发展和理论转移到营销研究问题的有前途的出发点。例如，一个有希望的理论是调节聚焦理论[128]，源于社会心理学，并且经常在劝说和广告的背景下应用。因此，将这一理论转移到定价背景下可能有助于解释消费者对价格的行为反应。类似地，情绪调节理论[129]可能与定价背景有关，这个理论来源于心理压力和应对及情绪心理学。情绪调节理论是指情绪被挫败、加强或维持的过程（有意识和无意识）。在这个意义上，这可能有助于解释为什么价格情绪不一定会导致相应的行为。

第四，行为价格研究方法不断创新。在收集文献中，我们注意到采用神经科学研究方法，如功能性磁共振成像（functional magnetic resonance imaging，FMRI）、眼动跟踪（eye-tracking）技术为心理过程创造了新的见解。我们鼓励研究人员继续探索心理基础，如隐性过程的发生和主导地位，并通过应用神经科学方法验证现有的发现。系统地回顾神经科学研究对价格和营销文献的贡献也可能是富有成果的。Hubert [130]、Hubert 和 Kenning[131]首先概述了神经经济学在消费者研究和营销领域取得的成就，突出了神经经济学方法对价格政策和产品、沟通和分销政策及品牌研究的贡献。关于一般的研究方法，我们期望强化对行为价格文献具有高价值的方法论，这可以结合不同的研究方法来探索研究问题，特别是连接实验方法，这是迄今为止心理价格相关概念的主要研究方法，当然，基于面板数据的计量经济学建模具有很大的研究潜力。为此，研究者可以将心理概念与可量化的结果测量相结合，提高实际购买行为对行为价格研究的重要性。此外，行为价格中的许多研究领域提供了大量的实证研究结果（如价格公平性）。在这些领域，通过信息计量学的方法来巩固研究结果是值得的，因为深入研究行为价格的平均强度和调节因素（如研究设计的影响）会为这些概念的知识状态增添重要价值。总的来说，行为价格研究正在经历动态的增长，同时它为进一步研究消费者对价格信息的反应提供了几条重要途径。

参 考 文 献

[1] Cheng L L, Monroe K B. An appraisal of behavioral price research（part 1）: price as a physical stimulus[J]. AMS Review, 2013, 3（3）: 103-129.

[2] Homburg C, Hoyer W D, Koschate N. Customers'reactions to price increases: do customer satisfaction and perceived motive fairness matter? [J]. Journal of the Academy of Marketing Science, 2005, 33（1）: 36-49.

[3] Miyazaki A D. Guest editorial: the psychology of pricing on the internet[J]. Psychology and Marketing, 2003, 20（6）: 471-476.

[4] Krishna A. Behavioral pricing[C]//Rao V R. Handbook of Pricing Research in Marketing. Cheltenham: Edward Elgar Pub, 2009: 76-90.

[5] Winer R S. Behavioral perspectives on pricing strategy[C]//Shankar V, Carpenter G S. Handbook of Marketing Strategy. Cheltenham: Edward Elgar Publishing, 2012: 248-260.

[6] Marn M V, Rosiello R L. Managing price, gaining profit[J]. Harvard Business Review, 1992, 70（5）: 84-94.

[7] Monroe K, Bitta A. Models for pricing decisions[J]. Journal of Marketing Research, 1978, 15（3）: 413-428.

[8] Nagle T. Economic foundations for pricing[J]. The Journal of Business, 1984, 57（1）: S3-S26.

[9] Leone R P, Robinson L M, Bragge J, et al. A citation and profiling analysis of pricing research from 1980 to 2010[J]. Journal of Business Research, 2012, 65（7）: 1010-1024.

[10] Gijsbrechts E. Prices and pricing research in consumer marketing: some recent developments[J]. International Journal of Research in Marketing, 1993, 10（2）: 115-151.

[11] Monroe K B. Buyers' subjective perceptions of price[J]. Journal of Marketing Research, 1973, 10（2）: 70-80.

[12] Parsa H, Njite D. Psychology of pricing: a review and suggestions[C]//Oh H, Pizam A. Handbook of Hospitality Marketing Management. Oxford: Butterworth-Heinemann, 2008: 353-380.

[13] Porter A, Kongthon A, Lu J C. Research profiling: improving the literature review[J]. Scientometrics, 2002, 53（3）: 351-370.

[14] Porter A, Cunningham S. Tech Mining: Exploiting New Technologies for Competitive Advantage[M]. New York: Wiley-Interscience, 2005.

[15] Thomas M. Commentary on behavioral price research: the role of subjective experiences in price cognition[J]. AMS Review, 2013, 3（3）: 141-145.

[16] Rao A R. How and why is price perceived: a commentary on Cheng and Monroe [J]. AMS Review, 2013, 3（3）: 146-150.

[17] Liu W, Soman D. Behavioral pricing[C]//Haugtvedt C P, Herr P M, Kardes F R. Handbook of Consumer Psychology. New York: LEA/Psychology Press, 2008: 659-681.

[18] Koschate-Fischer N, Wüllner K. New developments in behavioral pricing research[J]. Journal of Business Economics, 2016, 87: 809-875.

[19] Hassani H, Webster A, Silva E S, et al. Forecasting U.S. tourist arrivals using optimal singular spectrum analysis[J]. Tourism Management, 2015, 46: 322-335.

[20] 陈悦, 陈超美, 刘则渊, 等. CiteSpace 知识图谱的方法论功能[J]. 科学学研究, 2015, 33（2）: 242-253.

[21] Ratchford M. Perceptions of price（un）fairness in a channel context[J]. Marketing Letters, 2014, 25（4）: 343-353.

[22] Talukdar D, Gauri D K, Grewal D. An empirical analysis of the extreme cherry picking behavior of consumers in the frequently purchased goods market [J]. Journal of Retailing, 2010, 86（4）: 336-354.

[23] Chu J, Chintagunta P, Cebollada J. A comparison of within-household price sensitivity across online and offline channels[J]. Marketing Science, 2008, 27（2）: 283-299.

[24] Kamakura W A, Moon S. Quality-adjusted price comparison of non-homogeneous products across internet retailers[J]. International Journal of Research in Marketing, 2009, 26（3）: 189-196.

[25] Maity M, Dass M, Malhotra N K. The antecedents and moderators of offline information search: a meta-analysis[J]. Journal of Retailing, 2011, 90（2）: 233-254.

[26] Dutta S, Biswasb A. Effects of low price guarantees on consumer post-purchase search intention: the moderating roles of value consciousness and penalty level[J]. Journal of Retailing, 2005, 81（4）: 283-291.

[27] Bodur H O, Klein N M, Arora N. Online price search: impact of price comparison sites on offline price evaluations[J]. Journal of Retailing, 2015, 91（1）: 125-139.

[28] Richards T J, Hamilton S F, Allender W. Search and price dispersion in online grocery markets[J]. International Journal of Industrial Organization, 2016, 47: 255-281.

[29] Monga A, Saini R. Currency of search: how spending time on search is not the same as spending money[J]. Journal of Retailing, 2009, 85（3）: 245-257.

[30] Trope Y, Liberman N. Construal-level theory of psychological distance[J]. Psychological Review, 2010, 117（2）: 440-463.

[31] Bornemann T, Homburg C. Psychological distance and the dual role of price[J]. Journal of Consumer Research, 2011, 38（3）: 490-504.

[32] Yan D, Sengupta J. Effects of construal level on the price-quality relationship[J]. Journal of Consumer Research, 2011, 38（2）: 376-389.

[33] Sewall M A, Goldstein M H. The comparative price advertising controversy: consumer perceptions of catalog showroom reference prices[J]. Journal of Marketing, 2010, 43（3）: 85-92.

[34] Helson H. Adaptation-Level Theory[M]. Oxford: Harper &Row, 1964.

[35] Volkmann J. Scales of judgement and the implications for social psychology[C]//Bruner J S. Social Psychology at the Cross Roads. New York: Harper, 1951: 136-137.

[36] Parducci A. Category judgment: a range-frequency model [J]. Psychological Review, 1965, 72（6）: 407-418.

[37] Monroe K B. "Psychophysics of Prices": a reappraisal [J]. Journal of Marketing Research, 1971, 8（2）: 248.

[38] Sherif M, Hovland C I. Social Judgment: Assimilation and Contrast Effects in Communication and Attitude Change[M]. London: Yale University Press, 1961.

[39] Kahneman D, Tversky A. Prospect theory—an analysis of decision under risk [J]. Econometrica, 1979, 47（2）: 263-292.

[40] Shafir E, Diamond P, Tversky A. Money illusion[J]. Quarterly Journal of Economics, 1997, 112（2）: 341-374.

[41] Mazumdar T, Raj S P, Sinha I. Reference price research: review and propositions[J]. Journal of Marketing, 2005, 69（4）: 84-102.

[42] Martin J M, Lejarraga T, Gonzalez C. The effects of motivation and memory on the weighting of reference prices[J]. Journal of Economic Psychology, 2018, 65: 16-25.

[43] Lu L, Gou Q, Tang W, et al. Joint pricing and advertising strategy with reference price effect[J]. International Journal of Production Research, 2016, 54（17）: 1-21.

[44] Adaval R, Monroe K B. Automatic construction and use of contextual information for product and price evaluation[J]. Journal of Consumer Research, 2002, 28（4）: 572-588.

[45] Jensen T, Kees J, Burton S, et al. Advertised reference prices in an internet environment: effects on consumer price perceptions and channel search intentions [J]. Journal of Interactive Marketing, 2003, 17（2）: 20-33.

[46] Chernev A. Reverse pricing and online price elicitation strategies in consumer choice [J]. Journal of Consumer Psychology, 2003, 13（1~2）: 51-62.

[47] Mazumdar T, Papatla P. An investigation of reference price segments [J]. Journal of Marketing Research, 2000, 37（2）: 246-258.

[48] van Oest R. Why are consumers less loss averse in internal than external reference prices? [J]. Journal of Retailing, 2013, 89（1）: 62-71.

[49] Martín-Herrán G, Taboubi S, Zaccour G. Dual role of price and myopia in a marketing channel [J]. European Journal of Operational Research, 2012, 219（2）: 284-295.

[50] Hardie B G S, Johnson E J, Fader P S. Modeling loss aversion and reference dependence effects on brand choice[J]. Marketing Science, 1993, 12（4）: 378-394.

[51] Terui N, Dahana W D. Estimating heterogeneous price thresholds[J]. Marketing Science, 2006, 25（4）: 384-391.

[52] Xia L, Monroe K B, Cox J L. The price is unfair! A conceptual framework of price fairness perceptions[J]. Journal of Marketing, 2004, 68（4）: 1-15.

[53] Kahneman D, Thaler R H. Fairness and the assumptions of economics[J]. The Journal of Business, 1986, 59（4）: 285-300.

[54] Li W, Hardesty D M, Craig A W. The impact of dynamic bundling on price fairness perceptions[J]. Journal of Retailing & Consumer Services, 2018, 40: 204-212.

[55] Maxwell S. Fair price: research outside marketing[J]. Journal of Product & Brand Management, 2008, 17（7）: 497-503.

[56] Monroe K B. Pricing: Making Profitable Decisions[M]. New York: McGraw-Hill, 1990.

[57] Weisstein F L, Monroe K B, Kukar-Kinney M. Effects of price framing on consumers' perceptions of online dynamic pricing practices [J]. Journal of Academy of Marketing Science, 2013, 41（5）: 501-514.

[58] Cohen J B, Areni C S. Affect and consumer behavior[C]//Robertson T S, Kassarjian H H. Handbook of Consumer Behavior. New Jersey: Prentice-Hall, 1991: 188-240.

[59] Zielke S. Integrating emotions in the analysis of retail price images [J]. Psychology & Marketing, 2011, 28（4）: 330-359.

[60] Havlena W J, Holbrook M B. The varieties of consumption experience: comparing two typologies of emotion in consumer behavior [J]. Journal of Consumer Research, 1986, 13（3）: 394-404.

[61] Russell J A, Mehrabian A. Evidence for a three-factor theory of emotions [J]. Journal of Research in Personality, 1977, 11（3）: 273-294.

[62] Izard C E. Human Emotions [M]. New York: Plenum Press, 1977.

[63] Telpaz A, Webb R, Levy D J. Using EEG to predict consumers' future choices [J]. Journal of Marketing Research, 2015, 52（4）: 511-529.

[64] Roggeveen A, Nordfält J, Grewal D, et al. Profiling behavioral pricing research in marketing [J]. Journal of Product & Brand Management, 2014, 23（6）: 462-474.

[65] O'Neill R M, Lambert D R. The emotional side of price [J]. Psychology & Marketing, 2001, 18（3）: 217-237.

[66] van de VN, Zeelenberg M, Pieters R. The envy premium in product evaluation [J]. Journal of Consumer Research, 2011, 37（6）: 984-998.

[67] Campbell M C. "Says Who?!" how the source of price information and affect influence perceived price（un）fairness [J]. Journal of Marketing Research, 2007, 44（2）: 261-271.

[68] Strack F, Werth'L, Deutsch R. Reflective and impulsive determinants of consumer behavior [J]. Journal of Consumer Psychology, 2004, 16（3）: 205-216.

[69] Lee L, Tsai C I. How price promotions influence post purchase consumption experience over time [J]. Journal of Consumer Research, 2014, 40（5）: 943-959.

[70] Gelbrich K. I have paid less than you! The emotional and behavioral consequences of advantaged price inequality [J]. Journal of Retailing, 2011, 87（2）: 207-224.

[71] Ding M, Eliashberg J, Huber J, et al. Emotional bidders: an analytical and experimental examination of consumers' behavior in a priceline-like reverse auction [J]. Management Science, 2005, 51（3）: 352-364.

[72] Cai F, Tang F, Jia J. The interaction effect of mood and price level on purchase intention [J]. Advances in Consumer Research, 2009, 36: 963-965.

[73] Cho Y K. Service quality and price perceptions by internet retail customers: linking the three stages of service interaction [J]. Journal of Service Research, 2014, 17（4）: 432-445.

[74] Guadalupi C. Learning quality through prices and word-of-mouth communication [J]. Journal of Economics & Management Strategy, 2018, 27（1）: 53-70.

[75] Suri R, Cai J Z, Monroe K B, et al. Retailers' merchandise organization and price perceptions [J]. Journal of Retailing, 2012, 88（1）: 168-179.

[76] Yan D, Sengupta J, Wyer Jr R S. Package size and perceived quality: the intervening role of unit price perceptions [J]. Journal of Consumer Psychology, 2014, 24（1）: 4-17.

[77] Huang J H, Chang C T, Chen C Y H. Perceived fairness of pricing on the internet[J]. Journal of Economic Psychology, 2005, 26（3）: 343-361.

[78] Kachersky L. Reduce content or raise price? The impact of persuasion knowledge and unit price increase tactics on retailer and product brand attitudes [J]. Journal of Retailing, 2011, 87（4）: 479-488.

[79] Habel J, Schons L M, Alavi S, et al. Warm glow or extra charge? The ambivalent effect of corporate social responsibility activities on customers' perceived price fairness [J]. Journal of Marketing, 2016, 80（1）: 84-105.

[80] Pillai K G, Kumar V. Differential effects of value consciousness and coupon proneness on consumers' persuasion knowledge of pricing tactics [J]. Journal of Retailing, 2012, 88（1）: 20-33.

[81] Hardesty D M, Suter T A. E-tail and retail reference price effects [J]. Journal of Product & Brand Management, 2005, 14（2）: 129-136.

[82] Coulter K, Roggeveen A L. Price number relationships and deal processing fluency: the effects of approximation sequences and number multiples [J]. Journal of Marketing Research, 2014, 51（1）: 69-82.

[83] de Pechpeyrou P. Virtual bundling with quantity discounts: when low purchase price does not lead to smart - shopper feelings [J]. Psychology & Marketing, 2013, 30（8）: 707-723.

[84] Peine K, Wentzel D, Herrmann A. Getting better or getting worse? Consumer responses to decreasing, constant, and ascending multi-dimensional price profiles [J]. Review of Managerial Science, 2012, 6（1）: 81-101.

[85] Janakiraman N, Syrdal H A, Freling R. The effect of return policy leniency on consumer purchase and return decisions: a meta-analytic review [J]. Journal of Retailing, 2016, 92（2）: 226-235.

[86] Vanhuele M, Laurent G, Drèze X. Consumers' immediate memory for prices [J]. Journal of Consumer Research, 2006, 33（2）: 163-172.

[87] Monroe K B, Lee A Y. Remembering versus knowing: issues in buyers' processing of price information [J]. Journal of the Academy of Marketing Science, 1999, 27（2）: 207-225.

[88] Busse M R, Israeli A, Zettelmeyer F. Repairing the damage: the effect of price knowledge and gender on auto-repair price quotes [J]. Journal of Marketing Research, 2017, 54（1）: 75-95.

[89] Homburg C, Koschate-Fischer N, Wiegner C M. Customer satisfaction and elapsed time since purchase as drivers of price knowledge [J]. Psychology & Marketing, 2012, 29（2）: 76-86.

[90] Vanhuele M, Drèze X. Measuring the price knowledge shoppers bring to the store [J]. Journal of Marketing, 2002, 66（4）: 72-85.

[91] Estelami H, Lehmann D R. The impact of research design on consumer price recall accuracy: an integrative review [J]. Journal of the Academy of Marketing Science, 2001, 29（1）: 36-49.

[92] Estelami H，de Maeyer P. Product category determinants of price knowledge for durable consumer goods [J]. Journal of Retailing，2004，80（2）：129-137.

[93] Lawson R，Bhagat P S. The role of price knowledge in consumer product knowledge structures [J]. Psychology and Marketing，2002，19（6）：551-568.

[94] Krishna A. The effect of deal knowledge on consumer purchase behavior [J]. Journal of Marketing Research，1994，31（1）：76-91.

[95] Aalto-Setälä V，Halonen M. Attractive prices in grocery and automobile markets—why is such pricing used?[J]. Journal of Retailing and Consumer Services，2004，11（5）：299-306.

[96] Gaston-Breton C，Raghubir P. The price knowledge paradox：why consumers have lower confidence in，but better recall of unfamiliar prices [J]. Customer Needs and Solutions，2014，1（3）：214-224.

[97] Luna D，Kim H M. How much was your shopping basket? Working memory processes in total basket price estimation[J]. Journal of Consumer Psychology，2009，19（3）：346-355.

[98] Mägi A W，Julander C R. Consumers' store-level price knowledge：why are some consumers more knowledgeable than others? [J]. Journal of Retailing，2005，81（4）：319-329.

[99] Jensen B B，Grunert K G. Price knowledge during grocery shopping：what we learn and what we forget [J]. Journal of Retailing，2014，90（3）：332-346.

[100] Voelckner F. An empirical comparison of methods for measuring consumers' willingness to pay [J]. Marketing Letters，2006，17（2）：137-149.

[101] Kim J Y，Natter M，Spann M. Pay what you want：a new participative pricing mechanism [J]. Journal of Marketing，2009，73（1）：44-58.

[102] Kim J Y，Kaufmann K，Stegemann M. The impact of buyer-seller relationships and reference prices on the effectiveness of the pay what you want pricing mechanism [J]. Marketing Letters，2014b，25（4）：409-423.

[103] Chatterjee P，Rose R L. Do payment mechanisms change the way consumers perceive products? [J]. Journal of Consumer Research，2012，38（6）：1129-1139.

[104] Miller K M. How should consumers' willingness to pay be measured? An empirical comparison of state-of-the-art approaches [J]. Journal of Marketing Research，2011，48（1）：172-184.

[105] Wertenbroch K，Skiera B. Measuring consumers' willingness to pay at the point of purchase [J]. Journal of Marketing Research，2002，39（2）：228-241.

[106] Chan T Y，Kadiyali V，Park Y H. Willingness to pay and competition in online auctions [J]. Journal of Marketing Research，2007，44（2）：324-333.

[107] Amir O，Ariely D，Carmon Z. The dissociation between monetary assessment and predicted utility [J]. Marketing Science，2008，27（6）：1055-1064.

[108] Schlereth C，Eckert C，Skiera B. Using discrete choice experiments to estimate willingness-to-pay intervals[J]. Marketing Letters，2012，23（3）：761-776.

[109] Spann M，Tellis G J. Does the internet promote better consumer decisions? The case of name-your-own-price auctions [J]. Journal of Marketing，2006，70（1）：65-78.

[110] Astor P J，Adam M T P，Jahnig C，et al. The joy of winning and the frustration of losing：a psychophysiological analysis of emotions in first-price sealed-bid auctions[J]. Journal of Neuroscience Psychology and Economics，2013，6（1）：14-30.

[111] Hardesty D M，Suter T A. Maximizing willingness to bid within "Buy It Now" auctions[J]. Journal of Business Research，2013，66（4）：554-558.

[112] Cheema A，Chakravarti D，Sinha A R. Bidding behavior in descending and ascending auctions[J]. Marketing Science，2012，31（5）：779-800.

[113] Bagchi R，Cheema A. The effect of red background color on willingness-to-pay：the moderating role of selling mechanism[J]. Journal of Consumer Research，2013，39（5）：947-960.

[114] Jang H，Chu W. Are consumers acting fairly toward companies? An examination of pay-what-you-want pricing[J]. Journal of Macro-marketing，2012，32（4）：348-360.

[115] Trütsch T. The impact of mobile payment on payment choice[J]. Financial Markets and Portfolio Management，2016，30（3）：299-336.

[116] Kamleitner B，Erki B. Payment method and perceptions of ownership [J]. Marketing Letters，2013，24（1）：57-69.

[117] Eder A B，Hommel B，de Houwer J. How distinctive is affective processing? On the implications of using cognitive paradigms to study affect and emotion [J]. Cognition & Emotion，2007，21（6）：1137-1154.

[118] Kim C, Mirusmonov M, Lee I. An empirical examination of factors influencing the intention to use mobile payment[J]. Computers in Human Behavior, 2010, 26（3）: 310-322.

[119] Gregg D G, Walczak S. Dressing your online auction business for success: an experiment comparing two eBay businesses [J]. Mis Quarterly, 2008, 32（3）: 653-670.

[120] Gleim M R, Smith J S, Andrews D, et al. Against the green: a multi-method examination of the barriers to green consumption [J]. Journal of Retailing, 2013, 89（1）: 44-61.

[121] Haumann T, Quaiser B, Wieseke J, et al. Footprints in the sands of time: a comparative analysis of the effectiveness of customer satisfaction and customer-company identification over time[J]. Journal of Marketing, 2014, 78（6）: 78-102.

[122] Loureiro Y K, Haws K L. Positive affect and malleable mental accounting: an investigation of the role of positive affect in flexible expense categorization and spending[J]. Psychology & Marketing, 2015, 32（6）: 670-677.

[123] Soster R L, Gershoff A D, Bearden W O. The bottom dollar effect: the influence of spending to zero on pain of payment and satisfaction [J]. Journal of Consumer Research, 2014, 41（3）: 656-677.

[124] Homburg C, Allmann J, Klarmann M. Internal and external price search in industrial buying: the moderating role of customer satisfaction [J]. Journal of Business Research, 2014, 67（8）: 1581-1588.

[125] Chu J, Chintagunta P, Cebollada J. A comparison of within-household price sensitivity across online and offline channels [J]. Marketing Science, 2008, 27（2）: 283-299.

[126] Dutta S, Bhowmick S. Consumer responses to offline and online low price signals: the role of cognitive elaboration [J]. Journal of Business Research, 2009, 62（6）: 629-635.

[127] Schons L M, Rese M, Wieseke J, et al. There is nothing permanent except change—analyzing individual price dynamics in "pay-what-you-want" situations [J]. Marketing Letters, 2014, 25（1）: 25-36.

[128] Förster J, Higgins E T, Idson L C. Approach and avoidance strength during goal attainment: regulatory focus and the "goal looms larger" effect [J]. Journal of Personality and Social Psychology, 1998, 75（5）: 1115-1131.

[129] Gross J J, Thompson R A. Emotion regulation: conceptual foundations[C]//Gross JJ. Handbook of Emotion Regulation. New York: Guiford Press, 2007: 3-24.

[130] Hubert M. Does neuro-economics give new impetus to economic and consumer research? [J]. Journal of Economic Psychology, 2010, 31（5）: 812-817.

[131] Hubert M, Kenning P. A current overview of consumer neuroscience [J]. Journal of Consumer Behavior, 2008, 7（4~5）: 272-292.

Review on Behavioral Price in Internet Marketing

SONG Hongjuan[1, 2], YANG Qiang[2], JIANG Yushi[2]

（1. School of Tourism, Hainan Institute of Tropical Oceanography, Sanya 572022, China;

2. School of Economic and Management, Southwest Jiaotong University, Chengdu 610031, China）

Abstract　Behavioral price expands traditional price theory by exploring consumers' response to price from a psychological perspective. As this research field continues to evolve, this study reviewed the consumer process of price information and consumer behavior of related literature, focusing on the analysis of general behavioral price theory and highlighting its empirical study at the Internet age. The articles found in the ISI Web of Science database were reviewed using traditional literature review and bibliometric analysis, focusing on the literatures on behavioral price published in the top 10 Internet marketing journals. The purpose of this study is to conceptualize behavioral price, identify research topic networks, and discuss research authors, research institutes and academic journals based on previous literatures.

Keywords　Behavioral price, Information processing, Bibliometric analysis, Text-mining

作者简介

宋红娟（1980—），女，管理学博士研究生，副教授，研究方向为行为定价、旅游广告等。E-mail：shj516@163.com。

杨强（1992—），男，博士研究生，研究方向为大数据营销。E-mail：757649018@qq.com。

蒋玉石（1979—），男，教授，管理学博士、博士生导师，研究方向为大数据营销。E-mail：jys_a@sina.com。